현대심리학으로 풀어본

유식 30송

서광 스님 지음

불광출판사

마음의 구조 1 - 윤회하는 마음

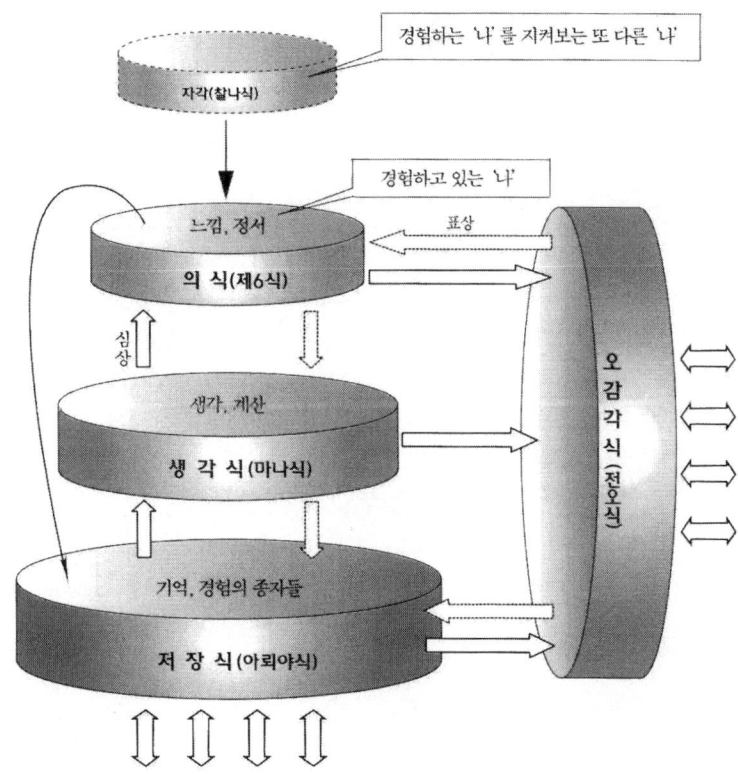

마음의 수행을 시작하지 않은 상태로 자각능력은 매우 약하며, 환경과 자극에 수동적으로 반응한다. (본문 154p 참조)

마음의 구조 2 – 깨달음을 향한 노력

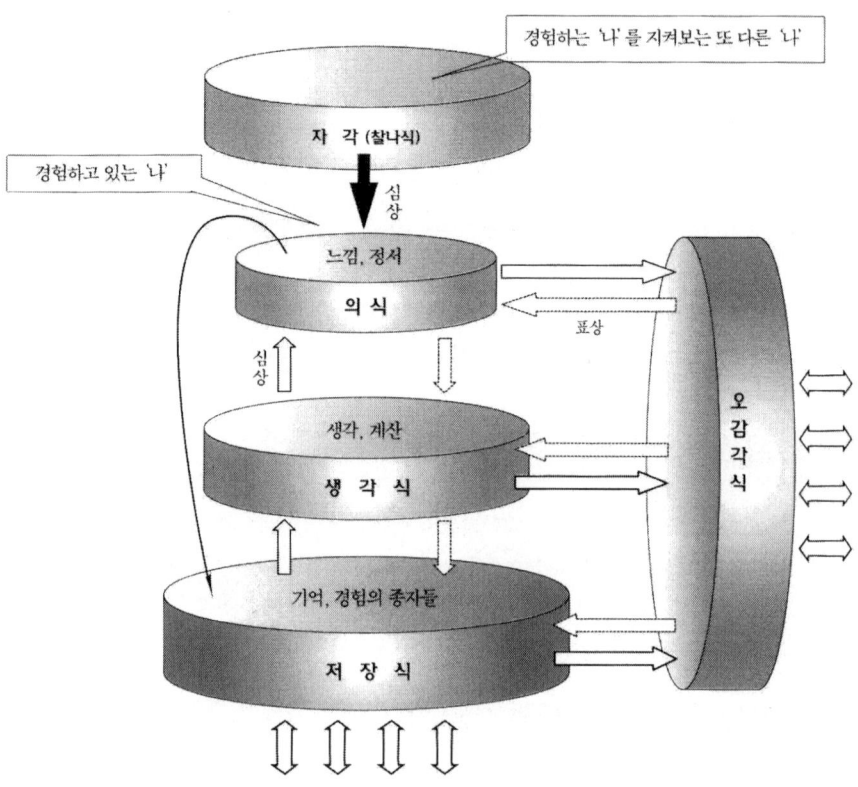

마음의 작용을 이해하고 고통으로 부터 해방하고자 하는 열망을 일으켜 자각능력이 작동하기 시작한 마음의 구조 (본문 157p 참조)

마음의 구조 3 - 의식을 관통한 자각

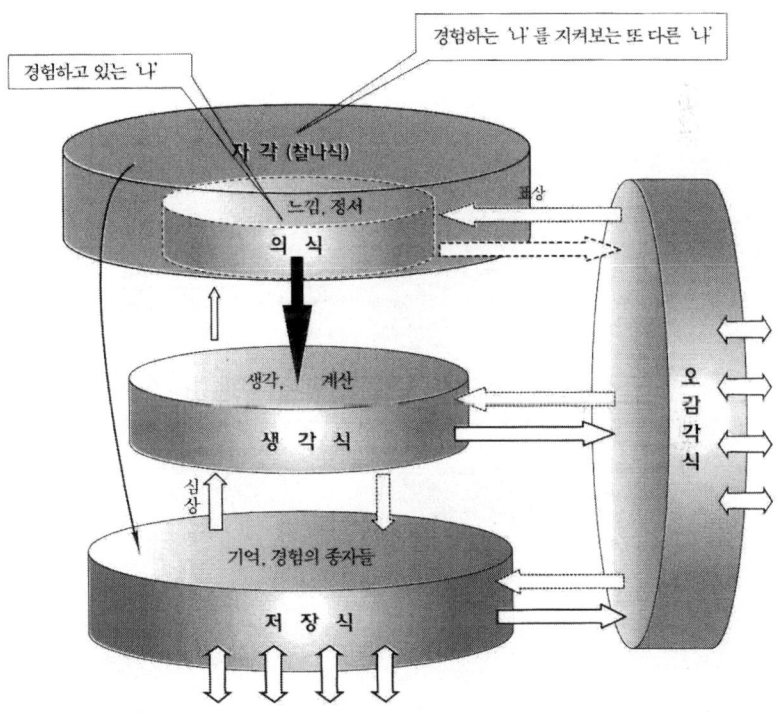

의식 수준에서 감정이 일어남과 동시에 자각되기 때문에 감정이 더이상 힘을 발휘하지 못하고 사그라지며, 의식에서 일어나는 일체의 느낌, 감정 등이 곧바로 자각된다. (본문 161p 참조)

마음의 구조 4 - 생각식을 관통한 자각

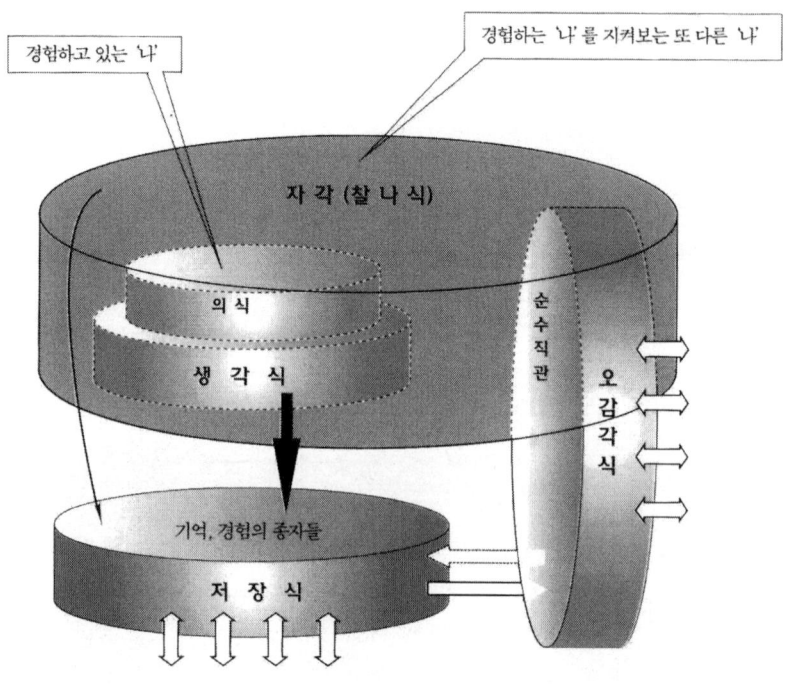

자각이 생각식을 관통함으로써 생각식의 작용이 멈추어지고 자각으로 병합되어 의식과 오감각식에 미치는 생각식의 영향력이 완전히 사라진 상태다. 저장식은 여전히 작용하고 있기 때문에 완전하게 있는 그대로의 실상, 진리를 보는 단계는 아니다. (본문 164p 참조)

마음의 구조 5 - 저정식을 관통한 자각

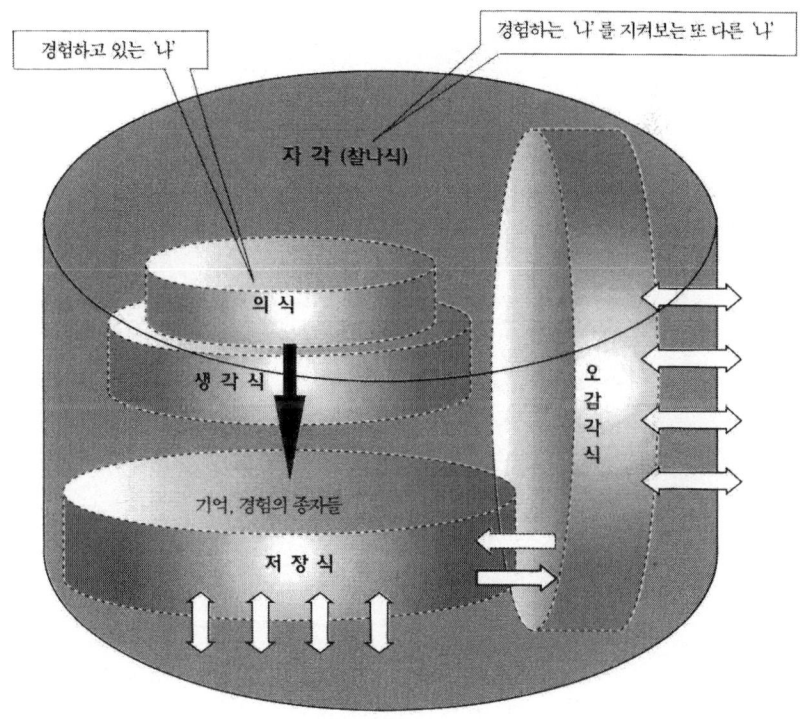

자각능력이 극도로 확대되어 마침내 저장식을 관통함으로써 저장식의 영향권에 있던 오감각식의 나머지 부분도 자각에 병합된다. 따라서 저장식과 의식, 오감각식 모두가 더 이상 무지에 가려져 있지 않고 모두 각성을 이루고 있는 상태다.
(본문 165p 참조)

마음의 구조 6 - 붓다의 마음

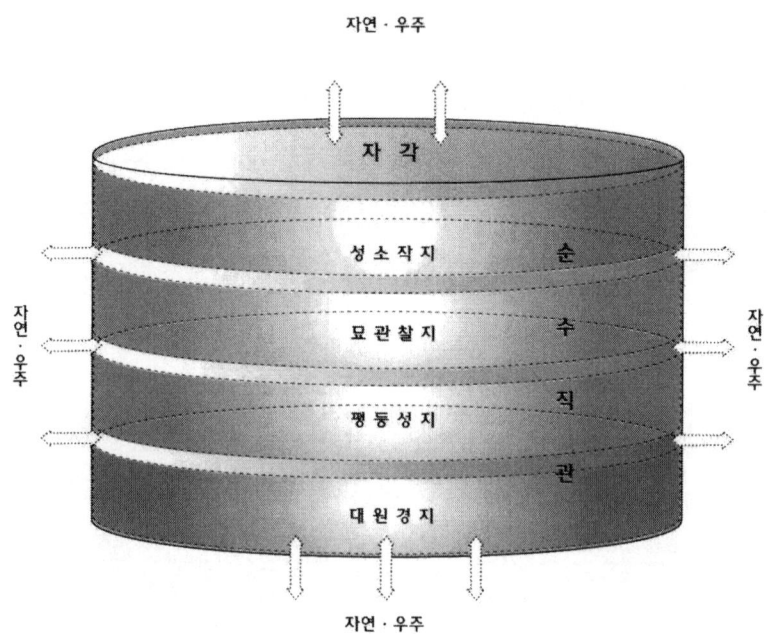

경험의 주체와 경험의 대상이 완전히 사라져버린 상태. 아는 자와 알려지는 자의 주객 대립이 사라져 버렸기 때문에 마음의 작용 또한 그 흔적이 없이 사라져 버린 상태다. 우주와 완전히 하나가 되어 우주와 자아와의 경계가 없어졌다.
(본문 166p 참조)

현대심리학으로 풀어본
유식 30송

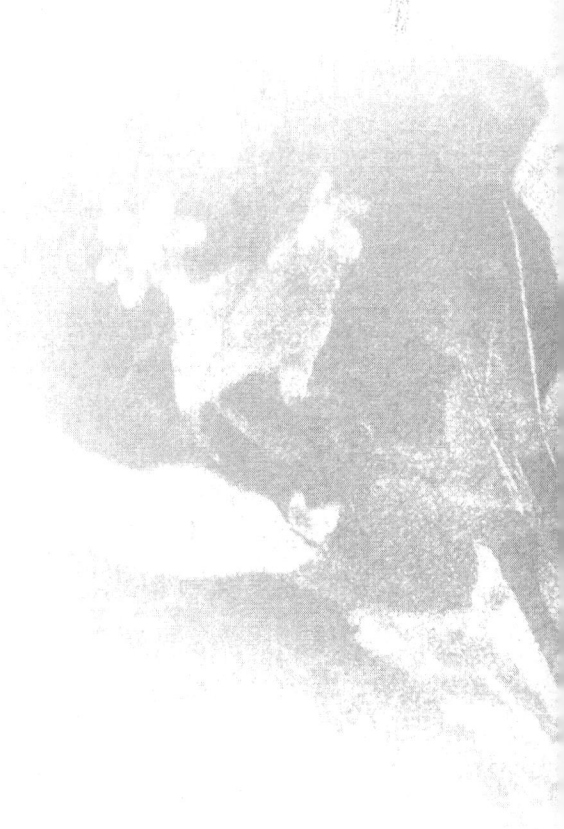

서문

옛말에 열 길 물속은 알아도 한 길 사람 마음 속은 알지 못한다는 말이 있다. 그런데 이 책은 마음을 알고 싶어하는 사람들을 위해서 쓰여졌다.

이 책은 마음이 뭔지, 어떻게 생겼는지, 마음이 무슨 일을 하는지를 말해 준다. 도대체 마음이 왜 그토록 괴롭고 아픈지, 어떻게 하면 마음의 고통으로부터 벗어날 수 있는지, 마음에 관한 모든 비밀과 신비를 말해 준다.

마음을 올바로 이해하는 것,
그것이 바로 인생을 알고 세계를 알고 우주를 아는 유일한 길이다.
길이 없는 곳에서 길을 보고,
보이지 않는 것을 보는 것,
들리지 않는 것을 들을 수 있는 것,
그것이 바로 마음이다.

운명을 극복하고 싶은 사람들,
팔자를 바꾸고 싶은 사람들,
자기를 바꾸고 싶은 사람들, 뭔가 변화하고 싶은 사람들,
그들은 모두 마음을 바꾸어야만 하는 사람들이다.
이 책은 바로 그러한 사람들을 위해서 쓰여진 붓다의 위대한 가르침이다.
마음은 우리 모두가 반드시 알고 극복해야만 하는, 인생의 최대 과제다.

전통적으로 유식 30송은 일반인들뿐만이 아니라 웬만큼 불교를 공부한 스님들에게 있어서도 쉽게 이해되지 않는 너무나 어려운 부처님의 가르침으로 인식되어 왔다. 그러면서도 마음을 공부하는 사람들이라면 반드시 알고 가야 할 마음 수행의 중요한 지침서이기도 하다. 게다가 지금까지 유식 30송을 이해하려면 한문의 장벽도 함께 넘어야만 했다.

이 책은 마음을 알고 싶어하는 한글 세대를 위해서 과감히 한문의 장벽을 넘고자 시도했다. 그래서 기존의 한문 용어를 모두 각주로 처리하고 최대한 현대적인 말로 바꾸었다. 또 독자들의 이해를 돕고자 영어와 산스크리트어를 함께 표기했고 부록에는 유식 30송의 원문과 그 원문을 해석한 현장, 진제 법사의 두 한문 번역을 실었고 로빈슨과 코추무텀의 영역도 함께 실었다.

특히 마음의 문제는 불교인들만의 문제가 아니라 인간의 문제이기에 가능한 한 불교용어를 줄임으로써 마음을 알고 싶어하는 사람들은 누구나 접할 수 있도록 노력했다. 다시 말하지

만 유식 30송은 불교 공부를 해 본 사람이라면 한결같이 너무나 이해하기 어렵고 난해하다고 하는 마음에 대한 가르침이다. 마음에 대한 완전한 이해는 분명 깨달은 자만이 가능할 것이다. 그러기에 이 책은 어디까지나 한글 세대를 위한 시도에 불과하다. 이해하는 과정에서 기존의 해석과는 다소 다르고 생소한 내 개인적인 견해도 과감히 제시했다. 그리고 마음을 수행하는 5단계를 이해하기 쉽도록 하기 위해서 수행과정에서 일어나는 마음의 변화를 그림으로 그려 보았다. 우울증과 외로움증을 예로 들어서 마음의 현상들을 다시 한번 설명하고 그 치료법도 제시해 보았다.

어쩌면 감당하기 벅찬 질책과 허물이 드러날지도 모르겠다. 그래도 운명을 바꾸고 팔자를 바꾸는 열쇠가 담긴 이 소중한 가르침을 단 한 사람이라도 더 알게 하고 싶은 열정에 용기를 내었다.

나는 한때 너무나 외로운 나머지 숨쉬는 순간순간마다 통증을 느꼈었다. 그래서 자주 호흡을 멈추고 죽은 듯이 가만히 있곤 했다. 삶이 온통 고통이었고 아픔이었다. 어느 날인가 가슴 한가운데를 타고 흐르는 외로움을 따라 내 마음도 함께 따라 흐르던 한 순간, 부처님을 만났었다. 그보다 훨씬 전에는 하느님을 만났었다. 그러나 그 때 만난 부처님도 하느님도 내 아픔과 외로움 앞에서는 무력했다.

그래서 나는 부처님과 하느님을 때리고 욕했었다. 내가 때리고 욕하는 부처님과 하느님이 바로 나의 마음이었다는 사실을 알 때까지 고통이나 외로움으로부터의 진정한 해방은 반드시 고통하는 마음과 외로운 마음을 보는 바로 그 순간부터 시작된다. 그러나 고통의 한가운데서 고통은 보이지 않는다. 외로운 삶의 한가운데서 외로움은 보이지 않는다. 잠시 자신이 돌고 있는 쳇바퀴를 멈추고 몸도 마음도 멈추어 보라.

　이 책은 아직도 삶의 순간들을 아름답게 느끼지 못하는 사람들을 위한 것이다. 아울러 자신이 사랑을 하고 있다고 믿는 사람들과 앞으로 사랑할 사람들을 위한 것이다. 자신이 남들보다 너무나 똑똑하고 많이 안다고 생각하는 사람들을 위해서는 더욱 좋은 인연이 될 것이다.

　이 책이 나오기까지 나의 마음의 거울이 되어준 세광 스님, 현성, 현수 스님, 서운사 가족들, 지금껏 함께 차를 마시며 인연한 모든 분들에게 감사 드린다.

　그리고 항상 마음의 고향 같은 따뜻함으로 다가오는 운문사와의 인연을 감사드리고 은사이신 명자 성자 스님께 특별히 감사드린다.

　끝으로 내게 마음을 남기고 가신 고(故) 송(宋) 병(炳)자 원(元)자 거사님의 영전에 이 책을 올린다.

일
―
러
―
두
―
기
―

    이 책의 구성은 먼저 본문에서 유식 30송에 대한 해설, 마음수행에서 일어나는 마음의 변화과정과 마음의 그림들, 서양에서 본 우울증과 유식에서 본 우울증의 차이점과 그 치료법들을 다루고 있다.

    부록에서는 본서가 기존의 이해와 달리하는 측면들, 유식 30송에 대한 고대 중국의 현장, 진제 두 법사들의 한문 번역과 우리말 번역, 진제 법사와 로빈슨, 코추무텀의 현대 서양 불교학자들의 영어 번역과 우리말 번역을 실었다. 현장 법사의 한문 번역의 우리말 해석은 한글대장경의 묘주 스님 번역을 따랐고, 로빈슨과 코추무텀의 우리말 번역은 본인이 했다. 본문의 구성을 구체적으로 소개하면, 본문은 유식 30송에 대한 내용을 3단계로 설명하면서 그 이해의 깊이와 폭을 확장하고자 하는 의도에서 시도되었다. 1단계에서는 유식 30송을 내 개인적인 이해를 바탕으로 현대적 용어로 의역해서 차례로 소개했다. 2단계에서는 의역된 각각의 송들의 의미를 보다 자세하게 설명을 덧붙였다.

    3단계에서는 각각의 송들이 의미하는 내용을 일상의 삶에서 부딪치는 주제들과 연결하고 유식적 관점에서 설명했다. 그리고 유식에서 제시하고 있는 5단계의 마음 수행을 그림으로 나타내고 설명을 덧붙임으로써 마음에 대한 유식적 이해를 돕고자 했다. 마지막으로 현대인들이 많이 겪는 우울증과 외로움증의 정신질환을 통해서 서양의학과 유식이 보는 각각의 차이점을 제시하고 그 치료법도 제시해 봄으로써 유식에 대한 전체적인 이해와 윤곽을 잡는 데 도움이 되고자 했다.

차례

서문 ······ 10
일러두기 ······ 14
마음, 마음이란 무엇인가 ······ 19

송1 ······ 22
마음 22 / 마음의 기원 23 / 마음의 구조 24
나와 너는 분리 불가능한 존재 24

송2 ······ 26
송3 ······ 27
송4 ······ 27
저장식의 특질 28 / 저장식을 보는 방법 31

송5 ······ 41
송6 ······ 41
송7 ······ 41
욕심을 버려라 46 / 주관적인 '나'와 객관적인 '나' 50

송8 ······ 52
오감각식의 본질 54

송9 ······ 59
송10 ······ 61
마음 수행의 출발점 63

송11 …… 66
　선과 악 69

송12 …… 73
송13 …… 73
송14 …… 73
　근본번뇌들 73 / 이차적인 번뇌들 74
　선, 악을 결정할 수 없는 정신요인 76
　질투심의 번뇌를 제거하는 방법 77
　행복의 길, 불행의 길 79

송15 …… 83
　'오직 마음뿐' 인가? 83

송16 …… 87
　앎은 결과가 아니라 과정이다 87

송17 …… 90
송18 …… 90
　인연이란 무엇인가? 93

송19 …… 96
　나는 누구인가? 97

송20 …… 101
　우리는 왜 끊임없이 분열하고 다투는가? 102

송21 …… 108
　　마음을 비운다는 것 109

송22 …… 112
　　순수한 상대성이 바로 진정한 절대성이다. 114

송23 …… 119
　　마음이 병든 사람들 120

송24 …… 124
　　우리는 어떻게 같은가? 126

송25 …… 130
　　깨달은 사람들, 깨닫지 못한 사람들 131

송26 …… 135
　　희생과 자비 137

송27 …… 140
송28 …… 143
송29 …… 145
송30 …… 149
　　누가 도인인가? 150

깨달음을 향해서 …… 156
1. 깨달음을 위한 준비단계 157
2. 정진하는 단계 160
3. 진리를 보는 단계 163
4. 진리가 전개되는 단계 165

우울증과 마음 …… 169
1. 몸과 마음의 분리 170
2. 뇌와 마음 172
3. 우울증과 외로움증 175

부록 I

유식(唯識)의 새로운 이해 …… 209
1. 오감각식과 의식의 분리 209
2. 오감각식에 미치는 생각식의 영향 213
3. 저장식, 생각식, 오감각식에 영향을 미치는 의식 221

부록 II

유식 30송 원문 · 번역문 …… 227
바수반두의 원문
현장 역
진제 역
로빈슨 역, 코추무텀 역

참고문헌 …… 275

마음, 마음이란 무엇인가?

흔히 인생의 행복과 불행은 모두 마음 먹기에 달렸다고 한다. 마음을 잘 쓰면 그만큼 사는 일이 편하고 행복해진다. 마음은 개인의 행복과 불행을 좌우하는 열쇠다. 몸이 아파서 괴로울 때도 종국에는 마음이 괴롭고 외모가 잘나도 우쭐해지는 건 몸이 아니라 마음이다. 몸으로 수고하고 몸으로 사랑을 한다 해도 결국 만족·불만족, 사랑·미움은 마음의 현상으로 끝나게 되어 있다.

모든 것은 마음이 아프고 마음이 괴롭고 마음이 행복하고 마음이 즐거운 것이다. 마음은 분명 우리들의 인생, 우리들의 운명을 좌우한다. 마음 한번 잘 못 먹어서 인생을 그르치고 불행한 삶을 살아가는 사람들은 참으로 허다하다.

인간의 고통, 불행은 마음에서 비롯된다. 갖가지 암이나 신체적인 질병들이 모두 다 마음이 가장 큰 원인이라는 사실도 밝혀진 지 오래다. 그럼에도 불구하고 마음을 제대로 아는 사람은 거의 없다. 마음이 문제의 원인이라는 사실조차 인식하지 못한 사람들은 그렇다 치더라도 마음 때문인 줄을 아는 사람들조차도 수시로 화가 나고 질투하고 외롭고 잘난 척해지는 그 마음을 어쩌지 못한다.

그런데 부처님은 이미 이천 오백년 훨씬 이전에 모든 불행과 고통의 근본 원인이 마음임을 깨달으셨다. 부처님은 시종일관 고통의 원인이고 생사윤회의 원인인 마음을 밝히는 가르침을 펼치심으로써 고통으로부터 해방하는 길을 열어보이셨던 것이다. 그래서 사람들은 불교를 마음에 관한 가르침이라고도 하고 불교공부를 마음공부라고 하는 것이다. 당연히 수행자는 마음을 수행하고 마음을 닦아서 마음에 대한 무지에서 벗어나고자 하는 것이다. 깨달음 또한 마음을 벗어나서 따로 가능한 것이 아니며 부처가 되는 일도 마찬가지다.

따라서 불교의 그 방대하고 난해하고 심오한 모든 가르침들은 결국 마음에서 시작해서 마음으로 끝난다. 우리의 인식으로는 결코 따라잡아서 상상할 수 없이 펼쳐지는 무한의 공간과 시간들, 우주관을 풀어가는 열쇠도 알고 보면 마음이다. 이처럼 불교의 모든 가르침들은 일관되게 마음에 대한 무지를 깨우치고 올바른 이해를 갖도록 하기 위한 목적으로 가르쳐지고 있다.

그 가운데 바수반두(Vasubandhu)[1]가 마음을 밝히는 불교의 가르침 가운데서도 완전히 핵심만을 뽑아서 『유식 30송』[2]을 저술했다. 유식 30송은 마음이 발생하는 기원, 마음의 내용과 작용에 대한 탐구를 30개의 시적인 형태로 표현한 것이다. 나아가서 유식은 우리가 생사를 윤회하는 원인을 설명하고 윤회로부터 벗어나는 방법을 제안하는 시도이고, 마음의 분석이다. 흔히 유식의 사상을 유식무경(唯識無境), 즉 오직 마음만이 존재할 뿐, 마음 밖의 외부세계에는 어떤 사물이나 현상도 일체

---

1) 한역에서는 세친 또는 천친으로 번역되었다. 400~800년 경 북인도 간다라국의 사람으로 소승의 일파인 설일체유부에 출가하여 아비달마 구사론을 저술했다. 후에 형인 아상가(Asanga. 무착)의 간곡한 권유로 대승으로 전환해서 유식삼십송을 비롯하여 수많은 논서들을 남겼다.
2) 유식삼십송[有識三十頌, Vijñāptimātratā-trimshikā-kārikā, Thirty Verses on the Manifestation of Consciousness]

존재하지 않는다고 주장한다. 그러나 마음뿐이라는 말이 외부 세계가 아예 존재하지 않는다든지 세상은 모두 마음이 만들어 낸 것이라서 마음 밖의 세상은 없다고 이해하지는 않는다. 그 것보다는 실제 세계는 우리가 생각하는 그런 모습으로 존재하지 않는다는 의미로 받아들인다. 다시 말해서 정신적으로 구성된 세계의 모습, 인지적이고 인식론적으로 우리 마음에 비추어진 현상계가 존재론적으로 실제 마음 밖에 존재하는 객관적 현상과는 다르다는 의미로 해석한다.

아무튼 이 책은 마음[3]이 무엇으로 구성되어 있으며 마음의 내용이 무엇이고 마음이 파악하고 경험하는 것이 무엇인가에 대한 해답을 본질적으로 규명하고 있다. 나아가서 마음을 올바로 알고 마음을 바르게 쓰기 위한 마음 수행의 단계와 방법을 제시하고 있다.

---

3) 유식(唯識)에서 식(識)으로 번역되는 산스크리트어는 'vijñana'다. 그런데 유식 30송의 저자 바수반두는 식(識)에 해당하는 산스크리트어를 vijñana가 아닌 'vijñapti'라는 단어를 사용하고 있다. Vijñapti는 영어로 to manifest, to inform, to give information로 번역되고 우리 말로 뭔가를 드러내고 알리고 정보를 준다는 의미다. 한편 vijñana는 영어 consciousness에 해당하고 의식이라 번역된다. 접두사 'vi-'는 구분, 구별, 분석, 이해, 인지한다는 의미다. 그래서 아직 뭔가가 밖으로 드러나지 않은 상태는 avijñapti라고 한다. (틱낫한 스님의 "Transformation at the Base"의 p. 170 참고)

송1

    마음은 마음의 주체와 대상, 즉 아는 자와 알려지는 대상으로 구성되어 있다. 또한 마음은 마음을 드러내고 알리는 내용에 따라서 아는 자와 알려지는 대상, 보는 자와 보여지는 대상, 듣는 자와 들려지는 대상, 생각하는 자와 생각되어지는 대상… 등 무수한 종류의 말들로 변형되어 사용된다. 이와 같이 인식의 주체와 대상의 이원화, 즉 주객의 분리로서 마음이 마음 자체의 존재를 드러내고 알리는 데에는 세 가지 종류가 있다.

    1송은 바로 마음이란 무엇인가? 마음이 무엇으로 구성되어 있는가? 마음의 기원 또는 마음이 최초로 자신의 존재를 드러내는 동기, 그 출발점이 무엇인가?를 밝히고 있다.

마음

    우선 마음이 뭔가? 마음은 경험을 의미한다. 마음이 아프다든지 마음이 슬프다든지 마음이 어떻다고 하는 마음의 상태는 바로 경험을 의미한다. 경험은 또한 다른 말로 앎을 뜻한다. "내가 경험한다."는 말은 "내가 안다."라는 말과 같은 뜻이다. 내가 알아간다는 말은 내가 경험해간다는 뜻이다. 그런데 경험은 경험하는 자와 경험되어지는 대상으로 구성되어 있다. 즉 우리가 하는 모든 종류의 경험들은 예외 없이 경험하는 주체로서의 나(我, ātman, self)와 경험되어지는 객체로의 대상(法, dharma, object)[4]으로 구성되어 있다. 그리고 그러한 주체와 대상의 분리는 경험하는 내용에 따라서 다양한 이름을 붙이지만 그 근본 작용은 항상 경험하고 인식하고 알아가는 주체와 경험되고 인식되고 알려지는 대상의 두 종류가 있을 뿐이다.

사랑하고 미워하는 경험을 예로 들어보자. 거기에는 반드시 사랑하고 미워하는 경험을 하는 자와 사랑을 받고 미움을 받는 대상이 있다. 또 표현을 바꾸어서 사랑을 알고 미움을 안다 라고 해보자. 거기에도 반드시 사랑과 미움을 아는 자와 사랑과 미움이라고 여겨지는 관념적 대상이 있다.

마음의 기원

마음은 어떻게 자신의 존재를 드러내는가? 우리는 이렇게 마음의 존재를 인식할 수 있는가? 하는 의문이다. 마음의 또 다른 표현은 경험이라고 했다. 그러므로 마음을 경험으로 바꾸어서 말하면 우리는 어떻게 경험하는가? 경험의 출발점은 무엇인가? 가 된다. 경험은 또한 앎이라고 했다. 앎은 어떻게 시작하는가? 우리는 어떻게 아는가? 로 질문할 수도 있다.

유식 1송은 경험의 시작, 앎의 시작, 근원이 바로 앎의 주체와 앎의 객체로서의 이원화에 있다는 것이다. 갓 태어난 신생아는 자신의 팔과 자기가 깔고 있는 담요가 서로 분리된 존재라는 사실을 알지 못한다. 다시 말해서 팔은 자기 신체의 일부이고 담요는 자기 신체에 속하지 않는다는 사실을 알지 못한다. 뿐만 아니라 자기를 돌보는 어머니와 자기 자신이 서로 분

---

4) 원문의 dharma에 해당. 본서에서는 '너'에 해당: 대개의 번역서들은 사물, things로 해석한다. 그러나 Lusthaus는 이 때의 법은 사물, 현상이 아니라 인지조건이나 인지스타일에서부터 정서, 긍정 또는 부정적 업행의 가치들을 갖는 요인들, 개인이 경험하는 방식의 틀을 짜는 느낌적 질감에 이르는 경험의 요인들이라고 주장한다. p. 323 참고.

리된 존재라는 사실 또한 알지 못한다. 왜냐하면 신생아는 아직 '나=주체' 와 '나 아닌 것=대상' 에 대한 분리가 시작되지 않았기 때문이다.

마음의 구조

마음이 인식의 주체와 대상으로 분리되면서 자신의 존재를 드러낸다고 했다. 그런데 그러한 마음의 이원화는 세 단계의 구조로 이루어지는데 그 구체적인 내용은 다음 송에서 설명되고 있다.

나와 너는 분리 불가능한 존재

그런데 유식 1송은 우리에게 무엇을 말하고 있는가? 다시 말해서 우리가 이 유식 1송을 통해서 정말로 알아야 하는 것은 무엇인가? 앞에서도 말했듯이 유식 30송은 마음의 분석을 통해서 윤회하는 개인의 경험을 설명하고 윤회로부터 벗어나는 방법을 제안하려는 시도다. 1송은 바로 우리가 생사윤회하는 삶을 사는 근본 원인이 세상과 우리 자신을 알아가고 경험해 가는 우리의 방식에 있다는 것이다. 다시 말해서 우리는 항상 뭔가를 이해할 때, 나와 너, 또는 나와 나 아닌 것들로 구분해서 받아들이기 때문에 '나' 를 중심으로 내가 주체가 되고 나 아닌 것들은 항상 나의 상대적 존재로 전락하게 된다. 뿐만 아니라 그토록 주체적인 내가 다른 사람들에게는 언제나 상대적인 존재, 주인공이 아닌 대상이 된다는 것이 문제다.

마음은 언제나 자신을 드러낼 때 경험하는 주체와 경험하는 대상으로 분리되어 나타난다. 그러한 마음의 분리작용, '나와 너' 라고 하는 이원화, 주객의 대립은 모든 인간문제를 만들고 갈등과 싸움을 일으키는 원인이 된다. 왜냐하면 '나'는 언제나 주체적이고 능동적이고 중심이 되어야 하는데, 게다가 나 아닌 너와 비교해서 더 잘나고 우월해야 하는데 너는 너가 우선이고 주인공이라서 너의 상대적 존재로서의 나는 수동적이고 참고 이차적 관심의 대상으로 물러나 있기를 요구받기 때문에 무시당하고 화가 나게 된다. 우리는 누구나 '나'라고 하는 그 '나'가 인정받고 사랑받고 잘나기 위해서 온갖 노고를 아끼지 않는다. 그러다가도 문득 문득 의식을 일깨우는 공허함과 허망함이 찾아오면 그것의 원인을 찾아 '나'에 대한 집착을 내려놓기보다는 허망과 공허를 잊기 위해서 더욱더 자신을 부추겨서 뭔가를 하도록 만든다. 그리고 그 일을 통해서 자신의 존재를 주변과 세상이 알아주기를 바란다. 그조차 의욕을 상실하면 마침내 존재의 의미를 잃고 우울증에 걸리고 심하면 자살을 시도하게 된다. 알고 보면 우리들이 고민하고 아파하는 대부분의 문제들은 결국 나를 알아주지 않는 데서 비롯되고 자기 존재의 의미와 가치를 확인하고자 하는 끊임없는 노력에서 오는 것인지도 모른다.

그런데 1송은 우리들이 그토록 생을 바쳐서 수고하며 잘나고 인정받기를 원하는 '나' 자체가 독립적이고 절대적인 존재로서가 아니라 너의 상대적 존재로서 탄생한다는 것이다. 즉 '나'는 반드시 '너'와 함께 할 때만이 그 존재가 가능하고 너가 없으면 나도 없는, 분리가 불가능한 쌍으로서 존재한다는 것이다. 그러므로 나를 내세우면 너가 나서게 되어 있고 내가 너를 업신여기면 자동적으로 너는 나를 업신여기게 되어 있다. 반대로 내가 너를 부처로 여기면 너 또한 자동적으로 나를 부처로 여기게 되어 있다. 그래서 마음수행을 하는 사람들에게 가장 중요한 덕목이 바로 자신과 타인을 동등하게 놓고 입장을 바꾸어서 생각하고 행동하는 훈련법이다. 이것은 대승불교의 절대평등 사상과 우리 모두가 하나라는 진리의 근간이기도 할 뿐더러 무아와 공의 가르침을 함축하고 있다.

송 2

주객의 분리로 출현하는 마음은 저장식[5], 생각식[6], 의식[7]과 오감각식[8]의 세 차원으로 작용한다. 다르게 무르익은[9] 저장식에는 과거의 모든 경험들의 종자가 저장되어 있다.

---

5) 아뢰야식(阿賴耶識), ālaya-vijñāna, storehouse consciousness
6) 마나식(末那識), manas(산), mano(팔); the seventh of the eight types of consciousness; 생각하고 계산하는 식(현장 역), 집식 또는 집착식(ādāna-vijñāna, attachment consciousness, 진제역), 정신, 또는 심리작용(mentation, 로빈슨 역)
7) 육식(六識), mano-vijñāna(산), manovinnāna(팔); 인지대상을 분별하는 작용의 하나. the sixth consciousness, or mind consciousness(틱낫한 역), thought consciousness (Anacker 역). Psycho-cognitive sense(Lusthaus 역), dust-(진식, 먼지식, 진제 역)
8) 오감각식(五感覺識), the five sense consciousness: (1)안식(眼識), cakṣur-vijñāna, seeing-consciousness (2)이식(耳識), śrotra- vijñāna, hearing-consciousness (3)비식(鼻識), ghrāna-vijñāna, smelling-consciousness (4)설식(舌識), jihvā-vijñāna, tasting-consciousness (5)신식(身識), kāya-vijñāna, tactile/kinetic consciousness. 작용식(作用識), pravṛtti-vijñāna, active consciousness)이라고도 한다.
9) 이숙식(異熟識), vipāka-vijñāna , varyingly maturing; consciousness as retribution or different results; 과보식(fruit-recompense)이라고도 번역. 세 종류의 이숙식: (1)변이숙(變異熟), 원인이 [조건과 함께 상호작용함으로써] 달라져서 결과로 성숙. (2)이시숙(異時熟)-결과는 원인과 때를 달리하여 나타난다. (3)이류숙(異類熟), 결과가 원인과는 다른 유형으로 나타날 수 있다. 예를 들면 짐승이 사람으로 환생하고 사람이 짐승으로 환생하는 것.

송 3

❦ 저장식은 모든 경험의 종자[10]와 신체[11], 그리고 자연계를 인식 대상으로 삼고 발생하는데 그 인식작용이 너무나 미세하고 무한해서 저장식이 대상을 파악하고 받아들이는 능력, 위치한 자리, 분별능력을 감지하기가 어렵다. 저장식은 항상 접촉, 주의, 느낌, 개념화, 의지와 같은 경험적 범주들과 다양하게 연합되어 있다. 저장식은 즐겁지도 괴롭지도 않은 중성이다.

송 4

❦ 저장식은 깨달음을 방해하는 번뇌와 어리석음에 오염되어 있지 않고[12] 선·불선이 아닌 중성적[13] 특질을 가지고 있다. 접촉, 주의, 느낌, 개념화, 의지 역시 번뇌와 어리석음에 오염되지 않았으며 선·불선이 아닌 중성이다. 저장식은 빠르게 흐르는 물처럼 단절되지도 상주하지도 않은 채 끊임없이 생멸유전하고 아라한의 지위에 가서야 그 생멸유전을 멈춘다.[14]

---

10) 모양, 명칭, 분별의 습기, 즉 모양을 취하고 이름을 붙이고 분별하는 습관적 에너지.
11) 5감과 그 인식대상(모양, 소리, 냄새, 맛, 접촉).
12) 무부(無覆), non-covered by cognitive and affective obstruction.
13) 무기(無記), non-recording; 저장식이 행위(업)에 의해서 발생되지만 저장식 자체는 다음의 업을 불러일으키지 않는다는 의미.
14) 순간순간 인식의 주체를 재구성하는 지속적인 연속성을 암시.

저장식의 특질

2송에서 4송까지는 세 종류의 마음작용을 소개하고 그 가운데 첫번째인 저장식의 내용과 특징을 설명하고 있다. 앞에서도 이야기했듯이 우리의 마음이라고 하는 것이 자신을 드러내기 위해서는 반드시 대상을 필요로 하는데, 마음이 자신을 드러내기 위해서 사용하는 대상의 종류와 그 작용에 따라서 저장식(축적하는 작용), 생각식(생각하는 작용), 의식과 오감각식(감지하고 표상하는 작용)의 세 종류로 나눈다.

우선 2송에서 저장식이라고 부르는 이유는 시작을 알 수 없는 아득한 전생부터 쌓아온 모든 경험의 종자들이 그 속에 모두 담겨 있기 때문이다. 그리고 저장식을 다르게 무르익은 식이라고 부르는 이유는 과거에 행한 업 자체는 선·불선이지만 그것이 종자로 저장될 때에는 선도 불선도 아닌 중성의 상태[15] 이기 때문에 붙인 이름이다. 또 다른 이유는 과거에 행한 업의 결과로서 저장된 종자가 현재에 새로운 인연을 만나서 상호작용하면 그 결과로서 발생되는 종자는 원래의 과거 종자와 완전히 똑같은 종자가 아니라는 의미다. 이를테면 과거에 악한 행위를 한 결과로서 저장된 종자라 할지라도 현재의 인연을 만나서 선을 행하고 그러한 선행의 업이 새로운 종자로 저장될 수 있다는 의미다.

3송에서는 저장식의 발생과 그 작용의 무제한성을 설명한다. 저장식은 과거경험의 종자, 신체의 감각기관과 그 감각대상, 자연계를 인식의 대상으로 삼고 발생한다. 과거경험의 종자는

---

15) 선·불선은 상대적 가치이므로 인연이 함께 만나질 때만 드러난다. 즉, 인(因)에 해당하는 종자 자체는 가치 이전의 상태다. 다만 연(緣)이라는 조건과 환경을 만나서 상호작용결과로서 선·불선, 또는 중성으로 드러나게 되는 것이다.

시작을 알 수 없는 아득한 세월부터 일체의 인식대상을 향해서 이미지를 표상하고 이름을 붙여서 각각을 분별하고 차별하는 습관적인 에너지를 의미한다. 이들 종자들은 마치 염색체 안에 든 유전자 정보와도 같아서 일정한 조건을 만나면 그 구체적인 특성을 드러내지만 저장식의 상태에서는 감지하기가 어렵다. 또한 무수한 세월 동안 저장식에 쌓아온 과거경험의 종자들은 너무나 많아서 그 양과 크기를 짐작할 수가 없다. 뿐만 아니라 저장식의 인식대상인 신체기관은 너무나 미세해서 그 작용을 감지하기가 어렵다. 반면에 저장식의 인식대상인 자연계는 너무나 광대해서 측량하기 어렵고 그 작용 역시 알아차리기가 어렵다. 따라서 저장식이 위치한 자리 또한 알지 못한다. 그러나 저장식은 종자, 신체기관, 자연계를 대상으로 끊임없이 잠재적으로[16] 작용을 계속한다.

한편 저장식의 인식작용은 접촉, 주의, 느낌, 개념화, 의지 5가지다. 감각기관과 대상의 만남에서 인식[17]이 발생하고 감각기관, 대상, 인식이 화합해서 접촉이 발생한다. 이때 생겨난 접촉은 다시금 셋의 화합을 강화시켜서 주의를 일으킨다. 주의는 인식작용의 주체를 경각시켜서 인식의 대상으로 향하게 한다. 느낌은 대상의 모습을 받아들이는 작용을 하는데 좋아해서 애

---

16) 저장식이 잠재적 상태라는 말을 흔히 서양의 정신분석에서 말하는 무의식의 개념과 혼동해서는 안 된다. 유식에서 잠재적이라는 말은 표현 그대로 의식의 상태, 감지되고 파악되어지는 상태가 아니라는 뜻이다. 정신분석에서는 무의식을 억압된 감정이나 욕망을 가리키는 의미로 사용하지만 유식에서 저장식은 억압된 욕망이나 감정이 아니라 과거 무수한 삶을 통해서 몸과 입과 뜻으로 행한 모든 행위가 습관적 에너지의 형태로 저장된 과거의 경험, 기억을 의미한다.
17) 유식에서 식(識)을 지칭한다. 이 때의 식(識)은 감지되지 않는다는 의미에서 무의식의 상태로 볼 수 있다.

착하거나 싫어해서 밀어내고 아니면 중성적 상태이다. 개념화 작용은 인식대상에 대해 이미지나 형상을 취하고 개념화하면서 갖가지 명칭을 붙인다. 의지작용은 선, 악, 또는 선도 악도 아닌 중성의 행위나 양상을 취하도록 만든다.

그러나 저장식의 인식작용은 무한하고 미세하여 무의식의 상태로 진행되기 때문에 선·악을 분별할 수 없으며 즐겁지도 괴롭지도 않은 중성적 특질을 가지고 있다. 저장식은 신체 속에 내재하면서 신체의 작용을 유지하는 근원적인 생명체이다.

4송에서는 저장식의 특질과 함께 저장식의 작용이 멈추어지는 조건에 대해서 설명하고 있다. 저장식은 자아가 영원하고 독립적인 실체라고 믿거나 탐욕과 분노와 어리석음의 세 가지 독성으로 말미암아 깨달음을 방해하는 두 가지 장애[18]에 의해 아직 오염되지 않았다. 또 저장식은 업(행위)에 의해서 생겨난 것이지만 그 자체가 다음의 업을 불러 일으키지는 않는다. 그래서 도덕적으로 선·불선이 아닌 중성적 특질을 가지고 있다. 이는 마치 카세트 테이프에 이미 기록된 정보에 새로운 정보를 기록함으로써 새로운 흔적이 등록되어지는 것과도 같다.

해방은 기록된 테이프를 지우는 것이다. 저장식에서 작용하는 정신적 접촉·주의·느낌·개념화·의지 등도 마찬가지로 두 가지 장애에 의해 오염되지 않았으며 선·불선이 아닌 중성이다. 저장식은 항상 머물러 있지도 않고 단절되지도 않는 흐르

---

18) 번뇌장(煩惱障), kleśāvaraṇa(산), the obstacle of the defilements or passions; obstruction by mental disturbances; the deep-seated psychological obstructions; 정서적 인지 문제, 정서 장애를 말한다. 소지장(所知障), jñeyāvaraṇa(산), the obstacle of the cognizable; obstruction by what is [mistakenly] known; the root-level cognitive obstructions; 지적 인지 문제, 인지 장애를 말한다.

는 물과도 같아서 끊임없이 생멸을 거듭하면서 계속해서 이어진다. 흐르는 물은 한자리에 머물러 있지 않기 때문에 매순간 새로운 물임에도 불구하고 우리의 의식이 늘 똑 같은 물인 것처럼 생각할 뿐이듯이 우리의 의식도 마찬가지다. 우리의 의식 또한 물처럼 흐르면서 찰나마다 그 인식의 주체를 재구성하지만 너무나 빠르게 이어지기 때문에 마치 연속적인 것처럼 인식되는 것뿐이다. 그래서 어제의 나, 좀 전의 나는 분명 같지 않지만 우리는 항상 동일한 것으로 느낀다. 다만 자아에 대한 그릇된 믿음과 탐욕, 분노, 어리석음을 완전히 제거한 성자[19]가 되었을 때 저장된 마음의 작용이 멈추어진다. 그 때야 비로소 우리는 찰나마다 생멸하는 자신의 실체를 분명히게 볼 수 있게 된다.

저장식을 보는 방법

마음이 '마음'이라고 하는 자신을 드러내는 세 가지 방법 가운데 우선 저장식의 속성을 통해서 우리는 무엇을 이해해야 되는가?

불교 수행이 곧 마음 수행이라는 사실은 누구도 부정하지 않

---

19) 아라한(阿羅漢), arhat(산), arahat(팔). 아라한의 특징: (1)응공(應供), 'One who is worthy', 능히 공양을 받을 만한 자다. 공양을 받고도 빚이 되지 않을 정도로 수행이 높다는 것을 의미한다. (2)살적(殺賊), 'slayer of the enemy', 번뇌의 적을 쳐부순 자. (3)윤회에서 벗어난 자. 아라한의 자리는 욕계의 초선과 색계의 이선, 삼선, 사선을 닦고 무색계의 공무변처, 식무변처, 무소유처, 비상비비상처를 닦아서 도달한 경지로서 주객의 분별이 사라진 자리다. 초선(初禪)-탐진치 삼독과 산란심, 후회, 의심이 사라짐. 이선(二禪)-살피고 관찰하고 규명하는 작용이 사라짐. 삼선(三禪)-고통이 끊어지고 안에서 오는 기쁨이 끊어짐. 사선(四禪)-밖에서 오는 즐거움이 끊어짐. 공무변처(空無邊處)-마음이 비어져서 공간처럼 방대해짐. 식무변처(識無邊處)-지각하고 이해하는 능력이 끝이 없다. 무소유처(無所有處)-마음의 분별력이 사라져 소유가 사라진다. 비상비비상처(非想非非想處)-지각이나 비지각, 또는 각성과 비각성을 초월한 단계다.

는다. 그런데 마음에 대한 지적인 이해를 무시하는 사람들도 적지 않다. 그것은 위험한 태도다. 마음에 대한 지적인 이해는 올바른 수행을 돕는다. 마음에 대한 올바른 이해가 바탕이 되지 않으면 올바른 수행이 불가능하다. 지적인 이해가 올바르고 정확하면 그 자체가 수행의 시작이고 과정이다. 아는 것과 행동하는 것이 다른 것은 아는 것이 정확하게 아는 것이 아니거나 아직 앎의 업이 무르익지 않아서 결과로서 드러나지 않을 뿐이지, 저장식에는 이미 등록이 되어 있고 때가 되면 반드시 열매를 맺게 되어 있다. 그런 의미에서 우리는 저장식의 특성을 통해서 마음에 대한 이해를 보다 구체적이고 체계적으로 할 수 있으며 마음 수행으로 한 걸음 더 나아갈 수 있을 것이다.

첫째, 2송에서 저장식은 우리가 세세생생 지어온 일체의 업보를 저장하고 나아가서 현재 우리가 짓고 있는 행위와 미래의 행위 또한 우리 마음에 새겨져 저장되는 특성을 가지고 있다고 한다. 이 말은 곧 과거부터 현재까지 우리가 행해온 일체의 말·행동·뜻이 고스란히 우리 마음 안에 저장되어 있다는 말이다. 우리가 지금까지 말하고 행동하고 생각한 경험의 총합이 바로 저장식이다.

우리의 모습 가운데 저장된 마음을 가장 잘 드러내고 있는 것이 성격 또는 인격이 아닌가 생각한다. 왜냐하면 버릇이 쌓이면 습관이 되고 습관이 쌓이면 인격, 바로 그 사람의 성격이 되기 때문이다. 또한 성격이나 인격은 다른 말로 사주팔자와 운명에 비유될 수 있다. 그런 의미에서 보면 우리의 운명을 좌우하고 팔자를 만들어 가는 근간이 바로 이 저장된 마음이 아닌가 여겨진다. 다시 말해서 운명을 바꾸고 팔자를 바꾸는 일은 곧 저장된 마음을 바꾸고 팔자를 바꾸는 일이 된다. 그런데 과

연 저장된 마음을 바꾸는 것이 가능할까? 가능하다면 어떻게 바꿀 수 있는가? 이 문제에 대한 해답은 뒤에 나오는 4송에서 다루어 질 것이다.

둘째, 저장식은 즐겁지도 괴롭지도 않은 중성이며 무의식적으로 작용하기 때문에 감지할 수 없는 특성을 가지고 있다. 우리는 대개 마음이 괴롭거나 즐거워야 그 마음의 원인이나 대상에 관심을 갖고 주의를 기울이며 살펴보게 된다. 그런데 저장식은 즐겁지도 괴롭지도 않기 때문에 특별히 의식된 주의를 기울이지 않게 되고 더구나 무의식적으로 작용하는 속성 때문에 우리는 너무나 쉽게 과거부터 해오던 정신적 습관에 따라서 움직이게 된다.

다시 말해서 우리는 수없이 많은 생을 비슷한 경험과 고통으로 괴로워하면서도 그 생사윤회의 악순환에서 헤어나지 못하고 계속해서 반복하는 근본적인 이유는 바로 과거부터 행해오던 습관이 무의식적으로 반복되기 때문에 쉽게 우리들의 의식으로 통제하고 시정해가기가 어렵다는 것이다. 뿐만 아니라 통증이 심할수록 병원을 가더라도 빨리 가게 되듯이 뭔가 저장식이 우리 안에서 즐거움이든 고통이든 주의를 끌 만한 감각으로 존재한다면 일단 의식차원에서 의지작용이 이루어 질텐데 좋고 나쁜 구체적인 심리적 감각을 갖고 있지 않기 때문에 우리의 평상시 인식능력으로 감지되지가 않는다.

그래서 우리는 일상 속에서 일어나는 갖가지 인간관계 문제나 갈등과 고통들이 알고 보면 모두 쌍방의 문제이고 서로 안에 저장된 마음의 작용인데도 불구하고 자꾸만 그 원인을 상대방과 환경에 돌리게 된다. 오랜 세월을 통해서 쌓여진 저장식, 즉 습관적 에너지들이 미세하지만 아주 분명하게 반응하고 그

것이 문제의 인간관계와 고통을 일으키는 일차적인 원인임에도 불구하고 우리는 그것을 자신 안에서 감지하지 못하기 때문에 문제의 원인을 자기 밖의 외부에서 찾으려고 한다. 또한 외형적으로 볼 때 우리는 엄청나게 변화하고 뭔가 성장하는 것 같지만 그것은 의식의 표면에서 일어나는 아주 작은 일부분에 해당할 뿐 우리들의 마음 밑바닥에서는 아득한 옛날부터 쌓아온 무수한 행위의 결과들이 끊임없이 반복되기 때문에 자신이 싫어서, 자기를 바꾸고 싶어도 근본적 변화가 쉽지 않은 것도 바로 이 저장식 때문이다.

그러므로 누구나 쉽게 자신을 바꾸지는 못한다. 성격을 바꾸거나 인격을 바꾸는 일이 하루아침에 되지는 않는다. 앞에서도 말했듯이 저장식은 성격, 인격이라는 겉모습으로 드러나는데 성격이나 인격의 형성은 무수한 생을 통해서 이루어진 것이므로 짧은 기간에 변화되지 않는다. 게다가 일단 형성되어진 성격이나 인격은 대부분 무의식 상태에서 자기 모습을 드러내고 계속해서 강화되기 때문이다. 다시 말해서 타고난 성격이나 인격의 부분은 그 때 그 때 처한 상황과 상호작용하면서 무의식 상태로 1년 365일 매순간 습관적으로 반복되어 더욱더 굳어지는데 반해서 성격이나 인격을 바꾸는 일은 의식적인 노력을 기울여야 하기 때문이다.

그러므로 성격·인격을 바꾸는 일은 평생의 노력으로 참을성 있게 이루어져야 할 마음의 수행이지 잠시잠깐 행하고 결과를 기대하고 실망하는 그런 일이 아니다. 더구나 일년 또는 수년 간 집중적인 마음공부를 통해서 어떤 신비체험이나 정신력이 생겼다 할지라도 그것이 곧바로 그 사람의 인격이나 성품을 바꾸었다고 단정할 수는 없다.

세 번째 특성으로 저장식과 그 작용은 번뇌와 어리석음에 물들어 있지 않고 선·불선이 아닌 중성으로서 끊임없이 생멸유전한다. 비록 저장식을 바꾸는 일이 성격과 인격을 바꾸는 일이고 팔자와 운명을 바꾸는 일과 같아서 그 세월과 노력이 쉽지는 않지만 그래도 바꾸는 것이 가능한 것은 바로 저장식이 번뇌와 어리석음에 물들어 있지 않고 선도 악도 아니기 때문이다. 즉, 저장식이 일단 성격이나 인격으로 그 모습을 드러내게 되면 그 모습은 선하기도 하고 악하기도 하며 어리석기도 하고 현명하기도 하다. 그러나 아직 그 모습을 드러내지 않는 저장된 마음의 상태에서는 악하지도 선하지도 않고 어리석지도 현명하지도 않다.

그러므로 우리는 선하고 현명한 인격과 성격을 드러내기 위해서는 아직 그 모습이 드러나지 않은 저장식의 상태에서 뭔가를 조치해야 한다. 저장식을 바꾸는 것을 가능하게 하는 또 하나의 근거는 저장식이 항상 고정되어 불변하는 것이 아니라 흐르는 물처럼 변화하고 찰나찰나 끊임없이 생겨나고 사라지는 속성을 가지고 있기 때문이다.

그러면 구체적으로 어떻게 저장식을 바꿀 것인가? 선의 종자는 싹을 틔우도록 물과 거름을 주고 악의 종자는 말라서 죽도록 내버려 두면 된다. 번뇌와 어리석음의 종자는 말라서 죽게 내버려 두고 지혜의 종자는 물과 거름으로 돌보아서 싹이 자라도록 하는 것이다. 화내는 종자를 예로 들어보자. 누가 자기를 무시해서 화를 냈다면 그것은 저장식에 있는 화의 종자에게 거름을 주고 물을 주어서 더욱더 화의 종자를 튼튼하고 강하게 키우는 격이 된다. 왜냐하면 일단 화의 종자가 화내는 행위로 드러나게 되면 그만큼 더 강해지고 또 다시 발생할 수 있는 확률이 높아지기 때문이다.

 그러나 반대로 화를 내기에 앞서서 그가 자기에게 화를 낸 이유를 알아보고 대화와 이해로써 해결했다면 그것은 저장식에 있는 화의 종자를 약화시키고 말려가는 것이 된다. 왜냐하면 '화'라고 하는 인(因, 원인, cause)이 '자기를 무시하는 상황'이라고 하는 연(緣, 조건, condition)을 만났음에도 불구하고 반복적으로 드러나고 강화되지 않았기 때문에 점점 원인으로서의 인(因)과 조건으로서의 연(緣)의 상호작용이 약해지고 종국에는 인연의 고리가 사라지게 되기 때문이다.

 누군가를 미워하고 원망스러워서 그냥 마음가는 대로 미워하고 원망하게 되면 저장식에 등록된 미움과 원망의 종자를 살찌우고 강하게 키우는 것이다. 누군가를 용서하고 이해하면 용서하고 이해하는 마음의 종자를 더욱 성장시키고 발전시키는 것이다. 이와 같은 방법으로 우리는 끊임없이 우리의 저장식의 내용들을 보다 긍정적이고 선하고 즐거운 것으로 바꾸어 갈 수 있다. 그렇게 되면 자연히 부정적인 성격과 인격은 긍정적으로 바뀌고 악하고 행복하지 않는 성격이 선하고 행복한 모습으로 변화하게 된다.

 부정적이고 즐겁지 않은 저장식의 종자를 드러내고 살찌울수록 우리는 자신을 그만큼 더 미워하고 싫어하게 된다. 자기 자신이 마음에 들지 않고 스스로 불만스러운 사람일수록 알게 모르게 부정적인 마음의 종자에 물을 주는 사람들이다. 그들은 쉽게 화를 내고 짜증을 내며 원망한다. 그러므로 삶이 불만스러운 사람, 자기 자신이 못마땅한 사람들일수록 자기 마음의 밭, 저장식을 들여다 보아야 한다. 그리고 거기서 그들은 말라서 죽어가고 있는 행복의 종자, 사랑의 종자를 발견하고 물을 주어 싹을 틔우도록 돌보아야 한다.

그런데 저장된 마음은 너무나 미세하고 무의식의 상태라 감지될 수 없다고 했다. 우리는 어떻게 저장된 종자가 선한 것인지 악한 것인지를 알아보고 긍정적인 것에 물을 주고 부정적인 것은 말라서 죽도록 내버려 둘 수 있는가? 이에 대한 논의는 뒤에 이어지는 송에서 살펴보기로 하겠다.

네 번째 특성으로, 욕망과 번뇌를 완전하게 제거한 사람에게는 저장식이 더 이상 존재하지 못하고 작용하지 못한다. 저장식이 사라지고 더 이상 존재하지 않는다는 말은 도를 이루어 해탈했다는 뜻이고 생사윤회로부터 자유롭다는 의미다. 물론 마음의 고통도 사라지고 일체의 인간문제들로 인한 모든 고통이 사라지게 된다.

여기서 말하는 욕망은 탐욕·분노·어리석음과 그에 수반해서 일어나는 여러 가지 정신작용을 말하고 번뇌는 자아가 영원하고 독립적인 실체라고 믿는 것을 말한다. 이 가운데 우리가 제일 먼저 관심을 두고 이해해야 하는 것이 자아에 대한 잘못된 믿음이다. 일시적이고 상대적으로 존재하는 자아가 영원하고 독립적이라고 생각하는 것이 바로 어리석음이다. 그리고 자아에 집착하는 그러한 어리석음으로 인해서 탐욕도 일어나고 분노도 일어나는 것이기 때문에 자아에 대한 올바른 이해는 곧바로 탐진치 삼독을 제거하는 방법이기도 하다.

앞의 1송에서 자아, 즉 인식하고 경험하는 '나'는 영원히 독립적으로 존재하는 어떤 구체적인 실체가 아니라 인식하는 순간, 경험하는 순간에만 일어났다가 사라지는 인식론적이고 경험론적인 존재, 개념이라고 했다. 그리고 인식이나 경험이 가능하려면 반드시 인식할 수 있는 대상이 필요하다. 그래서 '나'

라고 하는 것은 홀로 존재하지 못하고 '나'라는 인식을 가능하게 해 주는 '너'라고 하는 대상과 함께 해야만 가능하다. 인식을 가능하게 해 주는 대상이 사라지면 '나'라고 하는 인식, 개념 또한 더 이상 존재하지 못하고 대상과 함께 사라지기 때문에 깨달은 성인들은 '나'라고 하는 것이 마치 봄날의 아지랑이 같고 이슬 같고 허깨비 같다고 하는 것이다. 또 '나'가 바로 '너'라고도 하고 '나'와 '너'가 둘이 아니라고도 말한다.

그런데 인식하는 '나'와 인식되어지는 대상의 분별이 있는 한 자아에 대한 잘못된 믿음은 피할 수 없고 탐·진·치 삼독도 제거되지 않는다. 문제는 저장식의 수준에서 인식하고 경험하는 '나'와 나의 대상으로서 '너'의 이원화는 너무나 미세하고 무의식 중에 일어나기 때문에 알아차릴 수가 없다는 것이다. 게다가 저장식이 아닌 나머지 두 가지 마음작용은 항상 탐진치 삼독에 물들어 있어서 더욱더 자아의 실체에 대한 올바른 파악을 방해하고 있다.

우리는 이러한 악조건 속에서 어떻게 저장식에서 발생하는 '나'의 본질을 알아차릴 수 있을까? 저장식의 상태에서 발생하는 '나'와 나의 대상으로서 '너'의 이원적 분류를 감지하고 바라볼 수만 있다면 우리는 그 즉시 공(空)을 보고 무아(無我)를 보고, 그래서 해탈에 이를 텐데….

불교 수행은 저장식을 보는 방법으로 두 종류의 명상법을 제안한다. 하나는 마음을 고요하게 가라앉히고 집중하여 마음작용이 정지된 몰입의 상태[20]이고 다른 하나는 미세한 관찰을 통해 사물의 본질에 대한 직접적 이해를 얻는 통찰[21]이다.

여기서 통찰명상법의 구체적 방법을 논의해보고자 한다. 통찰명상은 몸과 마음의 현상을 자기 이미지로 편집하거나 억압하지 않고 있는 그대로 내면의 실재를 직면하고 관찰하는 방법이다. 그런데 우리가 들여다보고 싶은 것은 저장식인데 왜 다섯 가지 감각을 관찰의 대상으로 삼는가?

수행의 목적은 저장식에 등록된 불건강하고 부정적인 조건들을 제거하는 것이지만 저장식의 작용은 무의식 상태로 진행되기 때문에 관찰되어지지 않는다. 반면에 다섯 가지 감각과 마음은 우리가 세계를 만나는 문이고 모든 경험의 바탕이다. 어떤 대상이든 다섯 가지 감각이나 마음으로 접촉되어져야만 감각이 일어난다. 그리고 사고·관념·기억·희망 등 정신적 대상이 마음과 접촉하면 감각이 일어난다. 그런데 감각은 반드시 몸을 통해서 일어나므로 신체감각을 관찰함으로써 마음을 관찰할 수 있다. 신체에서 일어나는 감각을 자각하고 자각된 감각에 대해서 좋아하거나 싫어하는 반응을 일으키지 않고 중도를 유지하려고 노력하는 것이 통찰명상의 핵심이다. 다시 말해서 통찰명상은 내부에서 일어나는 모든 현상에 대해서 의식하려고 노력하는 자각능력과 의식한 감각에 반응하지 않기 위해 노력하는 중도를 발달시키는 훈련이다.[22]

몸과 마음에서 일어나는 감각은 과거경험의 누적된 결과, 즉 저장식의 내용들과 연합되어서 발생하는 것이므로 감각을 자각하는 일이 곧 저장식의 내용들을 들여다 보는 것이 된다. 그러므로 만일 우리가 몸과 마음에서 일어나는 감각에 싫어함과 좋아함으로 반응하는 것은 곧바로 저장식의 특정 내용들을 강

---

20) 선정(禪定), dhyāna(산), jhāna(팔), mindfulness meditation.
21) 관법명상(觀法), vipaśyanā(산), vipassanā(팔), insight meditation. 27송의 사선정 참고.
22) 『그냥 바라만 볼 뿐이다』 서광 편역, 불광출판부, 참고..

화하게 되어 연속적으로 반복되고 그 결과 우리는 과거의 특정한 습관적 에너지에 점점 더 얽매이게 된다. 반면에 자각한 감각에 반응을 보이지 않고 중도적 입장에서 관찰만 한다면 일어난 감각은 지속적으로 존재하지 못하고 사라지게 된다. 자각된 감각에 반응하지 않는다는 말은 곧바로 저장식의 종자에 물을 주지 않는 것이 되어 종국에는 말라서 죽게 된다.

이와 같이 세상으로부터 벗어나서 한적한 곳을 찾아 좌선하고 일체 외부 자극과 대상으로부터 철수하고 차단하여 오직 내면세계로 주의를 돌려서 내면에서 일어나는 감각을 자각하고 자각된 감각에 반응없이 중도적 입장에서 관찰하는 것이 바로 저장식의 내용들을 제거하는 훈련이다. 이러한 훈련에서 자각된 감각은 외부에 존재하는 감각대상을 상태로 발생한 것이 아니라 저장식의 내용들을 대상으로 발생한 것이다.

그런데 저장식의 내용과 작용들을 자각하는 일은 쉽지 않다. 뿐만 아니라 훈련의 결과 얼마만큼 진전이 있는지를 평가하는 일도 단순하지 않다. 왜냐하면 뿌리뽑고자 하는 궁극의 대상이 무의식 상태에서 진행되는 저장식의 내용인 만큼 수행의 결과 실제로 저장식의 내용들이 얼마만큼 제거되었는지를 알기가 쉽지 않다. 그래서 다음에 이어지는 생각식에서 이와 같은 통찰명상을 일상의 삶 속으로 확대하고 보다 응용된 형태의 자각 훈련을 소개할 것이다.

송5

🪷 두 번째 마음작용은 생각식이라 불리며 저장식에 의존해서 발생하고 작용한다. 생각식은 또한 저장식을 대상으로 해서 발생하고 저장식을 자아라고 착각한다. 생각식은 계산하고 생각하는 작용이 그 본질이다.

송6

🪷 생각식은 항상 사아가 영원한 실체로서 존재한다고 믿고 착각하는 현상과 자아에 대한 무지, 아만, 자아에 대한 집착된 사랑과 연합되어 있다. 생각식은 또한 정신적 접촉, 주의, 느낌, 개념화, 의지의 작용과 연합되어 있다.

송7

🪷 생각식은 개인이 윤회해서 태어나는 영역[23]에 따라서 그 본질이 달라진다. 생각식은 깨달음을 방해하는 두 가지 장애, 즉 자아가 영원한 실체로 존재한다고 믿는 소지장과 탐진치 삼독에 의한 번뇌장에 오염되어 있지만 선악이 아닌 중성의 특질을

---

23) 삼계구지(三界九地), the three realms and nine levels; 삼계는 욕계 · 색계 · 무색계를 말하고 구지는 욕계의 초선과 색계의 이선, 삼선, 사선, 오선, 그리고 무색계의 공무변처 · 식무변처 · 무소유처 · 비상비비상처를 일컬음.

가지고 있다. 생각식은 자아에 대한 그릇된 믿음과 탐진치 삼독을 제거한 성자[24]와 나와 현상에 집착하는 일체의 심상이 사라진 적정의 상태[25], 세간을 초월한 도의 길[26]에서는 작용하지 않는다.

5송에서 7송까지는 마음이 주객으로 이원화하면서 자신을 드러내는 세 종류의 마음작용 가운데 두 번째인 생각식에 대한 특징을 설명하고 있다. 생각식은 마음의 기능 가운데 생각하고 측정하고 계산하는 작용에 해당한다.
정신적 개념과 물질적 사물을 포함해서 일체의 현상이 발생하는 데는 4가지 조건[27]이 필요하다. 즉 존재의 원인이 되는 조건[28], 존재가 발달하는 데 필요한 조건[29], 지각대상[30], 바로 앞에 이어지는 연속적 조건[31]이다. 생각식이 발생하는 원인은 저

---

24) 번뇌장을 소거한 아라한을 말한다. 4송 참고.
25) 멸진정(滅盡定), nirodha-samāpatti(산, 팔), mindfulness of extinction and non-thought; 무색계의 4단계를 지나서 도달될 수 있다. 아집과 법집을 일으키는 생각식을 없앰으로써 일체의 심상이 사라진 적정한 상태를 말한다. 아라한의 경지에서 얻을 수 있다.
26) 초세간도(超世間道), ārya-mārga(산), ariya-magga(팔), sacred supramundane path; lokuttara mārga; 현실을 초월한 정신세계로 선악이 사라짐. 반면에 세간도는 악을 버리고 선으로 가는 길로서 아직 선악의 분별과 이원성이 사라지지 않는 도다.
4단계의 초세간도: (1)예류과(預流果), Stream-Winner or Stream-enterer; 잘못된 견해와 의심을 버림. 지옥, 아귀, 축생의 악도 환생을 피하고 깨달음에 이르기 전에 일곱 번 더 환생한다. (2)일래과(一來果), Once-Returner; 탐진치를 거의 소거시킴으로써 욕계에 단 한 번 더 태어나고 깨달음에 도달한다. (3)불환과(不還果), Never-Returner, or Non-Returner; 인간으로 더 이상 환생하지 않고 신의 세계에 한번 더 태어나서 거기에서 열반을 성취한다. (4)아라한과(阿羅漢果); 4송 해설 각주 참고.
27) 4연(四緣), four conditions for the manifestation of all phenomena.
28) 인연(因緣), hetu-pratyaya(산), cause as condition; 결과를 발생시키는 원인과 조건에서 조건의 원인을 말한다.
29) 증상연(增上緣), adhipati-pratyaya(산), condition for development; 결과를 발생시키는 결정적 지배적 특별조건과 이유.
30) 소연연(所緣緣), alambana-pratyaya(산), object as condition.

장식의 종자에 의지해서 일어난다고 한다. 생각식이 발생할 수 있는 조건은 생각식이 저장식의 인식주체[32]를 대상으로 삼고 그것을 자아로 착각하면서 계속적으로 잘못된 자아의 이미지를 만들어 낸다. 섭대승론과 능가경[33]에서는 이와 같은 저장식과 생각식의 관계를 바다와 파도에 비유한다. 즉, 파도는 바다를 바탕으로 발생하므로 모양은 달라도 그 근본 성질은 동일하듯이 생각식 또한 그 작용은 달라도 저장식과 본질적으로는 같다.[34] [5송]

생각식은 저장식의 주체와 대상 가운데 주체를 보고 그것을 자아라고 착각하고 집착해서 좋아하기 때문에 본질적으로 무지하다.[35] 생각식은 항상 자아가 영원히고 독립적이며 불변하는 실체로서 존재한다고 믿고[36] 그런 자아를 좋아하고[37] 프라이드를[38] 갖는다. 생각식은 또한 정신적인 접촉(contact), 주의(attention), 느낌(feeling), 개념화(conceptionalization), 의지

---

31) 차제연(次第緣), samanantara-pratyaya(산), the condition of immediate continuity. 등무간연(等無間緣)- the simiar and immediately antecedent condition. 등무간연과 차제연은 동의어다.
32) 견분(見分), darshana-bhaga, the seeing aspect
33) 섭대승론(攝大乘論), Mahayana-samgraha-shastra, the Summary of the Great Vehicle. 능가경(楞伽經), Lankavatara Sutra, Sutra on the Descent to Sri Lanka
34) 입능가경에서 말씀하시기를, "심(心)·의(意)·식(識)의 여덟 가지는 속제에 의거해서는 양상의 차이가 있고, 진제에 의거해서는 양상의 차이가 없다. 작용(相)과 자체(所相)가 없기 때문이다."라고 하였다.
저장식, 생각식, 의식, 오감각식의 여덟 가지 식은 상대적인 진리에 입각해서 보면 서로 다른 모양이고 절대적인 진리의 차원에서 보면 아무런 차이도 없다. 왜냐하면 현상과 본질 자체가 없기 때문이다.
35) 아치(我痴), atma-moha, self-ignorance
36) 아견(我見), atma-drishti, self-view
37) 아애(我愛), atma-sneha, self-love
38) 아만(我慢), atma-mano, self-pride

(volition, intention)와 연합되어 있다. 다시 말해서 생각식의 생각하는 작용은 정신적 접촉, 주의, 느낌, 지각, 의지의 5가지 보편적 정신작용을 통해서 드러난다. 생각식은 항상 접촉의 상태에 있고 주목되어 있으며 느끼고 지각하고 의도상태에 있다. 이러한 다섯 가지 보편적 정신작용의 활동을 통해서 저장식을 포착하고 그것을 자아라고 집착한다.〔6송〕

유식에서는 마음을 저장식, 생각식, 의식과 오감각식의 세 가지 차원으로 나누어서 여덟 종류의 식을 의식작용의 본체로[39] 하고 그러한 본체가 작용할 때 그 본체를 따라서 종속적으로 일어나는 정신작용[40]을 51가지로 분류한다. 생각식은 51가지 정신작용, 가운데서 많은 부분과 함께 작용하는데 구체적으로는 5가지 보편적 정신작용[41], 5가지 특수한 정신작용 4가지 근본번뇌[42], 8가지 이차적 번뇌[43]다. 이 가운데 5가지 보편적 정신작용은 위에서 설명했듯이 생각식과 항상 함께 일어날 뿐만 아니라 저장식, 의식, 오감각식의 발생과도 반드시 함께 하기 때문에 보편적 정신작용이라 불린다. 반면에 5가지 특수한 정

---

39) 심왕(心王), the mind-king
40) 심소(心所), caitasika, mental activities or factors
41) 오변행심소(五遍行心所), five universal mental formations: (1)접촉(觸)-sparsa, sensory contact. (2)주의(作意)-manaskara, mental engagement: 대상을 마음에 취하는 요인. (3)느낌(受)-vedanā, feeling or sensation(pleasure/pain/neutral): 여기서는 느껴지는 대상이 아니라 느끼는 의식이다. (4)개념화(想)-samjñā, discrimination: associative thinking: 대상에 대한 변별과 연합. (5)의지(思)-cetana, intention: 마음이 대상으로 이동하는 의도나 주의. 이들은 모두 오감각식과 의식, 생각식, 저장식의 팔식과 연합되어 있어서 모든 인지작용에 관여하기 때문에 보편적 정신작용이라 한다.
42) 6송에 나오는 아치, 아견, 아만, 아애를 말함
43) 분노(anger), 악의(enmity), 은폐/위선(concealment/hypocrisy), 번뇌/속상함(affliction/vexation), 부러움(envy), 인색/이기심(parsimony/selfishness), 속임/사기(deception/deceit), 기만/부정직(fraudulence/dishonesty).

신작용은 반드시 여덟 종류의 식과 함께 일어나거나 항상 일어나는 것이 아니다.

생각식과 항상 함께 작용하는 4가지 번뇌, 즉 자신에 대한 무지와 잘못된 견해, 자기에 대한 집착된 사랑과 자만심은 깨달음에 이르는 길을 방해하고 있는 그대로의 진실된 현상을 은폐하기 때문에 생각식은 번뇌와 어리석음으로 뒤덮여 오염되어 있다. 이들 4가지 번뇌는 생각식을 어지럽고 혼탁하게 만들 뿐만 아니라 의식을 항상 오염시킨다. 이로 인해 중생은 생사를 윤회하며 벗어나지 못하므로 번뇌라 부르는 것이다.

한편 생각식은 워낙 미세하고 무의식적으로 작용하기 때문에 선도 불선도 아니다. 또한 생각식과 함께 작용하는 욕구, 결심, 기억, 집중, 지혜[44]의 5가지 특수한 정신작용[45]은 생각식이 무지로 인해 혼동되어 있기 때문에 작용하는 상황에 따라서 선 또는 불선의 의미를 가질 수 있어서 생각식의 상태에서는 선·불선을 정할 수가 없다. 다시 말해서 생각식은 다섯 가지 감각과 의식이 본질적으로 선 또는 불선으로 형성되는 데 결정적인

---

44) 여기서의 지혜는 반야에서 말하는 지혜가 아니다. 여기서 말하는 지혜는 생각식이 잘못된 지각을 바탕으로 뭔가를 지각하고 잘못된 지각임에도 불구하고 그것에 집착해서 불변의 진리라고 주장하는 것을 말한다. 그러므로 순수한 지혜가 아니다.

45) 오별경심소(五別境心所), viniyata, the five particular mental formations: (1)욕구〔欲〕, chanda, zeal;대상에 대한 끌림. (2)결심〔勝解〕, adhimoksha, determination; 대상을 인지하고 대상에 대한 생각을 형성하는 것. (3)기억〔靜慮〕, smriti, mindfulness or memory; 관심의 대상을 마음에 붙잡고 그것이 진짜라고 기억함. (4)집중〔定〕, samadhi, concentration; 붙잡은 대상에 집중함. (5)지혜〔慧〕, prajñā, wisdom; 그 대상에 대해서 정확하게 안다고 믿는 것. 감각식과 함께 생각식과 의식이 이들 5가지 특수한 정신작용과 연합되어 있다. 즉 이들은 팔식 모두와 연합되어 작용하지 않고 일부 인지작용에서만 일어나기 때문에 (저장식에는 작용하지 않음) 특수한 정신작용이라 한다.

역할을 하지만 생각식 자체는 선하지도 악하지도 않다. 생각식은 그냥 무지에 덮여서 무의식 상태로 작용한다.

그러면 생각식의 무지는 지혜로 변화될 수 있는가? 아니면 영원히 무지상태에 머물러 있는가? 생각식은 무지하지만 아직은 선과 악에 물들어 있지 않기 때문에 변화가 가능하다. 그런데 생각식은 저장식을 대상으로 하여 발생하기 때문에 생각식을 제거하기 위해서는 저장식을 제거해야만 된다. 한번 더 설명하면 1송에서 말했듯이 여덟 가지 식의 존재는 인식하는 주체와 대상으로의 분별에서 출발된다고 했다. 그러므로 인식의 주체와 대상은 서로를 의지해서 발생하기 때문에 인식의 대상이 없어지면 인식의 주체도 없어지고 인식 자체도 없어진다. 생각식은 저장식의 주체를 대상으로 발생하는 식이기 때문에 대상인 저장식이 사라지면 생각식도 사라지고 저장식이 변화하면 생각식도 변화하게 되어 있다.

따라서 생각식의 무지를 뿌리뽑기 위해서는 저장식의 종자들, 즉 과거경험과 기억의 종자들을 기록하고 있는 테이프를 지워야만 한다. 생각식과 저장식의 관계는 마치 파도와 바다와의 관계와도 같다. 파도와 바다는 본질적 특성은 동일하지만 완전히 같은 것이 아니듯이 생각식과 저장식은 서로 그 작용은 다르지만 근본 성질은 동일하다. 생각식은 몸의 그림자처럼 저장식을 따라다닌다. 그러므로 무지로 뒤덮인 생각식을 변화시키기 위해서는 생각식의 뿌리인 저장식에서 변화되어야 한다.

욕심을 버려라

마음 수행을 하는 사람들은 누구나 수없이 듣게 되는 소리가 욕심을 버려라. 탐욕을 버리라는 말이다. 왜냐하면 집착의 근본 원인이 욕심이기 때문이다. 불교에서는 욕심이 무지에서 비롯되었다고 보기 때문에 무지를 보다 근본적인 것으로 취급하지만 실제로 우리 삶에서 지켜보면 욕심과 무지는 계란이 먼저인가 닭이 먼저인가 하는 논쟁에 불과하지 않나 생각된다. 욕심이 무지에서 오는 것도 사실이지만 욕심을 버리면 저절로 지혜로워지는 것 또한 사실이다.

아무튼 우리는 욕심을 버리면 마음이 편안해지고 인간관계가 원만해진다는 것은 안다. 그런데 욕심을 어떻게 버리는가? 욕심 때문에 자신이 고통하고 있다는 사실을 알지 못하는 사람들은 그렇다 치지만 욕심으로 인해서 즐겁고 행복하기보다는 욕심으로 인해서 괴롭고 고통스럽다는 것을 안다고 해도 순간순간 일어나는 욕심을 어떻게 해 볼 도리가 없다.

욕심을 어떻게 버리는가? 욕심을 버리기 위해서 우선 욕심이 뭔가 살펴 보자. 욕심은 말 그대로 원하는 마음, 바라는 마음이다. 그럼 원하는 마음, 바라는 마음은 어디에 있는가? 그 마음은 바로 생각식에 있다. 생각식은 앞에서 계산하고 생각하는 것이 주된 작용이라고 했다. 그러니까 생각식이 바로 우리가 원하고 바라는 욕심을 채우기 위해서 계산하고 연구하는 것이다. 그렇게 계산되고 연구된 것을 의식으로 드러나게 함으로써 의식을 자극하여 더욱더 원하고 바라는 마음을 강하고 생생하게 만든다. 그런 다음에는 의식과 함께 연합해서 이번에는 오감각식을 자극하여 원하고 바라는 것을 성취하도록 다섯 가지 감각을 총동원한다. 그래서 눈은 원하고 바라는 대상을 보는 데 집중하고 귀는 듣는 데, 혀는 맛을 보는 데, 몸은 감촉하는 데 각각 집중한다. 욕심이 강하면 강할수록 생각식은 온통 자기가 원하는 것을 어떻게 하면 얻을 수 있을 것인지 계산하고 연구하느라 몰두된 나머지 다른 현실적인 생각을 하지 못한다. 또 그러한 생각식의 조종을 받고 있는 의식과 오감각식 역시 현실적이고 객관적인 감각을 일시적으로 상실하게 된다. 그 결과 들킬 것이 뻔하고 패가 망신할 부정과 도둑질을 서슴지 않고 하게 되는 것이다.

언젠가 뉴욕에서 세계적으로 유명한 보석상에 도둑이 든 사건이 있었다. 그 도둑은 특이하게도 대낮에 손님들이 붐비고 주인이 눈앞에 보는 데서 진열장을 깨고 눈방울만한 다이아몬드를 훔치려다가 당장에 잡혀가게 되었다. 워낙 기존의 밤손님들과는 다른 사건이라서 경찰은 잡힐 것이 뻔한데 왜 그렇게 했느냐고 꼬치꼬치 물었다. 그랬더니 도둑이 하는 말이 자기가 진열장의 유리를 깨고 훔치는 순간에는 손님도 점원도 아무도 보이지 않았다는 것이다. 흔히 욕심이 지나치면 눈에 보이는 것이 없다고들 말한다. 이 경우가 그렇다. 눈방울만한 다이아몬드를 보는 순간 그것에 강한 집착이 붙은 도둑은 찰나적으로 다이아몬드 이외에는 아무것도 볼 수도 생각할 수도 없었던 것이다.

우리는 이제 욕심의 근본 뿌리가 생각식이라는 사실을 알았다. 그런데 구체적으로 욕심은 무엇에 대한 욕심을 말하는 것인가? 다시 말해서 원하는 마음, 바라는 마음이 욕심인데 궁극적으로 무엇을 원하고 무엇을 바란다는 것인가?

그것은 바로 나의 존재를 알리고 나의 우월함과 잘났음을 알리는 것이다. 내가 특별하고 내가 인정받고 존중받기를 원하는 그 마음이 명예·부·권력 등의 다양한 것들로 드러나는 것이다. 그러니까 명예나 부나 권력 등은 그 자체가 궁극적인 목적이 아니라 자신을 알리고 인정받고 특별하고자 하는 번뇌의 부작용일 뿐이다. 명예·부·권력 등이 욕심의 싹이라면 욕심의 뿌리는 자기에 대한 잘못된 견해와 아만 등이다. 그리고 욕심의 결과, 열매는 고통이고 괴로움이며 나아가서는 윤회하는 삶이 되는 것이다.

결국 욕심을 계속적으로 불러 일으키는 것은 생각식이고 그것을 옆에서 돕고 실행에 옮기는 것이 의식과 오감각식이다. 그러므로 만일 욕심을 버리는 작업을 의식과 오감각에서 하게 되면 욕심을 진짜로 버리는 것이 아니라 욕심을 억압하는 것이 된다. 생각식에서 솟아 오르는 욕심을 의식과 오감각식이 거부하고 차단하는 것이기 때문에 욕심이 겉으로 드러나지 않을 뿐 내면은 더욱 더 소용돌이 치게 되어 종국에는 스트레스성 각종 질병을 낳게 되는 원인이 된다. 따라서 의식과 오감각 수준에서 수행하는 사람들은 수행의 향기가 아니라 짓눌린 마음의 냄새로 인하여 마치 음식을 잔뜩 먹고 소화가 안 된 몸 안에 가스가 가득 차 있는 것과도 같아서 그들이 풍기는 향기는 가볍고 상쾌하지가 않고 방귀처럼 무겁고 둔탁한 기분이다.

욕심의 뿌리가 분명 생각식의 작용에 있다면 욕심을 버리는 일은 생각식의 작용을 멈추는 일이다. 생각식의 작용은 계산하고 연구하는 것인데 계산하고 연구하는 작용을 어떻게 버려야만 되는가? 무조건 생각하지 말고 계산하지 말라고 해서는 되지 않는다. 그러기 때문에 무조건 앉아서 명상을 하려고 하면 도리어 무수한 생각들이 떠올라서 잠시도 생각을 멈출 수가 없다. 그래서 어떤 사람들은 절을 한다. 절을 하면 적어도 오감각식의 수준에서는 욕심이 끊어진다. 그러나 의식은 잠시 절을 하는 동안만 끊어질 뿐이다. 생각식은 절을 하는 동안에도 계속 작용하지만 의식으로 드러나지 않을 뿐이다. 그러므로 근본적인 해결이 되지 않는다. 그러면 생각식의 작용을 뿌리뽑는 근본적인 해결 방법은 어디에 있는가? 그것은 저장식으로 부터 일어나는 생각식의 발생을 자각하는 일이다. 그러기 위해서는 저장식을 알아차려야만 한다. 왜냐하면 생각식은 저장식을 대상으로 발생한 식이기 때문이다. 그런데 저장식은 우리가 세세생생 쌓아온 온갖 경험과 기억이 축적되어 있기 때문에 저장식과 작업하는 일은 그리 간단하지 않다. 저장식과의 만남을 위해서는 약간의 준비작업이 필요하다. 그 일차적 준비작업은 먼저 자각능력을 키우고 강화하는 일에서 시작하는 것이 좋다.

주관적인 '나' 와 객관적인 '나'

생각식의 변화는 저장식으로부터 이루어져야 한다고 했다. 저장식을 변화시키는 명상법 가운데 앞에서 통찰명상을 소개했다. 이번에는 통찰명상을 일상의 삶과 다양한 인간관계 상황으로 확대해서 심리학적 방식으로 이해해보고자 한다. 다시 말하지만 앞에서 설명한 통찰명상의 상황은 외딴 선방이나 고요한 명상실에서 외부의 환경을 대상으로 삼지 않고 내부의 저장된 마음자체를 대상으로 삼고 발생한 감각들에 대한 자각이었다. 그런데 일상의 삶과 생활 속에서 훈련하는 통찰명상을 생각해 보자. 즉 우리가 날마다 부딪치는 대인관계나 갈등상황에 직면해서 일어나는 우리 안의 감각과 반응들을 객관적으로 바라보는 훈련이다.

우리는 평소에 우리가 하는 생각·말·행위 등에 대해서 별다른 의식 없이 그냥 한다. 그런데 지금껏 의식 없이 하던 행위에 의식을 갖는 훈련을 하는 것이다. 쉽게 말해서 내가 화가 났을 때, 화가 나 있는 자신을 자각하는 것이다. 1송에서 우리가 뭔가를 경험할 때 거기에는 경험하고 있는 '나'와 경험의 대상인 '너'의 주객이 출현한다고 했는데 이제부터는 경험의 주체와 경험의 대상뿐만 아니라 경험하고 있는 '나'를 바라보고 있는 또 다른 '나'를 키우고 성장시키는 것이다. 내가 고통할 때, 고통하고 있는 나를 지켜보고, '내가 고통하고 있구나'를 아는 또 하나의 나를 갖는 것이다.

고통하고 슬퍼하고 즐거워하는, 경험하는 '나'는 주관적인 나고 그런 나를 지켜보는 '나'는 객관적인 나다. 경험하는 나는 주관적인 감정과 생각을 드러내고 선·악을 행하지만 그러한 나를 지켜보는 나는 객관적이며 감정적 반응을 하지 않고 선·악의 성질도 갖지 않고 그냥 순수히 바라보고 관찰하는 나다. 자신의 행위와 반응을 지켜보는 '나'가 발달된 사람일수록 자각능력이 높은 사람이다. 왜냐하면 경험하는 나를 지켜보는 나는 화내고 고통하는 나가 전속력으로 질주할 때 브레이크 역할을 하게 되기 때문이다. 아무 반응 없이 그냥 행위하고 느끼는 자신을 또 다른 자신이 바라보는 것만으로도 충분히 화내고 미워하는 '나'의 에너지를 약화시킨다. 물론 지켜보는 나가 약할 때는 경험하는 나가 더 크게 화를 내거나 미워하는 반응을 하기도 하지만 그것은 하나의 과도기적 현상으로 경험하는 나가 지켜보는 나보다 더 강한 것에 대한 좌절과 분노가 더해지기 때문이다. 그러나 포기하지 않고 계속해서 훈련하면 반드시 자각능력은 커지고 걷잡을 수 없는 감정의 소용돌이 또한 지켜보는 '나'에 의해 가라앉게 되어 있다.

송8

🌸 세 번째 차원의 마음의 변형은 눈·귀·코·혀·몸의 오감각식[46]과 의식[47]으로 구성되어 있다. 이들은 대상을 지각하고 표상하는 작용을 한다. 이들은 선·불선 또는 중성의 세 가지 특질을 가지고 있다.

유식은 오감각식과 의식을 같은 차원의 구조로 본다. 그런데 나는 전통적 이해와는 달리 의식과 오감각식이 완전히 다른 차원의 마음 구조로 취급할 것이다.[48] 그래서 마음을 저장식, 생각식, 오감각식, 의식의 4개 구조로 파악하고자 한다. 이 가운데 저장식, 생각식, 전오식은 능동적 변형이고 의식은 이들의 능동적 변형이 상호작용하거나 독립된 작용으로 인해서 드러나는 수동적 변형이다. 또 저장식, 생각식, 오감각식은 무의식적 작용인 반면에 의식은 의식적 작용이다.

그러면 먼저 오감각식의 특징부터 살펴보자. 위에서 오각감식의 지각은 표상이라고 했는데 표상이라는 말은 무슨 뜻인가?

지각에는 세 가지 지각 방식과 그에 따른 세 가지 지각 내용이 있다. 세 가지 지각 방식에는 직접적인 지각[49], 추론[50], 잘못된 지각[51]이 있다. 직접적인 지각은 생각식과 저장식의 영향을

---

46) 2송 설명 참고.
47) 2송 설명 참고.
48) 구체적인 설명은 부록 II 참고.

받지 않고 다섯 가지 감각기관과 감각대상의 접촉으로 이루어지는 순수직관을 말한다. 이 때 지각되는 내용은 있는 그대로의 실상[52]이다. 추론은 생각식의 영향으로 의식의 변별작용이 개입하면서 개념화된 것이다. 추론에 의해서 지각된 내용은 실상이 왜곡된 표상[53]이다. 잘못된 지각은 생각식이 저장식의 기억과 경험을 근거로 마음으로 계산하고 상상해서 그것이 마치 외부에 실제로 존재하는 것으로 지각하는 것을 말한다. 이때 지각되는 내용은 심상[54]이다.[55]

그러므로 위에서 오감각식의 내용이 표상이라는 의미는 오감각식이 저장식과 생각식의 작용에 영향을 받아서 있는 그대로의 사물을 비추는 것이 아니라 왜곡되어 비춘다는 의미다. 따라서 실제의 모습이 아니라 과거경험과 기억을 바탕으로 계산되고 집착되어서 왜곡되고 굴절된다. 따라서 저장식과 생각식의 영향을 받은 오감각식의 작용이 의식으로 드러나면 이 때 의식에 나타나는 외부 현상의 모습은 실제 모습이 아니라 표상이며 과거 경험과 기억에 의해 굴절된 허상이고 그림자와 같은 것이다. 한편 오감각식과는 무관하게 저장식을 바탕으로 생각식의 작용이 곧바로 의식에 영향을 미칠 경우 이 때 의식으로

---

49) 직지(直知), pratyaksha-pramana, direct perception; 순수직관을 말한다.
50) 추론(推論), anumana-pramana, inference; 어떤 사실을 근거로 생각식의 작용을 통해서 결론을 도출하는 것.
51) abhava-pramana, wrong perception; 잘못된 직접적 지각과 잘못된 추론.
52) 실상(實相), the realm of things-in-themselves or the realm of suchness; 생각식의 영향으로 의식의 변별작용이 개입하면서 개념화와 정신적 구성에 의해 왜곡되지 않은 있는 그대로의 실제 모습.
53) 표상(表相), the realm of representation; 사고패턴에 의해서 구성되고 형성된 상.
54) 심상(心相), mental images; 생각식이 만들어 낸 상.
55) Thich Nhat Hanh, "Transformation at the Base", Berkeley, CA: Parallax Press, 2001 참고.

드러나는 것은 심상이다. 심상은 감각기관을 통한 외계사물에 대한 지각이 아니라 그냥 내부에서 저장식과 생각식의 작용으로 일어나는 관념, 개념의 형태다.

그런데 오감각식은 저장식이나 생각식과 마찬가지로 그 작용이 매우 미세하므로 감지하기가 어렵고 무의식의 상태로 작용한다. 또한 오감각식은 순수직관에 의한 지각작용과 저장식과 생각식의 영향으로 인한 추론이 가능하기 때문에 그 작용결과가 의식의 상태로 드러나기 전에는 선·불선을 결정할 수 없다. 그러나 의식은 무의식으로 작용하는 것이 아니라 의식으로 작용하기 때문에 선·불선, 또는 중성의 특질을 분명하게 드러내고 즐겁거나 괴롭거나 즐겁지도 괴롭지도 않는 중성의 성질을 띤다.

오감각식의 본질

갓 태어난 어린아이는 아직 색깔이나 모양에 대한 개념이 형성되지 않았다. 그렇기 때문에 백지에 그려진 원이나 사각형이 어린아이에게는 원이나 사각형으로 인식되지 않는다. 그냥 둥근 선의 안과 밖이 연속되지 않고 불연속된 상태로서 선의 안과 밖을 동시에 전체적으로 분리하지 않고 지각한다. 그런데 우리는 아이에게 선을 그려놓고 인위적으로 선 안의 모양을 원이라고 가르치면서 선의 안과 밖의 모양을 분리해서 선 안의 모양에만 주의를 집중하도록 끊임없이 교육한다. 아이의 입에서 "동그라미", "네모", "세모"…라고 말할 때까지 포기하지 않고 주입시킨다. 마침내 아이가 선을 기준으로 선 안의 모양에만 주의를 두고 선 안의 모양이 선 밖의 모양과는 분리되고 독립적인 것으로 지각해서 "동그라미", "네모", "세모"…라고 따라 하면 우리는 기뻐하며 또 다른 것들을 가르친다. 마침내 아이들은 선 안의 모양과 선 밖의 모양을 분리하지 않고 전체로 지각하고 선의 안과 밖을 평등하게 차별 없이 지각하는 직관을 버리고 분별하고 추론함으로써 개념과 관념의 틀을 만들기 시작한다. 그리고 아이들은 점차 나이를 먹어가면서 보다 복잡한 사상, 관념, 신념 등을 발달시킨다.

능엄경에서 움직임과 고요함이 원인이 되어 듣는 성질이 생기고 밝음과 어두움이 원인이 되어 보는 성질이 생기지만 듣는 성품 그 자체는 움직임이나 고요함과는 무관하다고 했다. 보는 성품 역시 밝음이나 어두움과는 무관한 것이다. 이를테면 말을 알아듣지 못하는 어린 아이에게 "개새끼"라고 욕을 하면 아이는 아무런 감정적 반응을 일으키지 않는다. 아직 "개새끼"라는 단어에 대한 개념이 형성되지 않은 아이에게는 하나의 소리에 불과하고 소리는 공기의 움직임과 고요함의 조합에 의해서 발생하는 것일 뿐 소리 자체에는 어떤 좋고 나쁜 감정도 없기 때문이다.

그런데 어떤 부모들은 아직 말도 하지 못하는 갓난 아이가 욕을 하면 싫어하고 칭찬을 하면 알아듣고 좋아한다고 자랑한다. 하지만 그런 부모들을 자세히 보라. 그들은 어린 아이에게 "너 이쁘다"고 말 할 때는 온갖 즐겁고 유쾌한 표정과 사랑의 에너지를 보내고 "너 나쁜 놈"이라고 말할 때는 온갖 험상궂은 표정을 짓고 그것도 모자라면 궁둥이를 살짝 치기까지 하면서 싫어하는 반응을 유도한다. 그래서 아이가 울거나 웃으면 "그것 봐, 애가 말귀를 알아듣지." 하면서 자랑스러워한다.

여기서 우리가 정말로 알아야 하는 것은 무엇인가? 8송이 우리에게 말하고자 하는 진짜 메시지가 뭔가? 그것은 오감각식의 본질에 대한 이해다. 감각과정, 그러니까 우리의 눈과 귀와 코, 혀, 몸이 외계의 현상과 접촉하는 감각의 단계에서는 좋아하고 싫어하는 성질이 없다. 그러므로 선도 악도 아니다. 다만 찰나적인 감각에 이어서 과거 경험과 기억, 그리고 그것들에 의해서 요모조모로 따지고 생각하고 판단하는 작용의 영향으로 오감각식이 우리의 의식 속에 드러날 때는 좋아하고 싫어하고 아니면 무관심하게 반응한다. 또한 그것이 몸과 입과 마음으로 드러날 때는 선하거나 악하고 선도 악도 아닌 중성의 성질을 나타내기도 한다. 다시 말해서 우리가 미워하고 원망하는 그 모든 마음의 고통은 일차적으로 우리의 과거 경험과 기억의 작용이라는 것이다. 상대방 때문이 아니라는 것이다.

보스톤에서 학교를 다닐 때 함께 수업을 들었던 어떤 목사님이 내게 들려준 이야기다. 목사님이 군목사로 일할 때 군법사로 함께 근무하던 스님과 가까이 지낸 적이 있었다고 한다. 하루는 스님과 함께 교회 앞을 지나가게 되었는데 마침 주일학교를 마치고 나오던 어린이들이 스님한테 다가와서 "사탄이다!"고 소리쳤다는 것이다. 순간 목사님은 민망스럽고 미안해서 당황해하는데 스님이 한 어린아이를 붙잡고 조용히 속삭이듯 "그래, 얘야. 아저씨는 사탄이야. 무섭지? 으흥!" 하면서 무서운 흉내를 내었다는 것이다. 그리고는 목사님을 향해서 짓궂게 웃는 스님의 모습에 무척이나 감동했다고 한다.

위에서 소개한 스님의 행위에서 우리는 말, 언어의 본질을 정확히 들여다 볼 수 있다. 아이들은 사탄이라는 언어에 대한 명확한 개념적 이해도 없이 그냥 어른들이 가르쳐 준 대로 부정적이고 나쁜 의미와 연합된 '사탄'이라는 단어를 다시 스님과 짝지워서 배타적인 에너지를 전달하고자 했다. 그러나 우리가 앞에서 이미 배웠듯이 '사탄'이라는 말 자체는 공기의 진동으로 이루어진 소리에 불과한 것이다. 그 속에는 어떤 부정적이고 나쁜 의미나 에너지가 담겨질 수 없다. 그것은 그냥 능엄경에서 부처님이 말씀하셨듯이 공기의 움직임과 고요함의 조합으로 이루어진 것뿐이다.

그러므로 그 군법사 스님이 부정적이고 나쁜 의미로 알아듣기 위해서는 자신의 과거 경험을 모아둔 기억의 창고, 즉 저장식에 축적해 놓은 갖가지 경험들 속에서 사탄은 부정적이고 나쁜 것이라고 기억해 둔 경험의 내용들을 끄집어 낸 다음 그 기억을 근거로 판단해야 된다. 사탄이라는 말은 나를 무시하고 욕하는 것이구나 라고… 그리고 나서 거기에 따른 반응을 몸으로나 입으로 또는 마음으로 하게 되는 것이다.

그런데 스님은 '사탄'이라는 단어를 통해서 아이들이 전달하고자 했던 에너지에 반응하지 않았다. 이 경우에 만일 스님의 저장식과 생각식이 처음부터 전혀 작용하지 않았다면 청각을 통해 들어오는 '사탄'이라는 말은 좋고 나쁜, 또는 선·악이 아닌 단순한 공기 진동에 불과했을 것이다. 그리고 그러한 공기진동은 마치 백지 위에 그려진 원의 모양처럼 잠시 허공을 스쳐 지나는 움직임에 지나지 않았을 것이다. 이 때 의식으로 드러나는 소리가 실상이다. 그런데 만일 '사탄'이라는 말을 듣는 순간 의식수준에서는 일단 화가 났는데 그 화난 마음을 알아차리고 그것에 집착하거나 반응하지 않고 그냥 바라봄으로써 화가 마음 속에서 일어났다 사라져 버린 상태라면 그 때 의식에 드러난 내용은 표상과 심상이 함께 작용한 결과다. 왜냐하면 공기 진동에 불과한 '사탄'이라는 소리의 실상에 붙여진 이름과 개념에 생각식이 작용했기 때문이다. 그러나 이 경우 생각식은 반응했지만 의식수준이 자각의 상태에 있었기 때문에 의식은 더 이상 생각식의 꼭두각시 노릇을 하지 않고 감정 대신에 이성적 자각이 드러난 것이다.

송9

🪷 의식과 오감각식은 보편, 특수, 선의 세 가지 정신요인과 연합되어 있다. 마찬가지로 탐욕, 분노 어리석음, 아만 등의 근본 번뇌와 이에 수반하여 일어나는 게으름, 불신 등의 이차적 번뇌와 연합되어 있고 쾌·불쾌·중성의 세 종류의 느낌과 연합되어 있다.

저장식과 생각식은 그 작용이 미세하고 무의식의 상태로 진행되기 때문에 잠재된 상태의 작용이라 의식의 표면에 드러나기 전까지는 그 선·악의 특질을 파악할 수가 없다. 그러나 의식은 의식상태로 작용하기 때문에 작용과 동시에 선·악의 구별이 가능하다. 뿐만 아니라 의식은 생각식을 바탕으로 발생하고 생각식은 항상 잘못된 지각과 무지에 덮여서 작용하는 관계로 육식에서 일어나는 많은 부분들 또한 오염된 불선의 특질을 가지게 된다.

9송에서 14송까지는 의식과 오감각식이 발생할 때 함께 따라서 종속적으로 발생하는 51가지 정신작용을 소개하고 있다. 즉 모든 인지작용에 관여하는 5가지 보편적 정신작용[56]과 어떤 인지작용에서만 일어나는 5가지 특수한 정신작용[57], 긍정적인 업(행위)의 결과와 연합된 11가지 선한 정신작용[58], 부정적인 업의 뿌리인 6가지 근본번뇌[59], 부정적인 업의 내용들인 20가지

---

56) 5송에서 7송 설명 각주 오변행심소 참고.
57) 5송에서 7송 설명 각주 오별경심소 참고.

이차적인 번뇌[60], 대상과 조건에 따라서 선이 될 수도 불선이 될 수도 있는, 정해지지 않는 4가지 정신작용[61]들이다. 의식과 오감각식은 좋아하거나 싫어하고 또는 좋아하지도 싫어하지도 않는 중성적인 3가지 느낌과도 연합되어 있다.

9송에서부터 앞으로 이어질 14송까지는 의식과 오감각식의 특질을 한데 묶어서 설명하고 있다. 그런데 앞에서도 밝혔듯이 여기서 의식과 오감각식의 작용을 분리해서 각각의 특질을 살펴보고자 한다. 9송에서 언급되고 있는 내용들은 10송에서부터 14송에 걸쳐서 구체적으로 세부적인 설명을 하고 있기 때문에 여기서는 설명하지 않겠다.

---

58) 십일선심소(kuśala)라 부른다: 믿음(信心, śraddhā, faith), 양심(慚愧, hrī, conscience), 부끄러움(apatrāpya, embarrassment), 무탐(無貪, alobha, non-attachment), 무진(無瞋, adveṣa, non-hatred), 무치(無痴, amoha, non-ignorance), 정진(勤, vīrya, effort), 평온함(輕安, praśrabdhi, pliancy), 방종하지 않음(不放逸, apramāda, conscientiousness), 평등심(行捨, upekṣa, equanimity), 해로움이 없음(不害, ahimsā, non-harmfulness).
59) 육근본번뇌(六根本煩惱), mūlakleśa, the six root afflictions: (1)탐욕(貪), rāga, craving/desire. (2)성냄(瞋), dveṣa/pratigha, hatred/anger. (3)어리석음(痴), moha/mūḍhi, delusion/stupidity. (4)거만(慢), māna, pride. (5)의심(疑心), vicikitsā, doubt. (6)악한 견해(惡見)-kudṛṣṭi, afflictive view.
60) 수번뇌(隨煩惱), concomitant afflictions, secondary passions: 분노(忿)-krodha, anger/belligerence. 원한(恨)-upanāha, hostility/resentment/enmity. 위장(覆)-mrakṣa, dissimulation/concealment/resist recognizing own faults. 고뇌(惱)-pradāsa, vexation/verbal spite/maliciousness. 질투(嫉)-īrṣya, jealousy/envy. 인색-mātsarya, avarice/miserliness/selfishness. 속임-sāthya, deceit/dissimulation/guile. 아첨(諂)-māyā, hypocrisy. 해로움(害)-vihiṃsā, harmfulness. 방자함-mada, vanity/haughtiness/conceit. 비양심(無慚)-ahrīkya, lack of conscience. 부끄러움이 없음(無愧)-anapatrāpya, shamelessness/non-embarrassment. 들뜸(悼擧)-auddhatya, agitation/excitement/restlessness. 미련함(惛沈)- styāna, torpor/lethargy/mental fogginess. 불신(不信)- āśraddha, unbelief/ non-faith/trust. 게으름(懈怠)-kausīdya, indolence/laziness/lethargic negligence. 부주의(放逸)-pramāda, negligence/non-conscientiousness/carelessness. 망각(失念)-musitasmṛti, forgetfulness. 산란함(散亂)-vikṣepa, distraction. 부정확한 지식(不正知)-asamprajanya, incorrect knowing/non-introspection/lack of (self-) awareness.
61) 부정심소(不定心所)-aniyata-caitta, indeterminate mental activites: 뉘우침(悔)-kaukṛtya, remorse. 수면(睡眠)-middha, sloth/topor. 찾아 구하는 것(尋求)-vitarka, applied thought/initial mental application. 보면서 살피는 것(伺察)-vicara, sustained thought/(subsequent) discursive thought.

송10

    그러한 연합 가운데 보편적인 정신요인에 해당하는 것은 접촉, 주의, 느낌, 개념화[62], 의도이고 특수한 정신요인은 욕구, 결심, 기억, 집중, 지혜이며 이들의 인식대상은 동일하지 않다.

    오감각식의 발생은 우선 5가지 감각기관과 감각대상간 화합으로 시작된다. 소리를 예로 들면 청각기관과 공기의 진동으로 이루어진 소리가 일단 화합하면 청각식이 발생한다. 다시 청각기관, 소리, 청각식의 화합은 접촉을 발생시킨다. 그러나 접촉이 발생되었다고 해서 그 소리가 무조건 우리의 의식 속에 들어오는 것은 아니다. 그 소리에 주의가 기울여져야 되고 그런 다음에 소리에 대한 느낌이 일어난다. 이 때의 느낌은 의식수준에서 일어나는 좋고 싫은 구체적 느낌이 아니라 그냥 소리의 높낮이나 파장과 관계된 것으로 좋고 싫은 심리적 반응 이전의 자연적 감각상태라 할 수 있다. 그런 느낌 다음에 청각기관에 포착되어지는 이미지형성 과정이 일어난다. 마지막으로 의도작용은 형상화되고 개념화된 것의 선·악 또는 중성의 특질을 일으키는 양상을 취하는데 원인으로 작용한다.

    또한 욕구·결심·기억·집중·지혜와 같은 특수한 정신작용

---

[62] 산스크리트어 sañjñā, 한글번역에서는 상(想), 영어로는 지각(perception), 개념(conception)으로 번역되고 있다. 성유식론에서 "상(想)의 심소는 전체적인 모습과 언어개념의 원인이 되는 양상을 요별한다"고 되어 있으므로 본서에서는 개념화 또는 형상화라는 의미로 사용했다. 성유식론, p. 200 참고.

이 감각기관과 그 대상이 만나는 과정에 개입하게 된다.[63] 그러니까 감각기관과 감각대상이 화합해서 인식작용을 발생시키고 접촉, 주의 등의 보편적 정신작용과 함께 상호작용하는 과정에 특수한 정신작용이 개입한다. 이들은 5가지 감각작용에 골고루 동일한 강도로 한꺼번에 작용하는 것이 아니라 특정한 감각대상에 더 많은 주의나 관심을 기울이게 함으로써 외계현상을 평등하고 차별 없이 전체적으로 받아들이기보다는 선택적이고 의도적으로 정보를 편집하고 왜곡하게 만든다.

이를테면 5가지 감각기관은 외부현상에 대해서 평등하게 접촉되어 있고 작용하지만 욕구·결심·기억·집중·지혜의 특수 요인들이 더 좋아하고 덜 좋아하는 것을 구별해서 원하고, 결정된 것을 분명히 유지하고, 과거에 익힌 것을 기억하도록 하고, 관찰대상에 마음을 집중해서 산란하지 않도록 하고, 관찰되는 대상을 선택하는 작용을 한다. 그러나 이들 작용은 한꺼번에 일어날 수도 있고 각각 또는 몇 개가 함께 일어날 수 있다. 그래서 어떤 순간에는 냄새에 더 강한 주의를 갖게 하고 어느 때는 소리, 맛, 신체 감각, 또는 색깔이나 모양에 주의가 쏠리도록 만든다.

한편 오감각식은 감각기관이 외부세계를 대상으로 삼지 않고도 발생하는데 그 경우는 생각식과 저장식의 영향만으로 일어난다. 외부세계를 대상으로 취하는 경우와 마찬가지로 의식적 무의식적 과정으로 작용한다. 생각식과 저장식에서 일어나는 자극의 정도가 충분히 강해서 일정한 역치수준을 넘게 되면 심상의 형태로 의식 속에 드러나고 그렇지 않으면 무의식의 상태

---

63) 호법(護法, Dharmapāla)의 견해임.

로 작용하게 될 것이다.

마지막으로 오감각식을 거치지 않고 생각식의 작용이 곧바로 의식 속에 드러나는 경우를 생각해 볼 수 있다. 생각식은 잠재된 의식으로서 그 작용이 무의식적으로 진행된다. 그런데 생각식은 항상 무지하고 자기에 대해 집착하면서 자기와 자기 아닌 것을 구분하고 비교하면서 아만심을 내는데 접촉, 주의, 느낌, 개념화, 의도의 보편적 정신요인과 함께 무의식적으로 작용하지만 어떤 상황이나 조건에 의해서 그것이 너무나 강해져서 의식으로 드러나게 되는 경우이다. 이 때 의식 속에 드러나는 생각식의 영향은 심상의 형태로 작용할 것으로 보인다.

이와 같이 일단 오감각식과 생각식의 작용을 통해서 의식 속으로 드러나면 그 때 의식의 모습은 표상과 심상이 될 것이다. 11송에서 설명되고 있는 선한 정신작용과 12~14송에서 소개되는 근본번뇌와 이차적인 번뇌의 마음상태는 오감각식과 생각식의 작용으로 의식상태에 드러난 심상과 표상의 구체적 특질들이라고 생각된다.[64]

마음 수행의 출발점

지금까지 살펴보았듯이 마음은 4가지 수준으로 작용한다고 했다. 그렇다면 과연 마음 수행은 어느 마음 수준에서 시작하는 것이 가장 효과적이겠는가?

마음을 닦아서 해탈을 하고 부처가 되겠다는 대분발심을 일으키는 그 마음 또한 특수한 정신요인의 하나인 욕구에 해당한다. 그래서 수행을 결심하고 그 마음을 잊지 않고 계속 기억해

---

[64] 부록 II 의 2 참고

서 집중하고 어떤 것이 수행에 도움이 되고 어떤 것이 수행에 도움이 되지 않는지, 선·악과 중성을 구별해서 선택하는 지혜를 작동시킨다. 그래서 오감각식으로 하여금 외계사물을 받아들이는 접촉·주의·느낌·형상화·의도 작용에 영향을 미친다. 나아가서 매우 미세하여 무의식의 상태로 진행되는 생각식의 작용을 보다 잘 알아차려서 무지하고 교만하고 자아에 집착된 상태에 반응하지 않게 된다. 또한 과거경험과 기억의 종자들이 일어나고 사라지는 모습을 중도적 입장에서 지켜보게 된다.

그러므로 마음 수행의 출발점이 의식의 수준에서 이루어진다. 각성, 자각, 알아차림 등의 말들이 모두 의식상태에 해당한다. 그런데 이들 의식은 우리가 알고 있는 기존의 의식, 즉 제6식에 해당하는 의식과는 다르다. 각성, 자각, 알아차림의 의식을 기존의 의식과 구분하기 위해서 '찰나식'이라는 이름을 붙여 보았다. 생각식과 저장식에 의해서 드러나는 의식은 과거경험, 과거기억이 현재의식상태로 재현된 것으로서 수동적이다. 이 때의 현재의식은 진정한 의미에서 현재의 순간을 사는 것이 아니라 과거경험의 꼭두각시 노릇을 하면서 과거나 미래의 시점을 살기 때문이다.

엄밀하게 말해서 과거와 미래의 시점을 사는 현재의식을 제거하는 작업이다. 현재의식을 제거함으로써 얼마만큼 찰나식, 그 자체에 머무를 수 있는가 하는 것이다. 과거의식의 재현이라는 말은 과거경험과 과거의 기억이 현재의 의식상태로 생생하게 전이되어서 오감각식의 작용을 흐리게 하고 왜곡시킨 결과 감각기관과 감각대상간의 순수한 만남을 방해한다는 의미다. 따라서 있는 그대로의 실상이 아니라 과거경험과 기억으로 채색된 이미지와 심상을 의식이 진짜라고 착각하고 온갖 감정을 일으키고 그에 따른 행동을 유발한다.

우리는 자신이 매우 능동적이고 주체적이고 심지어 창조적이라고 생각하지만 실제로는 그렇지 못하다. 일반적으로 가장 창조적이라고 알려진 예술활동도 알고 보면 과거경험과 기억의 에너지를 표출하는 행위에 불과하다. 어쩌면 위대한 예술가일수록 생각식을 넘어서 저장식 저 깊숙이에 숨겨진 시작을 알 수 없는 아득한 전생의 근원, 경험들에 이끌려 마치 신들린 사람들이 춤을 추듯 그렇게 과거의 에너지에 이끌려 그림이든 음악이든 그 무엇으론가 저장식의 내용을 드러내고 있는 것인지도 모른다. 그래서 생각식에서 활동하는 예술가는 자신의 작품에 집착하고 우월감과 아만심을 드러내지만 지장식에서 활동하는 예술가는 작품에 집착하지 않는다. 진정한 예술가는 끊임없이 저장식을 캐냄으로써 텅 비어가는 생각식을 체험할 뿐이다.

마찬가지로 수행자의 자각은 저장식을 꿰뚫는 깊은 통찰이어야 한다. 생각식의 작용만을 보는 수행자는 오히려 예술가가 자신의 작품에 집착하듯 수행의 경력과 수행 중의 체험에 집착한다. 그 결과 나와 너의 경계를 더 단단히 하고 더 잘난 나, 더 확실한 나를 만들어 가게 된다.

송11

🌸 선한 정신작용에는 믿음 · 양심 · 부끄러움과 탐욕 · 성냄 · 어리석음이 없는 세가지 선한 뿌리와 정진 · 가볍고 평온함 · 게으르지 않음 · 평등심 · 해롭게 하지 않음이다.

위에서 열거한 11가지 선한 정신작용[65]은 우리들로 하여금 깨달음으로 나아갈 수 있는 원동력을 제공한다. 우리들 각자에게는 이와 같은 선한 정신작용이 있기 때문에 깨달음을 성취할 수 있는 힘이 있고 또한 깨닫고자 하는 욕구를 가능하게 해 준다. 이제 그 각각의 정신작용을 살펴보자.

1. 믿음: 무엇을 믿음이라고 하는가? 첫째, 모든 우주 만물은 겉으로 드러난 현상과 그 본질이 있다는 사실을 믿고 인정하는 것이다. 둘째, 부처님과 부처님의 가르침, 그리고 이 둘을 따르는 수행단체의 공덕을 믿고 좋아하는 것이다. 셋째, 현실 삶에서나 수행하는 도(道)의 길에서 선(善)을 닦고 얻을 수 있다는 사실을 믿는 것이다.
2. 양심: 자기 자신과 진리에 입각해서 어진 사람과 올바른 법을 귀하게 여기고 존중하며 잘못을 부끄럽게 여겨서 악행을 멈추게 하는 것이다.

---

65) 9송 각주 십일선심소 참고

3. 부끄러움: 남들과 비교해서 거칠고 사납거나 악한 법을 거부함으로써 잘못을 부끄럽게 여기고 악행을 멈추게 한다.
4. 탐내지 않음: 윤회하는 삶과 그 원인에 집착하고 탐하는 마음을 다스려서 선을 행하는 것이다.
5. 성내지 않음: 고통과 고통의 원인에 대해서 성내지 않고 그 화를 잘 다스려서 선행으로 돌린다.
6. 어리석지 않음: 모든 사물의 본질적인 이치와 드러난 현상에 대해서 명료하게 이해함으로써 어리석음을 다스려 선을 행한다.
7. 정진: 선한 품성을 닦고 악한 품성을 끊는 데 게으르지 않고 용맹스럽고 굳세게 한다.
8. 가볍고 편안함: 몸과 마음을 고르고 화창하게 해서 유연하게 한다.
9. 방종하지 않음: 방심하지 않고 부지런히 정진하고 선근을 닦는다.
10. 평등: 정진과 3가지 선한 뿌리로 들뜨는 마음을 고요히 평정하게 함으로써 일체를 평등하게 비춘다.
11. 해롭히지 않음: 일체 존재에게 괴로움과 해로움을 주지 않고 연민심을 내어 고통을 덜어주고자 하는 마음을 낸다.

이처럼 11송에서는 선을 기뻐하고 악을 싫어하는 욕구를 일으키는 11가지 선한 정신작용을 작동시킴으로써 깨달음으로 향한 마음의 수행을 출발할 수 있다. 그런데 앞에서도 언급했듯이 성유식론에서는 의식과 오감각식의 작용을 분리해서 설명하고 있지 않지만 나는 11가지 선한 정신요인이 모두 의식수준에서 작용하는 것으로 본다. 그래서 우리가 마음을 닦고자 할 때는 먼저 11가지 선의 특질을 이해하고 그렇게 실천하고자 하는 욕구를 일으켜야 할 것이다. 그런 다음에 계속해서 마음을 다잡고 잊어버리지 않고 집중해서 선·악을 바르게 구별하여 취해야 할 것이다. 물론 그러한 정신작용은 오감각식에서 작용하는 접촉, 주의, 느낌, 형상화, 의도의 과정에도 개입할 뿐만 아니라 생각식과 저장식의 수준에서 일어나는 과정도 주의깊게 잘 관찰함으로써 선을 증장시키고 악을 약화시키는 훈련을 해야 할 것이다.

평등심을 예로 들어서 구체적인 훈련의 단계를 생각해 보자.
단계1. 나와 너가 본질적으로 평등하고 나와 일체 만물이 평등하다는 진리가 있다.
단계2. 그러한 가르침과 진리를 믿음으로써 받아들인다.
단계3. 평등함의 진리와 그것을 실천하는 어진 사람을 귀하게 여기고 존중한다.
단계4. 평등하게 행하지 않는 자신의 모습을 부끄럽게 여긴다.
단계5. 평등함을 좋아하고 불평등을 싫어하는 욕구와 결심을 일으킨다.
단계6. 평등함을 좋아하는 욕구와 결심을 계속해서 기억하고 집중한다.
단계7. 생각식에서 일어나는 평등함과 불평등함의 작용들을 세심하게 관찰한다. 이 때 불평등하게 행위하는 자기를 바라보는 자기를 강화시킨다.
단계8. 생각식의 4가지 번뇌(아견, 아치, 아애, 아만)[66]로 발생하는 다양한 작용들이 오감각식과 의식에 미치는 영향을 관찰한다.

단계9. 오감각식에서 일어나는 감각기관과 대상의 접촉, 주의, 느낌, 형상화, 의도의 과정에 생각식의 불평등 작용이 미치는 영향을 관찰한다.

단계10. 의식으로 드러나는 여러 가지 표상과 심상에 생각식의 불평등 작용이 미치는 영향을 관찰한다.

단계11. 생각식의 불평등 작용의 영향으로 인한 의식의 분별 작용, 즉 나와 너를 분별하고 내가 더 잘났다는 차별의식과 함께 잘못 계산하고 분별하는 의식을 관찰한다.

단계12. 단계 5와 6에서 일으킨 욕구, 결심, 기억 작용을 계속해서 의식의 잘못된 차별작용에 집중시킨다.

단계13. 마지막으로 지혜를 작동시켜서 평등함과 불평등함의 모양을 구별하고 평등함을 선택한다.

〈구체적인 훈련기법은 26송에서 29송에 소개되고 있는 수행방법 참고〉

선과 악

불교에서는 엄밀한 의미에서 악이라는 개념은 존재하지 않는다. 악은 선의 반대말이 아니다. 선에 반대되는 말은 선하지 않다는 의미의 불선이다. 그리고 유식에서 사용되는 선과 불선의 의미는 우리가 일반적으로 알고 있는 선·불선의 의미와는 아주 다르다. 유식에서 말하고 있는 선의 의미는 순수직관에 의한, 삼라만상을 있는 그대로 아무런 왜곡없이 받아들이는 것을

---

66) 6송 각주 사번뇌 참고

말한다. 그런데 이미 우리 안에 존재하는 과거경험(저장식)을 바탕으로 발생하는 나라고 하는 것이 차별하고 계산하는 정신작용(생각식)에 의해서 해석되고 분석되어 이해되어지는 과정(의식)을 통해서 나온 사물의 이미지나 표상, 개념 등이 불선이다. 왜냐하면 과거경험의 영향으로 굴절된 모습이 실제 사물의 모습이 아니라 가짜라는 의미에서 불선이다.

유식에서 선이라고 말하는 의미는 오감각식이 저장식과 생각식에 의해 영향을 받지 않고 직접적으로 사물을 체험한다는 말이다. 과거경험이나 그 작용에 영향을 받지 않고 순수직관에 의해서 현실을 있는 그대로 받아들인다는 말이다. 그리고 그와 같은 선의 상태를 일으키는, 즉 순수직관으로 이끄는 데 필요한 정신작용은 있는 그대로 보여지는 실상에 대한 믿음이 필요하다. 그릇된 집착과 무지를 부끄러워하고 고통의 원인에 대해서 화내지 않고 오히려 수행거리로 삼아서 괴로움의 근본 원인인 어리석음을 없애는 것이다. 열심히 정진하여 항상 몸과 마음을 상쾌하게 유지함으로써 차별 없는 평등심으로 중생을 이롭게 하고 해롭게 하지 않는 선업을 닦는 것이다. 그렇게 닦은 선업은 계속해서 저장식의 내용을 선하게 변화시키고 이미 있는 선의 종자에 물을 줌으로써 더욱 더 자각의 힘을 길러 사물을 있는 그대로 볼 수 있도록 돕는다.

반대로 있는 그대로의 사물을 바라보지 못하고 과거경험과 고정관념으로 판단하고 오해해서 받아들이게 되면 탐욕·분노·어리석음·거만·의심·잘못된 견해·질투·고통·인색함·속임·아첨·게으름·산만함 등 앞에서 열거된 일차적인 번뇌와 이차적인 번뇌가 함께 일어나면서 온갖 마음의 고통과 근심을 가져온다. 그와 같이 드러나는 어리석음과 고통은 다시금 저장식에 축적되고 불선의 종자를 강화시킴으로써 계속해서 현상을 있는 그대로 직시하는 것을 방해하고 깨달음으로부터 멀어지게 하는 악순환을 되풀이하도록 만든다.

현대 물리학은 외계의 현상을 관찰하고 예측하고자 하는 과학자가 결코 외계의 현상을 정확하게 관찰할 수 없다는 사실을 발견했다. 왜냐하면 관찰하는 과학자 자신이 관찰하고자 하는 대상, 즉 외계현상과 접촉하는 순간 이미 관찰자의 영향이 연구하고자 하는 대상에 미치기 때문에 순수하게 대상 그 자체만을 연구할 수가 없다는 것이다. 그러므로 오늘날의 과학은 외계현상을 연구하는 데 있어서 연구하는 주체인 연구자가 연구되어지는 대상에 미치는 영향과 상호관계를 포함해서 함께 연구함으로써 그 오차를 줄이고자 한다.

이처럼 과학에서도 과거에는 연구자의 영향은 배제한 채 연구하는 대상만을 일방적으로 분석했기 때문에 뭔가 빗나가는 결과를 얻었던 것이다. 그리고 그들은 극히 미세한 아원자 하나를 연구하고 분석하는 데 있어서도 그것을 연구하는 연구자의 의식이 아원자의 현상에 영향을 미치고 있음을 발견한 것이다.

마찬가지로 우리가 사물을 바라볼 때, 우리의 오감각식에는 이미 무수한 과거경험의 종자들이 함께 작용하기 때문에 있는 그대로의 순수한 모습을 보지 못한다. 나무를 보고 새를 보고 꽃을 볼 때도 우리는 이미 나무·새·꽃이라는 이름을 붙이고 의미를 부여한 상태의 나무·새·꽃을 보기 때문에 우리 안에 감지된 그들의 모습은 원래 있는 그대로의 모습이 아니다. 마치 도형의 개념을 아직 배우지 않은 어린아이에게 보여지는 원, 삼각형, 사각형은 원, 삼각형, 사각형이 아니듯이 말이다.

속담에 '열 길 물 속은 알아도 한 길 사람 속은 모른다'는 말이 있다. 남의 마음을 모르는 가장 근본적인 이유는 자기 마음을 모르기 때문이다. 자기 마음을 알면 남의 마음은 저절로 알아진다. 자기 마음을 모르고는 결코 남의 마음을 알 수 없다. 그런데 자기 마음을 어떻게 알 수 있는가? 자기 마음을 알기 위해서는 자기의 저장식을 보아야 한다. 그러나 저장식은 미세해서 좀처럼 감지되지 않는다. 그래서 우리는 명상을 하는 것이다. 들뜬 마음을 고요히 가라앉히고 주의를 집중하고 내면에서 일어나는 정신적 작용을 바라보는 것이다.

송12

🪷 근본번뇌의 정신작용은 탐욕·성냄·어리석음·거만·의심·악한 견해다. 이차적인 번뇌는 분노·원한·위장·고뇌·질투·인색과

송13

🪷 속임·아첨·해로움·방자함·비양심·부끄러움이 없음·들뜸·무기력·불신·게으름.

송14

🪷 부주의·잘못된 기억·산란함·부정확한 지식이다. 뉘우침과 수면, 찾아 구하는 것과 보면서 살피는 것은 각기 오염되거나 오염되지 않는 두 종류가 가능하다.

근본번뇌들[67]

- 탐욕: 윤회하는 삶과 그 원인을 탐하고 집착한다.
- 성냄: 고통과 그 원인에 대해서 미워하고 성내며 불안과 악행을 일으키는 바탕이 된다.
- 어리석음: 본질과 드러난 현상에 대해서 무지하고 어두우며 그릇된 마음을 일으킨다.

---

[67] 9송 각주 육근본번뇌 참고.

- 거만: 자기를 믿고 자기를 남보다 높인다. 불만을 낳아서 고통을 일으키는 원인이 된다. 거만한 사람은 덕과 어진 사람에 대해서 겸손하지 않다. 성장의 멈춤을 가져온다.
- 의심: 바른 진리와 이치에 대해서 결정을 미루는 것으로 여기서는 선이 생겨나지 않는다.
- 악한 견해: 바른 진리와 논리에 대해서 뒤바뀌게 추측하고 판단한다. 고통을 초래하는 악한 견해에는 첫째, 나와 나의 소유로 집착하는 것, 둘째, 극단에 집착하는 견해, 셋째, 인연법을 부정하는 삿된 견해, 넷째, 잘못된 견해에 집착하는 견해, 다섯째, 잘못된 계율에 집착하는 견해가 있다.

이차적인 번뇌들[68]

- 분노: 이롭지 않은 대상을 향해서 일어나는 거칠고 악한 감정이다.
- 원한: 분노로 인해서 악을 품고 버리지 않아서 맺어진 감정이다. 아주 괴로운 것이 특징이다.
- 위장: 자신이 지은 죄로 인해서 이익과 명예를 잃을까 두려워서 감추려 드는 것이다. 후회와 괴로움을 업으로 삼는다.
- 고뇌: 분노와 원한으로 인해서 마음이 맹렬하게 다투고 일그러진 것이다.
- 질투: 자신의 명예와 이익을 지나치게 구하여 남의 성공과 인정을 참지 못하고 시기하는 것이다.
- 인색: 재물과 현상을 탐하고 집착해서 베풀지 못하고 감추고 아끼는 것이다. 몸과 마음과 생각이 인색하다.

---

68) 9송 각주 수번뇌 참고

- 속임: 이익과 명예를 얻기 위해서 교묘하게 속이는 것이다.
- 아첨: 남을 끌어들이기 위해서 교묘하게 행동하고 진실하지 않게 굽히는 것이다.
- 해로움: 일체 중생에 대한 연민심이 없이 손해를 끼치고 괴롭히는 것이다.
- 방자함: 자신의 성공에 집착하여 건방지게 하는 것이다.
- 비양심: 자신과 진리를 돌보지 않고 어진 사람과 선한 것을 거부하는 것이다.
- 부끄러움이 없음: 죄과를 부끄럽게 여기지 않고 악행을 중시하는 것이다.
- 들뜸: 마음이 대상을 향해서 고요하고 평등하게 대하지 못하는 것이다.
- 미련함: 마음이 대상을 세밀하고 분명하게 관찰하지 못하게 하는 것이다.
- 불신: 있는 그대로의 실상과 선함, 그리고 그러한 올바른 진리를 깨달을 수 있는 능력을 인정하거나 원하지 않고 마음을 오염시키는 것이다.
- 게으름: 선한 성품을 닦고 악한 성품을 끊는 일에 게으른 것을 말한다.
- 부주의: 방탕하게 흐르는 것이다.
- 망각: 인식대상에 대해서 분명하게 기억할 수 없는 것이다. 기억하지 못하는 사람은 마음이 산란하기 때문이다.
- 산란함: 인식대상에 대해서 마음이 흔들리고 어지럽게 하는 것이다.
- 부정확한 지식: 관찰되는 대상에 대해서 그릇되게 이해하는 것이다.

선, 악을 결정할 수 없는 정신요인[69]

- 뉘우침: 지은 업을 미워하는 것이다. 이전에 하지 않은 것을 뉘우치는 것도 포함된다.
- 수면: 몸이 자유자재하지 못하며 마음이 어둡고 관찰에 장애가 된다.
- 찾아 구하는 것.
- 보면서 살피는 것.

근본 번뇌와 이차적인 번뇌들은 앞에서 깨달음으로 향하는 마음 수행의 바탕이 되는 선한 정신요인과는 반대로 생사윤회를 계속하게 하는 번뇌의 정신요인을 설명하고 있다. 선한 정신요인과 번뇌의 정신요인은 마치 기신론에서 말하는 진여문과 생멸문의 관계와도 같다. 즉, 의식이 선한 정신요인을 바탕으로 작용하면 있는 그대로의 실상의 문, 깨달음의 문으로 들어가게 되고 반대로 번뇌의 정신요인으로 작용하면 생사윤회하는 생멸의 문으로 들어가게 되는 것이다.

그런데 성유식론에서 설명하기를 선의 정신요인들과 마찬가지로 이들 번뇌들이 모두 의식에서 작용하고 이 가운데 일부는 생각식에서 작용[70]하고 또 다른 일부는 오감각식에서 작용한다고 설명하고 있다. 그런데 나는 생각식과 오감각식에서 작용하는 선의 정신요인이나 번뇌들을 따로 뽑아서 설명하지는 않

---

69) 정신작용 자체로는 선악을 결정할 수 없다. 환경과 조건에 따라서 결정된다. 이를테면 병을 회복하기 위한 수면은 선이고 운전을 하면서 취하는 수면은 악이다. 수면 그 자체가 선이거나 악이기보다는 상황과 조건에 따라서 선이 되기도 하고 악이 되기도 한다. 9송 각주 부정심소 참고.
70) 분노, 원한, 위장, 고뇌, 질투, 인색, 속임, 아첨.

겠다. 왜냐하면 오감각식과 생각식에서 작용하는 선의 요인이나 번뇌들을 따로 분리해서 이해하는 것이 마음작용을 이해하고 마음 수행을 하는 데 반드시 필요하다고 생각되지 않기 때문이다.

아무튼 깨달음의 바탕이 되는 선한 정신요인들과는 반대로 이들 번뇌들은 깨달음을 방해하고 생사를 윤회하게 만든다. 그렇다면 우리는 이러한 번뇌들을 어떻게 처리해야 하는가? 깨달음에 장애가 되는 번뇌를 제거하는 방법은 무엇인가? 질투의 번뇌를 예로 들어서 생각해 보자.

질투심의 번뇌를 제거하는 방법

단계1. 먼저 질투심을 내는 원인을 정확히 이해한다.
  질투심은 자신의 성공과 이익을 지나치게 구하는 나머지 다른 사람들이 성공하고 인정받는 것을 보고 참지 못하고 시기하는 것이다. 그 결과 마음에 근심을 품고 편안하지 못하고 성내는 마음을 갖게 된다.

단계2. 질투심은 깨달음과 성장을 방해한다는 사실을 진실로 받아 들인다.

단계3. 질투심을 제거해야 겠다는 욕구를 일으키고 결심한다.

단계4. 그러한 욕구와 결심을 잊지 않고 기억하면서 마음을 집중시킨다.

단계5. 자기 내면에서 일어나는 질투심을 알아차리기 위해서 신체감각과 의식에서 작용하는 세밀한 변화를 관찰하고 주시한다. 이 때 질투심을 경험하는 자기를 바라보는 또 하나의 자기를 발달시킨다.

단계6. 몸·언어·생각을 통해서 드러나는 질투심의 상징 또는 표현을 알아차린다.

단계7. 질투심을 담은 다양한 모양의 신체적·언어적·심리적 행위를 자각하고 바라보지만 좋아하거나 싫어하고 또는 옳고 그름을 시비하지 않는다. 오직 중도의 입장에서 객관적으로 지켜볼 뿐, 어떠한 심리적 반응도 하지 않는다.

단계8. 의식에서 생각으로 일어난 것이면 그러한 생각이나 감정이 일어났다 사라지는 것을 끝까지 지켜본다. 만일 언어나 몸으로 일어난 것이면 자각과 함께 그 질투의 행위가 약화되어 멈추어지는 순간까지 반응하지 않고 중도적 자세로 지켜본다.

단계9. 단계5에서 단계8까지의 반복된 훈련은 질투심의 존재를 보다 빨리 알아차리게 하고 수행의 진전과 함께 질투심이 발생하는 동시에 질투심을 자각하는 능력이 가능하게 된다. 그렇게 되면 발생하는 힘 자체가 약화되어서 종국에는 질투심의 작용이 멈추어지게 된다.

단계10. 그러나 질투심은 이차적 번뇌이고 그 뿌리는 근본번뇌에 있다는 사실을 통찰함으로써 질투심의 뿌리를 찾아 마음의 보다 깊은 곳, 생각식을 향한다.

단계11. 질투심은 결국 남보다 더 잘나고자 하는 아만심에서 비롯되었음을 알아차린다.

단계12. 아만심은 다시 자아에 대한 그릇된 견해와 집착·무지를 바탕으로 출발되었음을 명상한다.

단계13. 단계10에서 12는 단계 9와 긴밀한 상호작용을 하고 그 순서 또한 바뀌어 질 수 있다. 또한 단계6까지의 훈련이 어느 정도 이루어지면 다른 번뇌들의 제거훈련은 아예 7단계부터 가능하고 좀 더 발전하면 연합된 번뇌들이 자동적으로 없어진다.

〈구체적인 훈련기법은 26송~29송에서 소개되고 있는 수행방법 참고〉

행복의 길, 불행의 길

마음은 저장식, 생각식, 의식, 오감각식의 4가지 차원에서 작용하지만 감정, 정서, 느낌에 해당하는 일체의 마음은 의식에서 일어난다. 왜냐하면 저장식, 의식, 오감각식의 작용은 무의식으로 진행되기 때문이다. 따라서 우리가 행복하게 느끼거나 불행하게 느끼는 모든 마음의 작용은 의식수준에서 일어난다. 앞에서 보았듯이 의식에는 11가지 선한 정신작용과 6가지 근본번뇌와 20가지의 이차적인 번뇌들이 함께 작용한다. 이들은 우리가 당면하면서 살아가고 있는 무수한 상황 속에서 다양한 방식으로 상호작용하고 그 결과로서 순간순간 행복의 느낌과 불행의 느낌을 불러 일으킨다. 다시 말해서 번뇌의 정신작용이 강하면 강할수록 그만큼 더 고통하고 불행감을 느끼게 된다.

그런데 우리가 고통하고 불행감을 느끼게 되는 보다 근본적인 원인은 번뇌의 정신작용 때문이 아니라 선한 정신작용 때문이다. 이를테면 우리의 번뇌하는 마음이 탐내고 성내고 질투하면 다른 한편에서는 탐내지 않고 성내지 않는 선한 마음이 양심의 가책을 느끼고 부끄러워하기 때문에 그 결과로서 갈등이 일어나고 괴로워지는 것이다. 그러나 선한 정신작용이 아주 미약해지면 아무리 마음속에 악의 작용들이 들끓어도 괴로움을 알지 못한다. 예를 들면 수년 전 막시즘에 영향을 받았던 미국의 한 젊은이가 정부 청사를 폭파해서 어린이를 포함한 수많은 인명피해를 낸 사건을 들 수 있다. 가끔 TV화면을 통해서 법정

재판을 받고 있는 그의 모습을 지켜보았었고 마지막으로 사형 당하기 직전의 그의 모습을 보았었다. 놀랍게도 그는 자신의 행위를 후회하거나 죽음을 두려워하는 기색이 전혀 없어 보였다. 그에게서는 선의 정신작용이 전혀 작동하지 않았기 때문에 고통도 일어나지 않았다. 그의 경우는 정부를 비난하고 사회를 비난하는 악한 견해가 극단적으로 작용하면서 모든 선의 정신작용을 마비시켜 버린 것이다.

왜냐하면 마음에서 일어나는 모든 악의 감정들은 의식수준에서 이루어지고 의식은 생각식의 작용이기 때문이다. 그런데 외부환경을 대상으로 삼는 오감각식의 작용도 의식으로 드러나기 때문에 안에서 일어나는 생각식의 작용보다는 밖에서 들어오는 오감각식의 작용을 보다 쉽게 감지하게 된다. 다시 말해서 감정, 느낌, 정서 등의 의식 내용은 생각식이 단독으로 직접 의식에 작용하거나 생각식이 오감각식을 거쳐서 작용한 결과다. 그런데 어리석은 사람들은 생각식의 작용을 알지 못하고 외부환경에 그 탓을 돌린다. 이는 마치 어리석은 개가 돌을 던진 사람은 보지 못하고 돌을 물어 뜯고 지혜로운 사자는 돌을 던진 사람을 공격하는 것과도 같은 이치다.

대부분의 사람들은 고통은 무조건 나쁜 것이라고 생각한다. 그러나 알고 보면 고통이야말로 행복으로 가는 열쇠다. 왜냐하면 고통은 선한 정신작용이 강하게 작동하고 있다는 증거이기 때문이다. 고통은 선한 정신작용이 악한 정신작용을 상대로 괴로워하고 힘들어하는 것이다. 다시 말해서 선한 정신작용이 악한 정신작용으로 인해서 갈등하고 아파하면서 우리의 잠자는 자각을 일깨우고 있는 것이다. 그리고 고통은 끊임없이 우리의 무지를 일깨우는 스승의 역할을 한다. 우리는 고통하기 때문에 고통에서 벗어나려는 욕구를 일으키고 고통을 통해서 깨달음으로 나아가고 행복을 알게 되는 것이다. 그러므로 고통하는 사람들은 고통하는 크기만큼 깨달음으로 나아갈 가능성이 높다. 자신이 고통하고 있다는 사실을 감지하고 인식하는 것이 바로 부처님께서 최초로 설법하신 사성제[71]의 첫 번째 단계이기도 하다.

그런데 고통이 무지를 일깨우는 스승이 되고 진정한 행복의 원천이 되기 위해서는 반드시 지켜야 할 것이 있다. 즉 고통하는 사람들은 고통과 직면해서 고통의 원인을 먼저 자기 내면에서 찾아야만 한다. 자기 변화를 통한 환경의 변화, 사회의 변화가 이루어져야만 된다. '나'의 변화를 통해서 자연스럽게 '너'의 변화가 일어나야 한다는 것이다. 그렇지 않고 만일 고통하는 사람들이 자기 자신은 제쳐두고 외부에서 그 원인을 찾게 되면 그것은 엄청난 사회문제를 일으키는 근본원천이 된다. 다시 말해서 개인의 내면에서 일어나는 선악의 갈등을 개인간, 집단간, 국가간의 선악의 갈등으로 증폭시키는 결과를 낳게 되는 것이다.

고통하는 사람들이 고통의 원인을 자신의 내면에서 찾지 않고 외부환경에서 찾고, 자신을 변화시키는 대신에 환경을 변화시키려고 애쓰게 되면 내면의 선한 정신작용은 약화되어 심하면 마비증상을 일으키게 되고 마침내 외부대상을 향한 미움과 증오로 폭력과 파괴적인 행위를 정당화하게 된다.

흔히들 인생의 행복과 불행은 마음에 달린 것이라고 알고 있다. 그런데 그 마음이 뜻대로 되지 않는다. 그래서 어떤 사람들

---

71) 25송 설명에 나오는 각주 참고.

은 자신의 마음을 바꾸기보다 외부환경을 변화시키려고 하고 심하면 외부대상을 부수고 파괴하고 공격한다. 그러나 아무리 환경을 바꾸어 놓아도 자기가 변화하지 않는 한 진정한 의미의 고통은 사라지지 않는다. 그것은 또한 자기 몸이 아프면 자기가 약을 먹어야 되듯이 자기 마음이 아프면 일차적으로 자기 마음을 치료해야 되는 이치와도 같은 것이다. 자기가 변화한다는 것, 그것은 선의 정신작용을 강화시키는 것이고 악의 정신작용을 약화시키고 제거하는 것이다. 그 구체적 방법이 바로 깨달음으로 나아가는 길이다.

엄밀하게 말해서 고통 자체가 불행하고 행복한 것은 아니다. 고통은 불행을 낳을 수도 있고 행복을 낳을 수도 있다. 고통은 고통의 원인을 어디에서 찾고 해결하고자 하는가 하는 문제해결 방식에 따라서 행복의 열쇠이기도 하고 불행의 열쇠이기도 하다. 고통을 자각하고 그 원인을 '나'에게서 먼저 찾고 자기 변화로 나아가는 길은 행복의 길이고, 고통의 원인을 외부환경인 '너'에게서 찾고 '나'가 아닌 '너'를 바꾸려고 하는 길은 불행의 길이다.

송15

    🪷 저장식에 의지해서 일어나는 오감각식은 주어진 외부조건에 따라서 서로 함께 일어나기도 하고 각각 일어나기도 한다. 이는 마치 파도가 바람이라는 외부조건에 의해 물에서 발생하는 것과 같다.

    오감각식은 저장식을 바탕으로 발생하지만 항상 일어나는 것이 아니라 어느 때는 발생하고 어느 때는 발생하지 않는다. 생각식은 외부대상이 아니라 서상식에 있는 과거경험을 대상으로 삼고 발생하기 때문에 항상 작용한다. 반면에 오감각식은 저장식을 바탕으로 하면서도 외부현상을 대상으로 삼기 때문에 감각기관이 대상과 접촉할 때만 오감각식이 발생한다. 그러므로 오감각식은 항상 존재하는 것이 아니다. 이는 마치 오감각식이라고 하는 파도가 저장식이라고 하는 바다에 의존해 있는 것과 같아서 바다가 있기 때문에 파도가 생기지만 바람이나 기압 등의 외적인 영향에 의해서 발생하기도 하고 하지 않기도 한다.[72] 또한 오감각식은 함께 발생하기도 하고 따로 발생하기도 한다.[73] 그 의미는 바람이나 기압의 조건에 따라서 파도가 크고 작은 차이와도 같은 것이다.[74]

'오직 마음뿐'인가?

    정말로 마음밖에는 아무 것도 존재하지 않는가?

    '일체유심조(一切唯心造)'라는 말이 있다. '유식무경(唯識無

境)'이라는 말도 같은 의미다. 전자는 모든 현상들은 단지 마음이 만들어 낸 것이라는 뜻이다. 후자는 오직 마음만이 존재할 뿐 마음 밖에는 아무 것도 존재하지 않는다는 뜻이다. 이것을 어떤 사람들은 당장 눈앞에 드러나 보이는 사물조차도 부정한다. 그래서 그들을 허깨비이고 아지랑이고 환상이라고 말한다. 그런데 우리 눈으로 분명히 보고 귀로 듣고 냄새 맡고 촉감으로 느끼는 것들을 존재하지 않는 것이라고 말하면 누가 납득하겠는가? 그래서 유식을 마음 이외에는 아무 것도 존재하지 않는다고 하는 해석이 모순된다는 비판의 소리도 끊임없이 이어져 왔다.

그래서 어떤 학자들은 '오직 마음뿐'이라는 말이 마음 밖의

---

72) 저장식은 자기 내부에 있는 것을 대상으로 삼고 생각식은 저장식을 대상으로 삼는 반면에 감각식은 감각기관·대상·마음의 세 가지 요인이 함께 작용해서 일어난다. 만일 감각식이 감각기관과 대상과 의식의 공동 작용이라면 어떻게 감각식을 마음의 변형이라고 할 수 있겠는가? 바수반두는 그것을 파도와 물의 관계로 비유하고 있다. 즉, 파도는 물뿐만이 아니라 공기조건에 의해서도 발생하지만 파도는 자신이 의지해서 일어나는 바로 그 물의 변형이라고 말하지 못할 이유가 없다는 것이다. 파도를 일으키는 일차적 원인인 물에 비유되고 있는 의식은 항상 같지만 파도를 일으키는 이차적 원인인 공기조건에 비유되고 있는 외부대상에 따라서 감각식은 함께 일어나기도 하고 따로 일어나기도 한다. 결론적으로 감각식은 저장식에 축적된 과거경험의 종자들과 같은 내적인 것이 아니라 외적인 것을 대상으로 삼는다. 그러나 감각식은 결코 있는 그대로의 모습으로 파악하지 못하고 겉으로 드러나는 구성적 형태로 이해한다.
73) 오감각식은 저장식을 의지해서 9가지 조건의 유무에 따라서 일어난다. 9가지 조건은 공간, 빛, 감각기관, 감각대상, 작용하는 힘, 의식의 분별의, 생각식의 염정의, 저장식의 근본의, 그것을 받아들일 만한 종자다. 안식(眼識)이 발생하기 위해서는 9가지 조건이 모두 필요하다. 이식(耳識)은 빛을 제외한 8가지, 비설신식(鼻舌身識)은 빛과 공간을 제외한 7가지 인연이 필요하다.
74) 오감각식의 공통점은 첫째, 감각기관에 의지한다. 둘째, 물질계의 대상을 인식대상으로 한다. 셋째, 오직 현재의 대상만을 인식대상으로 한다. 오감각식은 과거나 미래의 대상을 인식대상으로 할 수 없다. 넷째, 오감각식은 색깔, 형태, 소리 등을 통한 직접적인 지각이다. 오감각식은 추론이나 인식 등의 작용이 없다. 다섯째, 오감각식은 항상 작용하는 것이 아니라 일시적인 중단됨이 있다.

세상은 아예 존재하지 않는 다고 부정하는 것이 아니라 마음 밖의 세상은 존재하지만 우리가 생각하는 그런 모습과는 다른 모습으로 존재한다고 재해석했다. 그렇게 되면 이번에는 '오직 마음뿐'이라는 그 말 자체가 모순된다. 왜냐하면 마음 외에도 존재하는 것이 있기 때문이다. 그러면 우리는 이러한 모순과 논쟁을 어떻게 해소할 것인가? 그 해답이 바로 15송에 있다.

15송을 보면 오감각식의 인식대상은 마음 안에 있는 것이 아니라 마음 바깥에 있는 외부조건들이라고 했다. 이 말은 마음만 존재하는 것이 아니라 마음 바깥에 객관적인 인식대상이 존재한다는 것을 분명히 인정하고 있다. 그뿐만 아니라 3송에서 저장식은 과거 경험과 기억의 종자 외에 자연계도 인식대상으로 삼고 있다고 되어 있다. 그러므로 유식무경이라는 표현은 엄밀하게 말해서 틀린 말이다. 다시 말하지만 15송과 3송은 외부대상의 존재를 인정하고 있다. 분명히 존재하기는 하지만 우리가 흔히 생각하는 그런 방식으로 존재하지 않을 뿐이다. 그래서 오감각식의 작용으로 드러나는 모습을 표상이라고 했다. 표상은 실상은 아니지만 허상도 아니다. 허상은 아예 없는 것, 존재하지 않는 것에 대해서 상상해서 만들어 낸 이미지를 말하지만 표상은 존재하는 사물에 대한 주관적 지각이고 이미지다.

그런데 여전히 '유식'의 의미는 해결되지 않고 있다. 무엇을 가리켜서 유식이라고 했는가? 그것은 생각식의 작용을 두고 하는 말이다. 즉 생각식은 우리가 이미 알고 있듯이 계산하고 생각하는 것이 주된 작용이다. 그리고 생각식의 인식대상은 외부조건이 아니라 과거경험과 기억의 종자들을 담고 있는 저장식이다. 생각식은 외부대상과는 아무런 직접적인 작용을 하지 않는다. 그러므로 생각식의 작용결과로서 드러나는 의식의 내용은 모두 과거의 경험과 기억에 기반을 두고 있기 때문에 현실의 상황이 아니고 실제가 아니다. 그래서 생각식의 작용으로 드러나는 의식의 내용을 심상, 즉 마음이 생각하고 계산해서 만들어 낸 것이라고 하는 것이다. 심상은 참고대상이 실제 사물이 아니라 과거경험과 기억이기 때문에 실제적 존재가 아니다. 허상이다. 오직 마음이 만들어 낸 것들에 불과하다. 이들을 가리켜서 환상이고 환영이고 꿈이라고 하는 것이다. 그러한 것들에 이름을 붙이고 의미를 부여해서 차별하는 것이 바로 사상·관념·신념·개념 등이다. 그리고는 탐욕과 분노와 어리석음의 세 가지 독성에 젖어 있는 중생들이 그것들이 실제로 존재한다고 굳게 믿고 집착해서 갈등하고 다투기 때문에 유식을 가르치게 된 것이다.

 그런데 간혹 유식을 잘못 이해한 사람들이 생각식의 작용으로 발생한 사상·관념·신념·개념의 허구성과 허상을 지적하는 데 더해서 오감각식의 대상마저 부정하는 극단에 이르게 되었다. 오감각식은 생각식과 저장식의 영향을 받기 때문에 객관적 대상을 주관적으로 해석하고 받아들이는 오류를 범한다. 즉, 객관적 대상을 자신의 주관적인 과거경험과 기억에 비추어서 받아들인다. 또 탐욕과 분노와 어리석음으로 인해서 자기를 중심으로 하는 견해와 아만으로 사물을 받아들이고 이해한다. 그 결과 실제의 사물과는 아주 다른 형태와 본질로 왜곡된 사물을 진짜라고 믿고 집착한다. 그래서 서로 다른 지각과 이해를 놓고 갈등하고 다툰다. 그렇다고 해서 오감각식의 대상조차 아예 존재하지 않는다고 부정하는 것은 옳지 않다. 오감각식의 대상은 분명히 존재하지만 생각식의 작용으로 인해서 잘못 지각되고 해석된 것뿐이다.

송 16

🌸 그러나 의식은 생각이 없는 세계(무상천)에 태어나거나 무심의 두 선정과 잠자거나 기절했을 때를 제외하고는 항상 일어난다.

앞에서 보았듯이 생각식과 저장식은 항상 연속적으로 발생하고 작용한다. 그러나 의식과 오감각식은 연속적이지 않다. 앞에서도 말했듯이 파도가 기압이라는 조건에 의해 발생하듯이 오감각식은 감각대상을 조건으로 일어난다. 그러므로 오감각식은 항상 작용하는 것이 아니라 감각대상이 없는 곳에서는 발생하지 않는다. 한편 의식은 항상 현재 인식되어지는 작용이기 때문에 생각이 끊겨진 세계[무상천(無想天), the thoughtless heaven], 생각이 없는 무심(no thinking)과 무지각(no perception)의 두 선정[75], 꿈이 없는 깊은 수면, 기절상태의 경우에는 의식작용이 멈추어진다.

앎은 결과가 아니라 과정이다

이제 오감각식과 의식의 작용을 통해서 우리가 현실적으로 이해해야 할 문제들에 대해서 생각해보자. 오감각식과 의식의 작용을 안다는 것은 무슨 의미인가? 이들의 작용을 이해한다는 것이 실제 우리의 삶과 어떤 관련이 있는가? 우리가 오감각식

---

75) 무상정(無想定, āsamjñi-samāpatti, absorption of non-thought)과 무심정(-acitta-samāpatti, absorption of non-consciousness).

과 의식의 작용현상을 진정으로 이해했다면 우리에게 어떤 변화가 일어날까?

우리는 항상 우리가 세세생생 쌓아온 과거의 경험에 비추어서 현재의 경험을 이해하고 받아 들이기 때문에 현재의 경험을 순수하게 있는 그 자체로 받아들이지 못하고 항상 오해하고 착각을 한다는 사실을 알았다. 그것은 구체적으로 무엇을 안다는 것을 의미하는가? 그것은 바로 우리가 알고 있고 안다고 믿는 것에 대한 절대적 확신과 믿음을 포기한다는 의미다. 더구나 자신이 알고 체험한 사실에 집착해서는 안 된다는 사실을 아는 것이다. 우리가 아는 것, 우리가 체험한 것, 그것들은 고정불변의 진리가 아니라 언제든지 또 다른 체험에 의해서 변화될 수 있는 것이라는 사실을 아는 것이다. 내가 알고 있는 것, 그것은 결과가 아니라 항상 알아가는 과정이므로 마침표를 찍어서는 안 된다. 항상 여지를 남겨두어야 한다. 또 내가 아는 것, 그것은 언제나 너가 아는 것과 다를 수 있다는 사실을 당연한 진리로서 받아들여야 한다. 나와 너가 상대적 존재이듯이 내가 아는 것과 너가 아는 것 또한 상대적이다. 그러므로 내가 알고 내가 체험한 것만을 절대적인 것처럼 고집하고 주장하는 것은 옳지 않다. 항상 서로가 다를 수 있다는 전제를 바탕으로 나의 체험과 너의 체험을 논의하고 타협할 수 있어야 한다.

의식과 오감각식의 작용은 우리가 알고 있는 것, 체험한 것, 그것이 너무나 주관적이라는 것이다. 그렇기 때문에 우리가 고통하는 것들, 특히 상대방에 대한 요구나 기대에서 오는 고통 또한 주관적이라는 것이다. '나'가 아는 것, 그것이 절대적이지도 않고 '너'가 아는 것과 반드시 일치하지도 않는다는 사실을 올바로 이해한 사람은 자신의 견해나 가치관에 집착하지 않는다. 그러므로 그들은 그것을 타인에게 강요하지도 않는다. 그런데 누구 때문에 유난히 삶을 고통스러워하거나 불만족스러워하는 사람들이 있다. 어쩌면 그들은 자기가 집착하는 가족이나 친구가 자신의 기대와 요구대로 살아주기를 바라고 강요하기 때문인지도 모른다. 아니면 그들의 아동기나 유년기가 남달리 외롭거나 힘들었기 때문에 지금은 그렇게 힘든 상황이 아님에도 불구하고 외로움과 고통에 습관이 되어버렸는지도 모른다. 피부가 한 가지 화장품에 길들여지고 위장이 특정한 음식에 익숙해지듯이 삶이 고통과 외로움에 습이 되었을지도 모른다.

송17

🪷 마음은 항상 분별하는 주체와 분별되어지는 대상[76]으로 나누어져서 우리 안에 인식된다. 그런데 주체와 대상으로 구별되어지는 마음의 현상이 실제로 주체와 대상으로 존재하는 것은 아니다. 그것은 모두 단지 마음의 표상일 뿐이다.[77]

송18

🪷 저장식의 다양한 에너지들[78]이 그 작용을 드러내는데 필요한 발달조건과 지각대상, 그리고 연속적으로 이어지는 발생조건의 도움으로 업과 환경이 상호작용하면서 이리저리 변형되어서 주체와 대상이라고 하는 분별이 일어난다.

1송에서는 마음이 어떻게 마음 자체를 드러내는가에 대해서 설명하고 있다. 2송에서 16송까지는 그렇게 드러난 마음을 세

---

76) vikalpoyad vikalpyate, discrimination and what is discriminated.
77) 흔히 유식무경(唯識無經)이라 하여 외부대상의 존재를 일체 부정하고 마음뿐이라고 해석하기도 한다. 그러나 여기서는 외부대상의 존재를 인정하지만 우리가 인식하는 그런 방식으로 존재하는 것이 아니라 있는 그대로의 실상이 마음의 작용에 의해 왜곡되고 굴절되어 나타나는 허상을 부정한다. 즉 마음이 만들어내는 심상, 이미지, 표상은 실제하지 않지만 표상의 대상은 실제하는 외계현상이다.
78) 습기(習氣), vāsanās(산), habitual energy: (1)명언습기(名言習氣), habitual energy of names and expressions; 언어를 사용한 개념적인 사고에 의해 이식되는 것이다. (2)아집습기(我執習氣), habitual energy of grasping the self; 자아가 실재한다고 생각하는 견해에 의해 훈습되는 것이다. (3)유지습기(有支習氣), habitual energy of the cause of existence; 유지훈습은 욕계, 색계, 무색계의 삼유(三有)에서 생사윤회하게 만드는 훈습을 말한다.

차원으로 나누고 각각의 작용과 기능을 구체적으로 설명하고 있다. 또한 그러한 마음의 작용에 따라서 함께 발생하는 선한 마음과 불선한 마음의 번뇌들, 즉 구체적인 심리적 정서적 반응들과 갖가지 고통들을 분류하여 열거하고 있다. 그리고 17송과 18송에서는 그것을 요약해서 다시 한번 마음이 발생하는 동기와 과정을 설명해 놓았다. 그리고 뒤에 나올 19송에서는 그 결과로서의 생사윤회를 강조해서 설명해 놓았다.

17송에서는 마음이 발생하는 동기를 강조한다. 즉, 능엄경에서 부처님이 아난 존자에게 말씀하셨듯이 마음이라고 하는 것은 우리의 몸 밖에도 우리의 몸 안에도 있는 것이 아니다. 그 중간에 있는 것은 더욱 아니다. 왜냐하면 마음은 부피와 공간을 차지하는 실체론적인 존재가 아니라 심리적이고 인식론적인 인지과정이고 인식과정이기 때문이다. 다시 말해서 마음이라고 하는 것은 마음 자체가 어딘가 따로 있어서 스스로의 존재를 드러낼 수 있는 것이 아니다. 다만 마음은 일련의 인지과정을 통해서 드러나는 심리과정이다. 그러한 인지과정의 첫 출발이 바로 보는 마음과 보여지는 마음, 인식의 주체와 인식의 대상으로의 이원화라는 것이다.

그렇기 때문에 보는 마음과 보여지는 대상[79]은 독립되고 영원하며 고정불변의 실체적 존재가 아니라 인식과정에서 일어나는 순간의 연속으로 드러나는 표상이며 이미지라는 말이다. 그것은 마치 활동사진의 작용처럼 순간순간의 장면들이 빠른 속도로 이어져서 움직이는 영화필름의 원리와도 같은 것이다.

---

79) 내적인 마음과 외부현상 모두가 대상으로 작용할 수 있다. 즉 저장식과 생각식에서는 대상이 외부현상이 아니라 내적 마음의 내용들이며 감각식의 대상은 외부현상이 된다.

마음이 보는 주체와 보여지는 대상으로의 이원화 작용을 찰나 찰나마다 엄청나게 빠른 속도로 일으키기 때문에 의식의 연속, 생각의 연속으로 나타나는 것이다. 이 때 우리는 보는 주체, 인식의 주체를 '나'라고 받아들이고 집착해서 영원한 실체처럼 생각한다는 것이다. 그러나 그 '나'는 찰나적으로 일어났다가 찰나적으로 사라지는 한 생각, 한 의식의 끊임없는 흐름, 또는 연속체라는 것이다. 그러니 그림자와도 같고 TV 화면에 등장하는 인물들과도 같은 표상과 이미지를 진짜 자기라고 매달리고 집착하지 말라는 것이다.

18송에서는 보다 구체적으로 인식의 주체와 대상이 분리되어 나타나는 과정을 설명하고 있다. 즉, 과거세세 생생 쌓아온 수많은 경험의 정보를 담고 있는 일체 종자식[80]이 저장식, 생각식, 의식, 오감각식 등과 상호작용하면서 다양한 종류의 인식의 주체와 대상, 이를테면 아는 자와 알려지는 대상, 즐기는 자와 즐겨지는 대상, 사랑하는 자와 사랑되어지는 대상 등을 만들어 낸다.

오감각식은 감각기관[81]과 감각대상[82]의 화합을 통해서 발생하는 마음이 함께 작용한 결과로서 일어난다. 저장식의 경우는 인식의 대상이 근본식에 있는 종자들, 신체, 자연계다. 생각식은 저장식의 주체 부분을 대상으로 삼고 발생한다. 의식은 생각식의 작용이 구체적으로 현재의 인식으로 드러나면서 의식적인 분별과 차별작용을 한다. 오감각식은 저장식을 바탕으로

---

80) 일체종자식(一切種子識)- sarvabija-vijñāna, All seeds-consciousness; 근본식에 있는 특수한 에너지(sakti)를 말한다.
81) Indriya, sense-organs.
82) visaya, sense-objects.

하지만 인식의 직접적 대상은 마음 밖에 있는 외계현상들이다. 그리고 오감각식의 무의식적인 작용 역시 의식으로 드러난다. 따라서 생각식과 오감각식의 작용으로 의식에 드러나는 마음의 형태는 생각식에서 오는 개념적인 심상과 오감각식에서 오는 표상의 형태다. 이들은 생각하는 자와 생각되어지는 대상, 화내는 자와 화내어지는 대상, 보는 자와 보여지는 대상, 듣는 자와 들려지는 대상 등 무수한 종류의 주체와 대상의 쌍들을 만들어 낸다.

인연이란 무엇인가?

굳이 불자가 아니더라도 우리들은 일상의 삶 속에서 인연이라는 말을 자주 듣고 사용한다. 그런데 사람들은 인연이라는 말을 뭔가 통제할 수 없는 팔자소관이나 운명과도 같은 상황에서 사용한다. 그래서 인연은 마치 우리들의 힘으로는 어찌지 못하는 운명처럼 느껴지기도 한다. 여기서는 유식의 관점에서 인연을 한번 생각해보자.

인연[83]은 한자로 원인에 해당하는 인(因)과 그 원인과 만나지는 조건인 연(緣)이 결합된 것이다. 즉 원인과 조건이 결합되면 결과가 발생하게 되어 있다. 인연은 직접적인 내적 원인과 간접적인 외적 조건 또는 결과의 화합이다. 인과 연은 본질과 현상의 관계와도 같다. 유식의 관점에서 확대해석하면 인(因)은 경험하는 주체로서의 '나'이고 연(緣)은 경험되어지는 대상으로서의 '너'와도 같은 것이다. 그러니까 원인은 내 안에서 일어

---

83) 인연(因緣), hetu-pratyaya. Lit. 'direct inner cause and indirect outer effect' causal condition.

나는 것이고 그 원인이 발생하고 드러날 수 있는 조건은 외부 환경에서 오는 것이다.

그런데 우리들은 원인인 '나' 와 조건인 '너' 가 만나서 갈등하고 고통하면 그 고통의 원인을 '나' 가 아니고 '너' 라고 주장한다. 그래서 내가 고통하면 부모를 원망하고 남편, 아내, 자식, 친구, 사회를 원망한다. 분명히 원인을 제공한 것은 '나' 이며 그 원인에 '너' 가 반응한 것이다. 그러므로 고통과 갈등의 일차적인 책임은 '나' 지 '너' 가 아니다. 원인인 '나' 는 종자이고 뿌리에 해당하며 조건인 '너' 는 종자를 키우고 싹트게 하는 물이고 빛이고 공기이다.

원래 종자를 싹틔우는 물이나 공기, 빛은 선도 악도 아니다. 그것은 선한 종자와 만나면 선으로 작용하고 악한 종자를 만나면 악으로 작용한다. 또한 선도 악도 아닌 종자를 만나면 선도 악도 아닌 중성으로 작용한다. 그런데 종자인 '나' 를 두고 '나' 라는 종자를 키운 환경인 '너' 만을 원망하는 것은 어리석은 일이다. 그렇다고 '나' 를 원망하는 것은 정당한 일인가? 그렇지 않다. '나' 를 원망하는 것과 '나' 를 극복하고 변화시키고 성장시키는 일은 완전히 다르다. '나' 를 원망하는 것은 '너' 를 원망하는 것과 본질적으로 다르지 않다.

자기를 원망하는 사람들은 변화를 두려워하고 변화를 원하지 않는 사람들이다. 그들은 또한 변화를 원하지 않기 때문에 자기에게 집착된 사람들이고 정신적으로 게으른 사람들이다. 자기를 원망하든 남을 원망하든 원망하는 곳에는 길이 없다. 원망은 인생의 막다른 골목과도 같은 것이다. 거기에는 더 나아갈 길이 없기 때문에 결국에는 돌아서 나와야만 된다.

인연법을 안다는 것, 그것은 바로 '나' 가 원인이고 '너' 가 조건이라는 사실을 아는 것이다. 그리고 원인인 '나'와 조건인 '너'가 만나서 그 결과로서 괴롭기도 하고 즐겁기도 하다는 사실을 이해하는 것이 바로 인연법을 아는 것이다. 내가 지금 괴롭고 고통스럽다고 해서 종자인 '나'를 제쳐두고 조건을 원망하고 조건이 바뀌어 지기를 바라는 것은 어리석은 일이다. 먼저 원인인 '나'를 바꾸면 결과는 당연히 바뀌어 진다.

조건을 바꾸는 일은 고통의 문제를 해결하는 근본적인 방법이 되지 못한다. 왜냐하면 조건이 고통의 문제를 일으키는 근본원인이 아니기 때문이다. 그러므로 고통으로부터 벗어나고 고통을 멈추는 일은 그 고통의 일차적 원인인 '나'를 바꾸면 되는 것이다. '나'와 '너'의 인연의 결과가 싫다고 원인인 '나'는 그대로 두고 조건인 '너'만 바꾸고 변화시켜 보았자 결과는 마찬가지다. 왜냐하면 종자 자체가 바뀌지 않았기 때문에 밭을 바꾸고 햇빛을 가리고 물을 더 준다 해도 똑 같은 싹이 나오게 되어 있다.

'나'와 '너'가 만나서 이루어지는 우리의 인생과 일상의 삶의 관계는 마치 씨앗과 밭의 관계와도 같다. 밭을 바꾸고 물을 더 주고 덜 주고 하는 일은 싹의 크기와 모양을 다르게 할 수는 있지만 싹 자체의 성향은 바꾸지 못한다. 감자의 종자는 감자의 싹을 키우고 토마토의 종자는 토마토를 자라게 할 뿐이다.

삶이 고통스럽고 불만스러운 사람들은 먼저 고통과 불만을 일으키는 일차적 원인인 '나'를 변화시키고 성장시키기 위해서 마음 공부를 시작해야 한다. 그것이 바로 인연법을 가장 올바로 이해하는 것이다.

송19

    🌸 과거 모든 경험을 축적하고 있는 업의 종자가 4종류[84]로 분별하는 마음과 함께 작용함으로써 저장식이 일단 다양한 행위로 전개되고 드러나면 이전의 저장식이 멸하게 된다. 그러나 드러난 행위를 통해서 촉진되고 주체와 대상으로 분별하는 습관적 에너지를 통해서 또 다른 저장식을 생겨나게 한다.

    19송에서는 찰나적이고 주객의 이원화로 발생하는 마음이 어떻게 중단하지 않고 계속해서 존재하는 것처럼 인식되어 지는가를 설명하고 있다. 즉, 과거경험을 담고 있는 업의 종자가 인식의 주체와 대상의 이원화로 드러나는 마음과 상호작용하면서 일단 의식의 단계로 전환되어 몸과 입과 뜻을 통해서 행해지면 그것을 일으켰던 본래의 저장식은 소멸된다. 그러나 그렇게 드러난 행위를 통해서 다시금 강화되고 촉진되는 이원화의 습관적 에너지는 새로운 저장식을 발생시킨다.

    그러므로 마음 자체는 찰나적으로 생겨나고 찰나적으로 소멸되지만 바로 찰나 전에 생겨난 마음이 찰나 후에 생겨나는 마음의 원인으로 작용하면서 연속적인 마음의 흐름, 생각과 인식의 흐름을 만들어 낸다. 마치 수없이 이어지는 정지된 사진들 속에서 움직이는 모습을 보듯이 찰나에 생겨나고 찰나에 소멸

---

84) 저장식, 생각식, 의식, 오감각식.

하는 마음의 흐름 속에서 마음이 영원히 존재하는 것으로 착각하는 것이다.

한편 위에서 말하는 습관적 에너지는 두 가지를 의미하는데 첫째는 소리의 차이에 불과한 언어에 이름과 의미를 부여해서 차별함으로써 개념과 관념을 만들어내고 집착하여 몸·입·뜻으로 짓는 모든 행위를 말한다. 둘째는 분별하는 자와 분별되어지는 대상에 집착[85]하는 것이다. 결국 과거 업과 무지로 인해서 발생한 개념과 관념에 대한 집착과 나와 나의 것에 대한 집착은 고통을 낳고 12연기[86]를 반복하는 윤회의 삶을 촉진시키게 된다.

나는 누구인가?

나는 어디에 있으며 무엇으로 구성되어 있는가? 그리고 나는 어떻게 작용하며 기능하는가?

내가 생각하는 나는 나의 몸이 나이고 나의 마음이 나이다. 그런데 유식은 나의 몸이 나가 아니고 나의 마음도 나가 아니라고 말한다.

밀린다 왕문경에서 나가세나 스님은 밀린다 왕에게 수레를 예로 들어 수레가 수레가 아님을 말한다. "무엇을 수레라 할 것인가? 바퀴가 수레인가? 아니면 마부가 앉는 자리인가? 수레의 바닥인가?" 우리가 수레라고 부르는 것을 하나하나 뜯어서 보면 수레라고 주장할 만한 그 무엇이 없다. 그냥 나무를 이리저리 잘라서 만든 나무조각들의 조합에 불과한 것이다. 수레는

---

85) 두 가지 집착(二執), grāka-dvaya, twofold grasping.
86) 22송 해설 참고.

그냥 그러한 나무조각의 조합에 수레라는 이름을 붙여서 다른 것과 구분하고 계속해서 반복함으로써 정신적 습관, 관념을 만들어 낸 것에 불과하다.

마찬가지로 나의 몸이 나라면 내 몸 어디에 내가 있는가? 내 몸 가운데 어느 한 부분도 정말로 나라고 할 만한 부분이 있는가? 내 몸을 구성하고 있는 피와 살·뼈·오장 육부·머리카락·발톱… 어느 것 하나도 저절로 만들어지고 유지되는 것은 없다. 모두가 나 아닌 것들, 남의 몸, 쌀, 고기, 물, 빵, 채소 등으로 만들어진 것이다. 그리고 계속해서 그런 것들로 채워지고 공급되지 않으면 내 몸의 존재 자체가 유지되지 않는다. 뿐만 아니라 나의 몸과 너의 몸의 차이가 무엇인가? 본질적으로 아무런 차이도 없다. 내가 먹은 소도 내 몸의 일부고 내가 마신 물도 내 몸의 일부다.

나의 마음이 나라면 그 마음은 어디에 있는가? 마음은 어디에도 존재하지 않는다. 마음은 우리의 생각, 느낌, 기억 등의 연속이고 감각기관과 대상의 접촉, 또는 생각식의 영향으로 의식에서 일어나는 심상에 불과하다. 다시 말해서 나의 마음이라고 하는 것은 내 몸의 일부인 5가지 감각기관과 외부현상의 만남과 나의 과거경험들의 화합으로 발생하는 인식과정 또는 심리과정을 우리는 나라고 하는 것이다.

그런데 이미 앞에서 내 몸은 순수한 내가 아니라 다른 존재들의 조합이라는 사실을 알았으니 내 몸의 일부인 5감 또한 내가 아니다. 그리고 5감의 인식대상인 외계현상은 당연히 내가 아니다. 그럼 나의 과거경험이 나인가? 과거경험은 과거에 감각기관과 감각대상간의 만남에서 발생한 것이고 과거의 의식들이 저장된 습관적 에너지 형태이므로 역시 나가 아니다. 결국 나가 아닌 세 가지 조합으로 발생한 현재의 표상, 심상, 이미지는 결코 나가 될 수 없다.

그럼 나는 누구인가? 나는 내 몸도 아니고 내 마음도 아니라면 나는 누구인가? 나는 너다. 더 정확하게는 나는 나 아닌 모든 것의 조합이다. 왜인가? 내가 나라고 하는 나의 몸과 나의 마음은 온통 나가 아닌 너로 구성되어 있기 때문이다. 그럼 너는 누구인가? 너는 나다. 왜인가? 너는 너 아닌 모든 것의 조합으로 구성되어 있기 때문이다.

누구든지 자신이 누구인지, 어디에 있는지, 어디에서 왔는지, 그리고 어디로 갈 것인지를 찾아서 수행의 길을 나선다면 종국에 그가 얻을 해답은 명백하다. 세상에 존재하는 모든 것이 나다. 내가 그토록 나라고 믿고 집착했던 그 나가 내가 아니라 전 우주가 모두 나라는 사실을 발견하게 된다. 그러기에 나는 전 우주로부터 나왔다. 그리고 전 우주 속으로 다시 돌아갈 것이다. 나를 나라고 하지 않고 나를 너라고 할 수만 있다면 말이다. 대신 너를 나라고 인정할 수만 있다면, 이유는 '나'가 바로 '너'를 통해서 드러나고 '너'는 '나'를 통해서 드러나기 때문이다.

불교에서는 이를 무아(無我)라고 하고 공(空)이라고도 한다. 그래서 어떤 사람들은 '나'가 없고(인무아, 人無我) 현상도 없다고(법무아, 法無我) 잘못 해석한다. 그러나 그것은 내가 없다는 의미가 아니고 '나'라고 하는 것에 대한 정의가 잘못되었다는 의미다. 첫째, 내가 '나'라고 하는 나는 항상 변화하지 않고 고정된 것으로 인식하지만 실제로는 늘 변화하는 존재라는 것이다. 둘째, 내가 '나'라고 주장하는 나는 항상 절대적이며 주체적이라고 생각하지만 실제로는 상대와 상황에 따라서 나는 잘나기도 하고 못나기도 하는 지극히 상대적이고 끊임없이 영향을 받는 존재라는 것이다. 셋째, 내가 생각하는 '나'는 홀로 독립된 존재라고 생각하지만 나는 너와 한쌍으로 너를 통해서만 의식 속에 드러날 수 있는 의존적 존재라는 사실이다.

'나'에 대한 그 모든 오해는 모두가 우리 마음에서 생각으로만 존재하는 가상적인 '나'지 진짜 '나'가 아니라는 것이다. 그럼 진짜 나는 누구인가?

진정한 나, 있는 그대로의 나는 무엇인가? 진짜 나를 알기 위해서는 나는 바로 너의 상대적 존재로서만 그 모습을 드러낼 수 있다는 사실을 깨닫고 마음에서 생각으로 상상한 나에 대한 이미지를 버리는 것이다. 즉, 나라고 하는 주체와 나의 상대적 존재로서의 너라고 하는 대상으로 구분하는 바로 그 습관적 행위를 멈추는 것이 진짜 나를 알 수 있는 유일한 길이다. 그런데 진정한 '나'는 알지 못한다. 왜냐하면 우리가 뭔가를 안다는 것 자체가 무엇에 대해서 안다는 의미이기 때문에 '나를 안다'는 말의 정확한 표현은 '나에 대해서 안다'는 말이기 때문이다. 나에 대한 것은 나의 그림자고 나의 이미지고 표상이지 나 자체가 아니다.

그렇다면 진짜 나의 존재는 어떻게 인식할 수 있는가? 인식으로는 불가능하다. 다시 말해서 유식이라는 식(識) 안에 진짜 나는 없다. 그럼 나는 어디에 있는가? 체험 속에 있다. 너를 체험할 때 너 속에 나가 있다. 소를 체험하고 있으면 소 안에 나가 있다. 하늘을 체험하고 있으면 하늘 속에 나가 있다. 그래서 능가경에서는 "행위는 있으되 행위하는 자는 없다."고 한 것이다. 진실된 나, 거기에는 행위의 주체도 객체도 없이 오직 행위만이 있다.

송 20

🌸 이리저리 계획하고 조직하고 도식화하는 사고의 작용이 갖가지 종류의 신념·관념·개념을 만들어 낸다.[87] 그렇게 만들어진 것들은 모두 자기의 감정과 욕망과 집착에서 생겨난 것이다.[88] 욕망과 집착이 요모조모로 계산하고 따져서 만들어낸 관념이나 개념은 실제로 존재하는 것이 아니다.

20송은 생각식이 계산하고 생각하는 작용으로 만들어 낸 모든 종류의 관념, 신념, 개념의 실체성을 부정하고 있다. 우리가 믿고 집착하는 모든 관념들과 사물들에는 우리의 감정과 욕망이 투사된 것들이기 때문에 진짜가 아니라는 것이다. 우리가 의미를 부여하고 싫어하고 좋아하는 수많은 관념들과 신념들은 세세생생 쌓아온 우리의 과거 경험들이 현실이라고 하는 조건과 결합해서 만들어낸 가상적인 것들에 불과하다는 것이다. 이들은 모두 생각식이 만들어낸 심상, 즉 마음의 생각일 뿐이지 실제의 존재가 아니라는 것이다. 이를테면 토끼뿔이나 거북이 털, 해태 등과 같이 실제로 존재하지 않는 사물을 마음

---

[87] 외적인 원인과 조건을 갖는 것이 아니라 정신적으로 구성되고 투사된 것으로서 개인에 따라서 각기 다르게 드러난다.

[88] 변계소집성(偏計所執性), parikalpita-svabhāva, imaginary or mentally constructed truth/being attached to what is schematized everywhere: 사물의 있는 그대로의 모습이 아니라 자기의 주관적 감정과 욕망에 의해서 계산된 측면의 요소들을 예시하는 잘못 상상하고 보여진 것. 삼법인 가운데 고통(苦)의 원인과 실상과 관련되어 있다.

으로 상상하고 이름을 붙여서 만들어 낸 것을 의미한다. 또한 어떤 주의주장이나 이념, 신념, 종교의 교의 등을 조직하여 이름을 붙이고 그것이 실제로 존재하는 것처럼 굳게 믿는 것을 말한다.

그런데 왜 사람들은 마음이 만들어 낸 관념이나 신념을 실제로 존재하는 것처럼 굳게 믿는가? 20송은 그 이유를 인간이 가지고 있는 세 가지 독성들, 즉 탐욕과 분노와 어리석음에 두고 있다. 다시 말해서 마음이 생각하고 계산해서 만들어 낸 일체의 관념이나 신념 뒤에는 그러한 관념과 신념을 만들어 낸 사람들의 숨은 의도, 욕심 등이 있다는 것이다. 그러한 욕심이나 의도성이 지나치게 되면 우리는 생각과 인식으로 상상해서 만들어 낸 개념, 관념, 신념 등의 인식론적 대상들을 존재론적이고 실존적으로 바꾸어 버린다. 그리고는 마음으로 생각하고 마음 안에 있던 심상을 마침내 마음 밖에 실존하는 것으로 굳게 믿는다. 그런 다음에는 자신만의 믿음으로는 불완전하기 때문에 자신의 믿음을 보다 강하고 공고히 하기 위해서 타인의 믿음을 강요하게 된다. 마침내 나의 신념과 너의 신념이 다르거나 나의 믿음과 너의 믿음이 다르다는 이유로 다투고 서로를 파괴한다.

우리는 왜 끊임없이 분열하고 다투는가?

언제부터인가 가까운 가족간에도 정치 이야기를 하면 종국에는 다툼으로 끝나기가 일쑤다. 이유는 정치에는 수많은 관념·사상·신념이 작용하기 때문이다. 또 그러한 관념·사상·신념 속에는 무수한 우리들 각자의 이익과 탐욕이 깔려 있기 때문이다. 다시 말해서 정치에는 물질적인 이해관계와 탐욕이 담겨 있다. 그리고 각자의 이익과 손해를 계산하고 따져보는 무수한 관념·사상·신념들로 구성된 것이 정치다. 그러므로 정치 이야기를 한다는 것은 서로의 관념·사상·신념을 이야기하는 것이 되고 그 관념·사상·신념에는 자신의 이익과 손해가 관련되어 있기 때문에 자칫 잘못 흘러가면 정치 이야기는 주의주장으로 돌변하게 되어 싸움을 일으키기가 쉽다.

그런데 왜 관념·사상·신념에 대한 믿음이 지나치면 싸움이 되는가? 어떤 마음의 현상에 의해서 서로의 믿음이 다르다는 이유로 좋아하고 싫어하는가? 유식학적으로 설명하면 사상에 대한 믿음은 생각식의 계산하고 생각하는 작용이 의식으로 드러난 결과다. 좀 더 구체적으로 설명하면 생각식은 네 가지 번뇌, 첫째, 자아에 대한 잘못된 견해, 둘째, 자아에 대한 무지, 셋째, 자기가 더 잘났다는 자만심, 넷째, 자기가 만들어 낸 자기 이미지에 집착하는 마음의 현상들이 탐욕과 분노와 어리석음의 세 가지 독성과 함께 상호작용하면서 요모조모로 따지면서 계산하고 생각하는 것이 그 특징이다. 그리고 그러한 생각식의 작용은 두 가지 방법으로 작동한다. 하나는 곧바로 의식에 영향을 미치는 것이고 다른 하나는 오감각식의 작용에 영향을 미치는 것이다.

생각식이 의식에 직접 영향을 미쳐서 드러나는 것을 우리는 심상이라고 부른다. 반면에 생각식이 오감각식의 작용에 영향을 미쳐서 의식으로 드러나는 것을 우리는 표상이라고 부른다. 심상은 외부에 실제로 존재하는 어떤 사물을 대상으로 만들어진 것이 아니라 과거 경험과 기억을 바탕으로 해서 생각식이 만들어 낸 것이다. 다시 말해서 심상은 생각식이 저장식에 있는 과거 경험과 기억의 종자들을 이리저리 굴려서 생각하고 상상해서 만들어낸 생각의 모양, 이미지다. 그리고 그렇게 상상해서 만들어 낸 무수한 생각의 모양, 이미지에 이름을 붙인 것이 개념이고 관념이다. 믿음은 그러한 개념이나 관념이 우리가 마음으로 생각해서 만들어 낸 생각의 모양, 또는 이미지가 아니라 실제로 존재하는 것이라고 집착하는 것이다.

반면에 표상은 오감각식이 외부에 실제로 존재하는 어떤 사물을 대상으로 삼고 받아들이는 방식에 과거 경험과 기억이 영향을 미친 결과다. 그러니까 심상이 상상으로 만들어 진 생각의 이미지라면 표상은 실제로 존재하는 외계 사물의 이미지다. 심상이 환영이고 환청이라면 표상은 왜곡된 지각이다. 심상은 그 실체가 아예 없는 것이고 존재하지 않는 것이지만 표상은 존재하기는 하지만 그것이 진짜 모습은 아니라는 의미다.

마음의 병은 바로 존재하지 않는 심상을 실제로 존재한다고 굳게 믿고 집착하는 것을 말한다. 또 존재하기는 하지만 그 모양이 진짜 있는 그대로의 모양이 아니라 과거 경험과 기억이라고 하는 색안경에 의해서 잘못 비추어진 모양이라는 사실을 알지 못하고 그것이 진짜라고 굳게 믿고 집착하는 것을 말한다. 우리는 심상이나 표상이 실제의 모습이라고 굳게 믿고 집착하는 사람을 어리석은 사람이라고 부른다.

심상은 다른 말로 생각의 모양, 즉 사상이다. 사상은 제각기 다르게 느끼고 이해된 것이다. 그래서 서로 느끼고 이해하는 것이 비슷하면 뜻이 통한다고 좋아한다. 반대로 서로 느끼고 이해하는 것이 다르면 뜻이 통하지 않는다고 싫어하고 무시한다. 그것이 심해지면 자기의 뜻을 주장하게 되고 온갖 계산과 계책을 사용하고 그래도 안 되면 화를 내고 자기보다 상대가 약하다 싶으면 공격하게 된다. 한편 표상은 사물이나 사람에 대한 이미지다. 우리는 각자의 경험과 기억의 안경으로 비추어 본 사물이나 사람을 만나고 대하면서 자기 기대에 따라서 또한 좋아하기도 하고 싫어하기도 한다.

그런데 사상·관념을 믿고 집착하는 것이 사람이나 사물의 이미지를 믿고 집착하는 것보다 훨씬 위험하다. 왜냐하면 사상이나 관념은 그 대상이 외부 세계에 실제로 존재하는 것이 아니라 각자의 마음속에서 상상된 주관적인 인식이고 앎이기 때문에 그것에 대한 믿음의 진위를 가리기 위한 객관적 근거나 준거가 없다. 반면에 사람이나 사물의 이미지를 믿고 집착하는 것은 그 믿음과 집착의 대상이 실제로 존재하기 때문에 설사 착각하고 왜곡되었다 할지라도 서로의 착각과 왜곡을 비교하고 분석할 수 있는 객관적 근거와 대상이 있다. 그래서 사상의 대립은 반드시 극단적 투쟁으로 발전하고 상대방이 무너짐으로써 자기도 무너지게 되는 것이다.

사상·관념의 작용과 사물·사람의 이미지 작용은 똑같이 의식에서 일어나지만 이들의 발생과 작용을 주관하는 곳은 서로 다르다. 사상·관념은 생각식이 직접 주관하고 사람·사물의 이미지는 오감각식을 통한 생각식의 주관이다. 그래서 사상·관념을 진짜라고 믿고 집착한 사람들의 갈등과 대립은 생각식 간의 직접적 갈등과 대립이고 사람·사물의 이미지를 진짜라고 믿고 집착한 사람들의 갈등과 대립은 오감각식을 통한 생각식간의 간접적 갈등이고 대립이다. 그런데 생각식 사이의 직접적 대립은 중재자가 없고 진위를 가려낼 판단의 대상이 존재하지 않는다. 그러나 생각식 사이의 간접적 대립은 그 사이에 오감각식이 중재할 수 있고 진위를 가려 낼 수 있는 외부 대상이 객관적으로 존재한다.

예를 들어 보자. 오감각식에서 서로 자기 집이 더 좋다고 우기든지 자기 자식이 잘났다고 주장하고 상대방을 헐뜯을 경우, 객관적 존재로서 집과 자식은 분명히 존재하는 대상이기 때문에 여러 가지로 비교가 가능하다. 그러나 생각식에서 서로 자기 종교의 사상이 우월하다든지 자기 가치가 옳다고 우기는 경우 해결은 쉽게 나지 않는다. 또 배나무를 사과나무라고 우기는 사람의 잘못은 쉽게 증명하고 수정할 수 있지만 잘못된 견해나 신념·사상을 입증하고 설득하는 일은 어렵다.

사상·관념은 거북이 털이나 토끼 뿔처럼 명칭만 있지 실제로 존재하는 것이 아니기 때문에 시간과 공간의 제한을 받지 않는다. 그래서 사상이나 관념은 세월을 두고 끝없이 발전하고 보태어 진다. 동시에 사상과 관념에 대한 믿음과 집착 또한 시간과 공간의 제약 없이 무한정으로 강화되고 확대될 수 있다. 그리고 그것은 곧장 대립과 투쟁의 확대로 나아갈 무한한 가능성을 내포하고 있는 것이다. 그러나 사람·사물에 대한 이미지는 그 발전에 한계가 있다. 왜냐하면 사람과 사물은 시간과 공간의 제약을 받기 때문이다. 따라서 사람과 사물의 이미지는 사상과 관념의 도움이 없으면 반드시 사라지게 되어 있다.

그런데 사상과 관념의 대립과 투쟁은 생각식의 대립과 투쟁이기 때문에 위에서 설명한 네 가지 번뇌로 작용하는 생각식을 멈출 때만이 사상과 관념의 대립도 함께 사라지게 되어 있다. 그러면 어떻게 생각식의 작용을 멈출 수 있는가? 그것은 바로 탐욕과 분노와 어리석음을 내려놓는 것이다. 그래서 이들을 인간의 마음이 가지고 있는 세 가지 독이라고 부르는 것이다. 아울러서 마음을 수행하는 사람들은 먼저 욕심과 분노와 무지로부터 자유로워지라고 하는 것이다.

알고 보면 탐욕과 분노, 그리고 어리석음이 변형되어서 나타난 것이 사상이고 관념·신념이다. 물론 사상·신념·관념 그 자체가 악이거나 선은 아니다. 그것이 어리석고 탐욕스럽고 분노한 사람들에 의해서 만들어지거나 사용되면 악이 되고, 그 반대의 사람들에 의해서 만들어지고 사용되면 선이 되는 것이다. 또한 아무리 선이라 할지라도 주장하거나 강요하게 되면 악으로 작용하게 되어 있다. 왜냐하면 사상·관념 등은 믿고 집착해서 주장하고 강요하는 그 무엇이 아니다. 그냥 우리 안에서 자연스럽게 일어나는 중생의 마음의 현상이고 정신작용인 것이다. 그것을 알지 못하는 중생의 어리석음이 사상과 관념을 진짜라고 믿고 집착해서 '나'와 '너'가 대립하고 싸우는 것이다. 그래서 무지가 죄 가운에서도 가장 큰 죄라고 하는 것이다.

그런 의미에서 세상의 그 어떤 위대한 사상이나 가르침도 '나'와 '너'를 분별하여 차별하는 것은 선이 될 수 없다. 최고의 선은 '나'와 '너'가 하나고 '나'와 '너'의 차이가 존중되는 것이다. 왜냐하면 그 차이가 모두 각자의 마음속에서 왔다는 것을 알기 때문이다. 사상·개념 관념·신념의 다양성과 '나'와 '너'의 다양성을 인정하고 그 속에서 서로 더불어 조화롭게 성장해 가는 데 도움을 주는 것이면 선이고, 반대로 서로를 갈라놓고 반목하는 것이면 선이 아니다. 그것은 사상·관념·신념이라는 이름의 탈을 쓴 탐욕과 분노와 어리석음일 뿐이다.

송 21

🦋 상대의존적 성질을 주객으로 분별하는 것은 조건에 의해서 생겨난 것이다. 완전하게 이루어진 성질은 상대의존적 성질 안에 내재된 계산하고 집착하는 성질이 영원히 멀어져서 사라졌을 때 일어난다.

인식의 주체와 대상은 서로를 의지해서 발생하기 때문에 상대적이다.[89] 그러니까 서로가 서로에게 원인과 조건이 되어서 발생한다. 이 때 생각식은 발생하는 인식의 주체와 대상을 향해서 끊임없이 계산하고 집착하는 작용을 일으킨다. 그 결과 생각식의 작용으로 의식에 드러나는 인식의 주체와 대상은 두 종류가 된다. 하나는 전적으로 생각식의 작용으로 발생하는 것이고 나머지 하나는 오감각식이 외부대상과 작용하는 과정에 생각식이 영향을 미침으로써 이루어지는 경우이다. 생각식의 작용만으로 의식에 드러나는 것은 심상이고 오감각식을 거쳐서 드러나는 것은 표상이다. 심상은 마음이 만들어 낸 개념이나 관념이고 표상은 사물의 이미지다. 그러니까 심상이나 표상은 실제로 존재하는 실상이 아니라 허상이라는 의미다.

그러면 실상은 무엇인가? 현상의 진정한 모습, 절대적 모습

---

[89] 의타기성(依他起性), paratantra-svabhāva, interdependent nature of tings; 독립적 실체로서가 아니라 상대적이고 대상에 의존해서 존재하는 현상의 속성을 말함. 개인이 생사 윤회하는 원인을 제공하는 성질이다. 삼법인 가운데 무아(無我)의 원인, 실상과 관련되어 있다.

은[90] 계산하고 집착하는 생각식의 작용이 배제되어서 생각식의 영향을 받지 않은 있는 그대로의 상대적 모습이다. 즉, 계산하고 집착하는 상대성은 오염된 상대성이고 완전하게 수립된 상대성은 모든 계산과 집착이 사라진 정화된 상대성, 즉 절대적 평등이다.

마음을 비운다는 것

우리는 가끔 마음을 비운다는 표현을 사용한다. 그런데 정확하게 어떤 마음을 비웠다는 의미인가? 마음은 이미 우리가 배웠듯이 4가지 종류로 작용한다. 그 가운데 어느 마음이 비워졌다는 것인가? 의식수준에서 작용하는 마음을 비운 것이라면 그것은 비웠다기보다는 억압한 것이라는 표현이 더 정확하다. 의식수준에서 작용하는 마음의 뿌리는 생각식이기 때문에 의식의 마음을 비웠다는 말은 뿌리인 생각식에서 솟아나는 싹을 잘랐다는 의미이다. 싹은 가끔 잘라 줄수록 더 빨리 자라고 더 강해지는 법이다. 그러므로 의식의 마음을 비운 사람들은 비운 것이 아니라 의식 속으로 드러나는 마음을 드러나지 못하도록 억지로 참고 억누르고 있는 것이기 때문에 몸이 병들게 된다.

마음은 드러나는 것이 그 속성이기 때문에 드러나지 못하는 마음은 반드시 썩고 상해서 병들 뿐만 아니라 몸도 상하게 한다. 다시 말해서 뿌리는 싹을 내는 속성이 그 특징인데 싹을 내지 못하도록 참고 억누르면 더 크게 폭발하고 더 많이 채우려고 한다. 그리고 그것을 이루지 못하면 억누르고 참은 만큼 몸도 마음도 병들게 되는 것이다.

---

90) 원성실성(圓性實性), parinispanna-svabhāva, the perfect (absolute) true nature; 있는 그대로의 진실된 모습. 진여를 말함. 삼법인 가운데 무상(無常)의 실상과 관련되어 있다.

그러므로 마음을 비운다고 할 때, 그 마음은 생각식의 마음이어야 한다. 생각식의 계산하고 요모조모로 따져서 생각하는 그 마음을 멈추고 쉬는 것이 바로 마음을 비웠다는 가장 올바른 표현이 될 것이다. 마음을 올바로 비운다는 것, 그것은 바로 생각식의 작용을 멈추는 것이다. 그런데 문제는 생각식의 작용을 멈추는 일이 그렇게 쉽지 않다. 탐욕과 분노와 무지를 극복하고 세간을 벗어나 도를 성취한 아라한과 같은 성자들만이 생각식의 작용으로부터 완전하게 해방될 수 있다.

물론 어떤 특정한 욕심이나 생각을 완전하게 포기한다면 그것 또한 부분적인 해방이 될 수 있기 때문에 부분적인 마음 비움이 가능하다. 하나씩 하나씩 단계적으로 뿌리뽑아 가는 것이 바로 마음 수행이고 마음 공부인 것이다. 뿌리까지 뽑지 못한 마음은 때가 되면 반드시 다시 자라게 되어 있다. 그러므로 마음을 비우는 일, 그것은 생각식에서 이루어져야 한다. 마음을 내려놓는다는 말도 마찬가지다. 생각식의 마음을 내려놓아야 한다. 의식의 마음을 내려놓으면 마음의 병만 깊어지고 종국에는 몸의 병을 만들게 되어 있다.

그렇다면 구체적으로 어떻게 생각식의 마음을 비울 수 있는가? 분별하고 계산해서 집착하는 것이 중생의 마음이고 분별해서 계산하지 않고 집착하지 않는 것이 부처의 마음이라고 했다. 우리는 어떻게 하면 분별집착을 버리고 부처의 마음을 드러낼 수 있는가? 그것은 하나가 되는 것이다. '나'와 '너'가 둘이 아니라 하나가 되는 것이다. 우주 만물과 하나가 되는 것이다. 항상 상대방의 입장에서 생각하고 상대방을 있는 그대로 받아들임으로써 하나가 되는 것이다. 그것이 무아의 진정한 의미다. 또한 '나'와 '너'를 분리할 수 없는 짝으로 생각하고

'나'와 '너' 사이에서 중도적 입장을 취하는 것이다. '너'의 입장에서 생각함으로써 무아를 훈련하고 '나'와 '너'의 극단을 피해서 중도를 훈련하는 것이 바로 생각식의 작용을 멈추게 하고 마음을 비우게 하는 것이다.

송 22

   그러므로 완전하고 진실된 본질은 상대를 의지하는 상대성과 완전히 다른 것도 아니고 다르지 않은 것도 아니다. 무상[91]과 마찬가지로 완전하게 이루어진 진짜 본질을 보지 못하면 상대를 의지하는 상대성 또한 볼 수가 없다.

   완전하게 이루어진 정신적 물리적 현상의 실제 본질은 상대적인 본질과 서로 다른 것도 아니고 다르지 않은 것도 아니다. 그건 무슨 의미인가? 완전하게 이루어진 실제 본질은 상대적인 성질에서 계산하고 집착하는 성질이 제거된 것이다. 즉 일체 현상은 선악 · 행불행 · 고락 · 장단 등처럼 반드시 상대를 의존해서 발생하는데 그 과정에서 계산하고 집착하는 성질이 제거되면 정화된 상대성이고 제거되지 않았으면 오염된 상대성이다. 그런데 정화된 상대성이 바로 진정하고 완전한 본래의 성품이라는 것이다. 이는 마치 무상과 무상성의 관계와도 같은 것이다. 이를테면 모든 것이 무상한 어떤 특정한 사물과 무상성의 원리는 같은 것도 아니고 다른 것도 아니다. 즉 사물이 원리로 환원되는 것도 아니고 원리가 사물과 정확하게 일치하는 것도 아니다. 원리는 어디까지나 사물의 있는 그대로의 본질이다. 마찬가지로 일체 현상은 상대의존적인데 그 상대의존적으로 발생하는 것은 계

---

91) 무상(無常), anitya(산), anicca(팔), impermanence; 무상은 발생, 머무름, 멸함으로 조건화된 모든 것의 근본적 특질.

산하고 집착해서 발생한다. 그러나 계산해서 집착하는 성질이 제거되면 그것이 바로 현상의 진실된 모습이 된다는 말이다.

그러므로 유식에서 보는 절대적 모습과 상대적 모습은 원리와 현상의 관계와 같다. 상호 의존적인 현상 속에서 절대적 원리의 모습을 보는 것이다. 바꾸어서 말하면 계산되고 집착된 상대적 모습 속에서 바로 절대적이고 진실된 모습, 즉 계산과 집착이 제거된 상대적 모습을 본다는 의미다. 진짜 나라고 하는 말 속에는 이미 가짜 나도 있다는 의미가 내포되어 있다. 그러므로 진정한 나를 본다는 것은 생각으로 만들어낸 가상적인 나를 함께 본다는 의미다. 반대로 가상적인 나를 본다는 것은 또한 진정한 나를 본다는 의미다.

이는 마치 12연기[92]가 어리석음에서 출발하면 생사에 이르지만 어리석음을 제거하면 생사를 제거하는 것이 되기 때문에 12연기는 생사윤회의 과정인 동시에 열반해탈의 길이기도 한 것과 같다. 또한 대승기신론에서 말하는 생사윤회로 가는 마음의

---

92) 십이연기(十二緣起), Twelve Links of Interdependent Co-Arising; 깨닫지 못한 중생이 겪는 과정으로 고통과 고통의 원인 사이에서 반복되는 인과의 사슬이다.
1. 무명(無明), avidyā(산), avijjā(팔), ignorance; 사성제와 십이연기에 대한 무지, 고통에 시달리는 존재의 본질에 대한 무지. 2. 행(行), samskāra(산), samkhara(팔), karmic formations; 행위에 앞선 신체적, 언어적, 정신적 충동이나 의도. 3. 식(識), vijñāna(산), viññāna(팔), consciousness or sense-mind; 앎 또는 경험하는 마음이다. 4. 명색(名色), nāmarūpa(산), name and form; 경험적 성격의 정신적이고 물리적인 구성요소다. 5. 육처(六處), shadāyatana(산), salāyatana(팔), the six objects of sense organs; 보고 듣고 냄새맡고 맛보고 접촉하는 대상과 정신표상을 말한다. 6. 촉(觸), sparsha(산), phassa(팔), contact; 감각기관과 감각대상, 식(識)의 화합으로 일어나는 것이다. 7. 수(受), vedanā(산, 팔), feeling or sensation; 감각과 느낌에 대한 쾌·불쾌·중성적인 개념. 8. 애(愛), trishnā(산), tanha(팔), craving or thirst; 감각기관과 대상의 접촉을 통해서 일어나는 욕망. 9. 취(取), upādāna(산, 팔), grasping or clinging; 윤회로 이끄는 모든 집착들. 10. 유(有), bhaava(산, 팔), becoming. 조건화되는 유의 과정. 11. 생(生), jāti, birth. 12. 사(死), jarā-maranamh, old age and death.

문[93]과 생사해탈의 절대진리로 나아가는 마음의 문[94]은 같은 저장식에서 발생하지만 무지를 따라가면 생사윤회하는 문으로 들어가는 것이고 자각을 따라가면 고통을 여의고 행복으로 가는 문으로 향하게 된다.

순수한 상대성이 바로 진정한 절대성이다.

불교를 논리적이고 이론적으로 체계화한 대표적인 사상은 마음에 관한 체계와 중도의 길에 대한 가르침 두 가지가 있다. 그 가운데서 지금 우리가 공부하고 있는 것이 바로 마음에 관한 체계이다.[95] 중도에 대한 가르침은 양 극단에 대한 집착을 버리라는 것이다. 왜냐하면 양 극단은 언제나 서로를 의지해서 존재하기 때문이다. 이를테면 선과 악, 밝음과 어둠, 동과 서, 길고 짧음 등 무수한 현상들이 서로 쌍을 이루어서 존재한다. 그런데 우리는 마치 이들의 쌍이 서로 대립적이고 반대되는 것으로 이해한다.

우리는 자주 양극은 통한다는 말을 한다. 그것은 양극의 상대성을 이치적으로는 몰랐다 해도 분명 경험적으로 이해한 데서 나온 말이다. 양 극단은 항상 서로를 그림자처럼 달고 다니기 때문이다. 두 극단은 항상 서로 함께 하고 더불어서만 존재가 가능하다. 그러므로 지혜로운 사람은 이들 쌍의 상호 의존적 속성을 이해하기 때문에 어둠 속에서 밝음을 보고 선을 보면서 동시에 악을 본다.[96] 그래서 지혜로운 사람은 어느 쪽에도 치우

---

93) 심생멸문(心生滅門), The gate of mind toward birth and death.
94) 심진여문(心眞如門), The gate of mind toward suchness or absolute truth.
95) 유식학을 말함.
96) 중관(中觀), 즉 중도를 본다.

치지 않는다. 그런데 어리석은 사람은 이들의 쌍을 서로 대립적이고 반대되는 것으로 받아들이기 때문에 어느 한 쪽을 주장하고 집착한다. 그리고 그것이 지나치게 되면 다른 한 쪽을 공격한다. 선에 집착하는 어리석은 사람은 반드시 악을 만난다. 오래 전에 미국 보스톤에서 임신중절을 반대하던 한 젊은이가 산부인과 병원을 습격해서 간호원 두 사람을 살해한 일이 있었다. 그 젊은이는 임신한 아기를 유산하는 것은 살인이기 때문에 유산은 죄라고 주장하고 그것에 지나치게 집착한 나머지 살인을 했다. 실제로 한때 임신중절을 반대하는 사람들이 인터넷 웹사이트에 유산을 하는 산부인과 병원과 의사들의 명단을 싣고 이들을 공격하도록 부추겼다.

또한 사랑에 집착한 사람은 반드시 미움을 만난다. 전쟁은 평화에 집착한 사람들이 한다. 그래서 불교는 집착하지 말라고 가르치는 것이다. 그런데 어떤 사람들은 집착하면 안 된다는 그 사실에 집착한다. 그럼 도대체 우리는 어떻게 해야 된다는 건가?

극단을 피하고 집착을 피할 수 있는 유일한 길은 함께 동시에 보는 것이다. 단면이 아니라 입체적으로 보는 것이다. 누가 사랑을 말하면 사랑의 그림자인 미움도 함께 보고 누가 선을 말하면 선의 그림자인 악도 함께 보는 것이다. 누가 절대적이고 완전한 것을 주장하면 상대적이고 불완전한 측면을 보는 것이다. 진정한 의미의 중도는 두 극단의 중간이 아니라 두 극단 속에서 서로를 보는 것이다.

학창시절에 내게 붙여진 별명 가운데는 개똥철학자, 이상주의자, 구름 위를 떠다니는 사람 등이 있었다. 초등학교 시절에 하루는 담임 선생님이 뭔가를 잘못한 몇몇 아이들의 손바닥을 때리는데 내 눈에는 분명 부잣집 아이는 약하게 때리고 가난한 집 아이는 더 세게 때리는 것이 보였다. 물론 내가 맞았던 것은 아니었지만 선생님의 차별대우를 참지 못하고 항의를 했다. 열심히 해명을 하던 선생님은 나를 끝내 설득시키지 못하자 "그럼 매를 저울로 달아서 때리느냐?"고 화를 내신 일이 있었다. 초등학교를 졸업할 무렵 반에서 앙케이트 조사를 했는데 많은 아이들이 공통적으로 내게 대한 인상을 '목에 칼이 들어와도 바른 말 하는 아이' 라고 표현할 정도로 나는 정의감에 불타는 어린이였다.

그리고 세월이 흘러서 20대 중반이던 어느 여름에는 청도 운문사 아랫 마을에서 민박을 하면서 지냈던 일이 있었다. 하루는 지나가던 관광객 가운데 초등학교 동창생 하나가 나를 알아보고 반가워했다. 잠깐의 만남 도중에 갑자기 그 동창생이 세상 살기가 그렇게 힘들었느냐고 울기 시작했다. 옛날의 나는 너무나 박력이 있었는데 지금은 기가 죽어 보인다고 몹시도 안타까워했다.

또 30살이 막 지나가던 어느 날 서울에서 내려온 친구와 함께 대구시내 백화점에 들렀다가 초등학교와 중학교를 함께 나온 동창생과 그 어머니를 만났다. 서로 집에도 놀러 다녔던 사이라서 그 어머니와도 낯이 익은 터라 반갑게 인사를 했다. 그런데 동창생이 보기에 나를 보고도 자기 어머니가 생각만큼 크게 반가워 하는 기색이 보이지 않자 다시 한번 강조해서 "엄마, 몰라? 이 친구가 바로 그 ○○○야."라고 새삼 소개했다. 그랬더니 그 동창생 어머니 하시는 말씀이 "응 알아, 그 때는 굉장히 똑똑하고 박력 있었잖아." 하면서 나를 아래 위로 훑어보고는 행색이 어째 좀 초라하다는 인상이었다. 자기 어머니의 말을 인정이라도 하듯이 그 소리를 듣고도 그냥 부드럽게 미소를 짓고 있는 나의 모습은 동창생의 눈에 이빨 빠진 호랑이처럼 보였던 모양이다. 그 역시 나를 다시 보고는 어쩐지 좀 안 됐다는 표정이었다. 그도 그럴 것이 공부도 잘했지만 힘도 세고 말도 잘하고 도무지 두려움이 없는 자기들의 용감한 대장이었으니 말이다. 옆에서 지켜보던 친구는 도대체 어느 정도였길래 지금도 감당이 안 되는 나를 보고 그러냐고 재미있어 했다.

많은 사람들은 용기 있고 소신 있는 사람들을 좋아한다. 더욱이 뭔가 자기들과는 달리 정열적이고 용감한 사람이 정의를 외치고 앞장을 서면 사람들은 그를 추종하고 뒤따른다. 특히 현재의 삶에 불만이 많은 사람들일수록 쉽게 동요되고 변화를 원한다. 그러나 아무리 용기와 소신이 있고 정의롭다 해도 그것이 양 극단을 이해한 중용에서 나온 것이 아니면 진정한 용기도 정의도 아니다.

나는 어려서 정의감에 불탔고 선, 솔직함, 용기 등이 지나쳤기 때문에 불의를 보고 참지 못했다. 종종 친구 대신에 싸워주기도 했다. 그러나 그러한 정의감과 용기가 절대적인 것이 아니라 상대적이라는 사실을 알지 못했다. 그래서 사회에 적응하는데 엄청난 어려움을 겪었고 많은 세월을 이유를 모르는 채 방황하고 고통해야만 했다. 다시 말해서 중도, 즉 상대적 진리와 절대적 진리를 이해하지 못하는 사람은 선을 사랑하고 이상과 본질을 추구하면서 악을 쳐부수는 사회 운동가가 되든지 아니면 현실 부적응자가 되어 고뇌하고 방황할 수밖에 없기 때문이다. 왜냐하면 선과 정의에 집착한 내 눈에 보여지는 현실은 너무나 부정하고 위선적이었기 때문이다. 그러던 중 불교와 인연하게 되었다. 불교의 절대적 진리와 상대 또는 세속적 진리라는 두 가지 진리에 대한 가르침을 접하면서 내 젊음의 방황과 고통이 멈추어지기 시작했다. 내가 추구하고 갈망하던 절대적이고 이상적인 것이 절대가 아니라 상대적인 것의 상대적 관념으로서 절대라는 사실을 알게 되었던 것이다. 그래서 두 동창생들의 짐작처럼 세상 살기가 힘들고 무력해져서 용기가 없어지고 비굴해진 것이 아니라 절대성의 상대성을 이해해 가고 있었던 과정이라 목숨 걸고 투쟁할 그 무엇이 없어졌던 것뿐이다. 또 더 이상 내 이상에 위배되는 누군가와 싸우고 다투어야 할 필요성이 없어지고 있었던 것 뿐이다.

악을 싫어하고 위선을 싫어하는 것은 선이다. 그러나 선을 사랑하기 때문에 악을 쳐부수고 위선을 쳐부수겠다는 주장은 옳지 않다. 밝음이 오면 어둠은 저절로 사라지듯이 선을 사랑하는 것만으로도 충분하다. 그러지 않고 선에 집착해서 선을 끝까지 쫓아가면 그 자리에는 바로 악이 있다. 마치 서쪽의 끝까지 가면 동쪽이 나오듯이 말이다.

송 23

🪷 모든 현상의 속성은 첫째, 계산하고 분별하는 작용에 의해서 드러나는 표상과 심상이다. 둘째, 이들은 반드시 다른 것을 의지해서 쌍으로서 존재하기 때문에 상대적이다. 셋째, 이 두 가지 속성 가운데 첫번째 속성인 계산하고 분별하는 작용이 없이 두 번째 속성만 있는 것이 일체 현상의 진정한 실상이다. 그런데 부처님이 이와 같은 세 가지 속성[97]을 가르치신 궁극적인 이유는 다른 데 있다. 즉 일체 현상이 본질적으로 고유하고 유일한 속성을 가지고 있지 않다[98]는 것을 설명하기 위해서이다.

23송에서는 앞의 20송부터 22송에서 소개하고 있는 일체 현상의 본질적 속성이 사실은 고유하고 독립적인 것이 하나도 없다는 사실을 말하고 있다. 고유한 속성이 없다는 말은 모든 현상은 원인과 조건이 화합해서 생겨난 것이기 때문에 자기만의 특유하고 유일한 특징, 다른 것들과 구분되는 독자성이 없어서 본질적으로 공(空)하므로 무아라는 의미다.

23송은 앞에서 설명하고 있는 현상의 본질, 즉 그대로의 모습인 실상에 집착하는 것을 막기 위한 가르침이다. 다시 말해서 앞에서 모든 현상이 가지고 있는 세 가지 모습, 즉 심상과

---

97) 앞에서 설명한 3가지 자성, 즉 변계소집성, 의타기성, 원성실성을 말한다.
98) 무자성(無自性)- asvabhāva, non-self-existent reality, no own-being; 다른 모든 것과 자기의 차이를 구별시켜주는 자기만의 고유한 성질.

표상과 실상의 개념을 설명했다. 그리고 어리석은 사람은 심상과 표상을 진짜라고 믿고 집착한다고 했다. 즉 외부대상도 없이 마음으로 생각하고 계산하여 집착해서 만들어진 심상이나 외부 대상을 보고 다시 마음으로 계산하고 집착해서 이루어진 표상은 진짜가 아니라고 했다. 반면에 심상과 표상이 제거되어 그냥 있는 그대로의 모습인 실상이 진정한 진리의 모습이라고 했다. 그렇게 되면 우리는 다시 실상을 추구하고 집착하게 된다. 그래서 23송에서는 실상에 집착하는 것을 방지하기 위해서 다시 표상과 심상과 실상의 본질적 속성은 존재하지 않는다는 것을 말하려는 것이다. 왜냐하면 그것이 아무리 진리이고 실상이라 해도 집착을 하게 되면 그 또한 번뇌망상이 되기 때문이다. 실상은 실상을 구하고자 집착해서 얻어지는 것이 아니라 실상에 대한 집착마저도 내려놓을 때, 그 때 비로소 얻어진다는 의미다.

마음이 병든 사람들

  16살에 남자친구를 처음으로 만나서 대학을 마치자마자 그 남자친구와 결혼한 백인 아내가 있었다. 아주 부유한 가정에서 곱게 자란 이 아내는 첫사랑인 남편밖에 몰랐다. 자신은 아이를 원했지만 남편은 아이를 싫어했기 때문에 두 사람 사이에 아이는 없어도 34년간의 결혼생활을 남부럽지 않게 행복하게 보냈다. 그러던 어느 날 남편이 젊은 여자와 바람이 났다. 충격과 분노를 감당하지 못한 이 아내는 남편을 내쫓고 이혼 전문 변호사를 들여서 그야말로 거금의 위자료를 받고 이혼을 했다. 그런데 이혼한 지 2년이 안 되어 여자는 유방암이 걸려서 방사선 치료를 받고 있는데 아마도 한 달을 넘기기 어렵다고 한다.

친구의 말에 의하면 한 가지 이상한 일은 매년 한 번도 빠지지 않고 정기적으로 검사를 받아왔는데 어떻게 처음 발견되었을 때 이미 유방을 잘라 낼 수도 없을 정도로 그렇게 많이 퍼져 있었는지 모르겠다고 한다. 아마도 남편의 배신과 이혼으로 너무 심하게 충격을 받아서 그렇게 된 모양이라고 했다.

언제부터인지 몰라도 사람들이 병이 들었다 하면 무슨 암이거나 심장병이다. 암의 원인에 대한 의학적 설명을 들어보면 결국 스트레스가 제일 큰 원인이다. 그 외에도 대부분의 병이 모두 마음에서 비롯된다는 사실을 모르는 사람은 없다. 위에서 소개한 백인 아내는 어쩌면 우리가 알고 있는 화병의 일종인지도 모르겠다. 아주 어려서 읽은 동화책 가운데 니리를 잃고 수모를 당한 "마의태자는 부끄러워서 부끄러워서 죽었습니다." 라는 문구를 잃고 도대체 사람이 어떻게 부끄러워서 죽을 수 있는지 이해가 되지 않아서 끙끙 앓던 친구 생각이 난다. 또 기생이 되기 전 황진이에게 반해서 상사병으로 죽은 이웃집 총각 이야기 역시, 도무지 이해가 가지 않았던 적이 있다.

그런데 우리는 이제 알고 있다. 마음이 아프고 괴로우면 우리 몸 안에서는 자동적으로 그에 대응하는 호르몬이 분비된다는 것을. 그리고 그러한 마음 상태가 계속되면 호르몬 분비 역시 지나치게 되고 결국 몸의 균형이 깨어지면서 병이 된다는 것을 알고 있다. 그러나 그 정도 아는 것으로는 여전히 마음의 병에 대한 이해는 분명치가 않다. 마음의 병이라고 말할 때 어떤 마음을 말하는 것인지 그 이유는 무엇인지 명료하지가 않다.

무엇을 마음의 병이라고 말하는가? 마음의 병을 유식학적으로 설명하면 생각식이 병든 것을 의미한다. 다시 말해서 생각식은 분별·계산하고 생각하는 것이 주된 작용이다. 그리고 계산되고 분별된 것에 집착하는 것이 또한 생각식의 특징이다. 그런데 생각식의 계산결과가 의식을 통해서 현실과 만나졌을 때 생각식의 계산이나 생각과 현실의 상황이 빗나가면 생각식은 끊임없이 다시 계산하고 다시 생각한다. 그래도 현실상황이 자기 계산과 맞아지지 않으면 엄청난 스트레스를 받게 된다.

그 때 개인에 따라서 어떤 사람의 생각식은 자기 계산이 틀렸다고 생각하고 생각을 바꾸지만 어떤 사람의 생각식은 죽어도 자기 계산이 옳고 자기 생각이 옳기 때문에 결코 바꾸지를 못한다. 대신에 생각식이 지나치게 강한 사람들은 도리어 현실의 상황이나 상대방의 생각식을 바꾸려고 노력한다. 이 때 생각식은 오감각식에 강한 영향력을 행사하면서 환경이나 상대방을 변화시키기 위해서 노력한다. 그러한 노력이 지나치면 지나칠수록 오감각식은 정상적인 자기 역할을 못하고 생각식에 이끌려 다니면서 지치고 병들게 된다. 그래서 우리의 오감이 건강한 자기 기능을 상실한 채 병이 드는데 그것이 바로 몸의 병이 되는 것이다.

그러니까 마음의 병이 발생하는 원인은 생각식이 자기 계산과 생각에 집착해서 고집하고 현실상황이나 다른 사람들과 맞서기 때문에 일어나는 것이다. 그 결과 생각식의 고집과 주장이 의식으로 드러나는 것은 마음의 병이고 오감각식의 작용으로 드러나는 것은 몸의 병이다. 그래서 마음이 아프고 괴롭다는 말은 의식이 아프고 괴롭다는 의미고 몸이 아프고 괴롭다는 말은 오감각식이 아프고 괴롭다는 것이다.

그런데 대체 생각식은 왜 의식과 오감각식을 병들게 하고 그토록 아프고 괴롭히면서도 끝내 자신의 계산과 생각을 포기할 수 없는가? 그것은 생각식의 집착 때문이다. 생각식이 네 가지 근본 번뇌에 집착되고 사로잡혀서 스스로도 어쩌지 못한다. 그

네 가지 근본번뇌는, 첫째, 자아에 대한 잘못된 견해, 즉 자기가 절대적인 것으로 착각하는 번뇌, 둘째, 자기가 우월하고 잘났다는 아만, 셋째, 자기가 어리석은 줄은 모르는 무지, 넷째, 진짜 자기가 아니라 스스로 자기개념을 만들어 놓고 인위적으로 만든 그 자기 이미지를 사랑하고 집착하는 번뇌다.

일단 생각식이 자기 계산과 생각이 절대적이라고 확신하게 되면 어떠한 마음의 고통과 몸의 고통이 와도 생각식은 자기의 계산과 생각을 포기하지 않는다. 그래서 자기 계산과 생각이 절대적이라고 믿고 집착하는 생각식은 상대가 약하면 공격하고 파괴하기도 한다. 또 상대가 강하면 자신의 의식과 오감각식을 괴롭히고 병들게 한다.

그래서 23송은 그러한 생각식의 작용을 방지하기 위해서 설해진 부처님의 가르침이다. 즉 생각식이 절대적이라고 믿는 것의 위험성을 예방하고 치료하고자 하는 것이다. 이 세상의 그 어떠한 위대한 사상이나 진리도 그것이 절대적이라고 굳게 믿고 집착하면 안 된다는 것이다. 왜냐하면 절대성에 대한 믿음이 지나치면 반드시 자기를 병들게 하거나 남을 병들게 하기 때문이다. 그러므로 23송은 일체 현상의 진실된 모습, 진리의 실상에도 집착하지 말라고 가르친다. 절대성은 상대성과 쌍으로 존재한다는 의미다. 절대성은 오직 상대성을 의지해서만 존재한다는 의미다. 절대적인 절대성이 아니고, 유일하고 고유한 절대성이 아니다. 절대성은 오직 상대성의 상대로서 절대성일 뿐이라는 것이다.

나의 생각식은 이것은 죽어도 안 돼, 절대로 안 돼, 라고 하고 너의 생각식이 나도 죽어도 안 돼, 절대로 안 돼, 라고 하면 나와 너는 원수가 되고 싸워야만 된다.

송 24

🌸 첫째, 마음으로 계산하고 집착해서 만들어낸 것은 실제로 존재하지 않기 때문에 실체가 없다.[99] 둘째, 상호의존적[100]인 것은 상대적인 조건에 의해서 발생되고 존재하기 때문에 자기 자체가 스스로 발생하고 스스로 존재하는 힘이 없다.[101] 셋째, 진실된 실제의 모습은 분별계산하고 집착하는 마음이 사라짐으로써 인식의 주체와 대상 자체가 없어진 상태다.[102]

24송에서는 어떤 정신현상이나 물질현상도 자기만이 가지고 있는 고유하고 유일한 속성이 없다는 사실을 세 가지 이유를 들어서 밝히고 있다.

첫째, 정신적으로 형성된 것들, 이를테면 선·악·정의·사랑·믿음·신·깨달음·보살·부처 등 수많은 관념·개념·사상들은 마음이 생각으로 지어내서 이름을 붙인 것이고 순전히 가공적인 구성이기 때문에 자신만의 고유한 속성이 없다는 것이다. 스디라마티[103]는 이들의 본질을 둥근 사각형이나 석녀의 아

---

99) 상무자성(相無自性), naturelessness of characteristics; 허공의 꽃처럼 생각과 마음으로 만들어 낸 것에는 그 모양이 실제로 있는 것이 아니다. 그러므로 집착하면 고통이 따른다.
100) 인연화합에 의한 생을 말한다.
101) 생무자성(生無自性), naturelessness of production; 과거의 업종자와 현재의 여러 가지 조건에 의해 이루어졌으므로 스스로 독립적으로 존재하지 못한다. 무아다.
102) 승의무자성(勝義無自性), naturelessness of the ultimate truth; 최고의 진리에는 인식의 주체와 대상을 분별할 만한 특징이 없다. 무상이다.
103) Sthiramati(510~570년경); 남인도 출신의 학자. 한역에서는 안혜(安慧)라 부른다.

들과 같은 심리언어적인 망상이라고 했다. 이를테면, 토끼의 뿔이나 거북이 털처럼 이름을 붙이고 개념화할 수는 있지만 실제로 존재하는 존재론적인 실존이 아니라 인식론적이고 심리학적인 존재라는 것이다. 그래서 구체적인 모양, 실제의 모양이 없다.

둘째, 일체의 물질적 현상과 정신적 현상은 반드시 상대적인 존재나 개념을 통해서만 그 의미를 규정할 수 있기 때문에 스스로 독립적으로 존재하지 못한다. 상대적 현상은 모두 조건에 의지해서 발생하고 존재한다. 예를 들어서 선은 반드시 악이라고 하는 상대적인 개념을 통해서만 의미규정이 가능하고 동쪽은 서쪽이라는 방향을 의지해서 그 개념이 정의될 수 있다. 그러나 동과 서의 구분은 우리가 인위적으로 정한 것이지 정말로 방향 자체가 존재하는 것은 아니다. 그러므로 자기만의 고유한 성질이 없다.

셋째, 원만하고 완전하게 이루어진 실제 본질은 정의 자체가 자기 본질이 없다. 왜냐하면 완전한 실제 성질의 목적이 상대적으로 발생하는 성질로부터 생각하고 계산하는 잘못된 성질을 제거하는 것이기 때문이다. 결국 궁극적으로는 모든 것이 다 고유한 본질적 성질이 없다. 원인과 조건의 화합으로 이루어진 상대의존적 성질은 계산되고 집착하는 성질에 감염되어 있다. 그렇게 감염된 것이 오염된 상대의존적 성질이다. 완전하게 수립된 실제 성질은 바로 상대 의존적 성질에 있는 일체의 계산과 집착의 오염을 씻어내는 해독제로 작용한다. 그 결과 오염된 상대의존적 성질은 정화된 상대의존적 성질로 바뀐다. 이것이 깨달음이다.[104] 이것이 깨달음이고 바로 변화에 대한 깨달음이다.

우리는 어떻게 같은가?

우리는 누구나 '나'라고 하는 존재가 너무나 특별하고 유일하다. 그래서 누구든지 그 나를 내세우고 싶고 조금이라도 더 드러나게 하고 싶어한다. 어떤 사람들은 그런 자기가 관심의 초점이 되지 못하는 것을 견디기 힘들어 하고 자기보다 더 관심을 받는 사람이 있으면 이유를 막론하고 질투하고 분노한다. 때로는 나보다 더 잘사는 사람들이나 잘난 부모 만나서 많이 배우고 누리고 사는 사람들을 보면서 그렇지 못한 자신의 조건을 한탄한다.

우리는 분명 본질적으로 동일하다. 그렇기 때문에 굳이 남과 비교해서 더 잘났다든지 못났다든지 하는 차이를 인정받거나 주장할 필요가 없다. 실제로 세상의 누구도 마음속 깊숙한 곳에서는 내가 다른 누구보다 못났거나 덜 똑똑하다는 사실을 진정으로 인정하지는 못한다. 그럼에도 불구하고 현실적인 조건이 남보다 못 살거나 덜 배워서 주눅들고 자존심 상하고 콤플렉스에 시달리게 된다.

무엇 때문인가? 어떤 사람은 특별하게 잘 살고 어떤 사람은 못사는 이유는 무엇인가? 그것은 인연 때문이다. 누군가 나보다 더 인정받거나 관심을 받는 것은 그럴 만한 원인과 조건이 있기 때문이다. 골프의 황제로 젊은 나이에 부와 명성을 한꺼번에 얻은 타이거 우즈가 50년 전에 태어났다고 생각해보자. 그는 그냥 이름 없는 흑인 총각에 불과했을 것이다. 그 때만 해

---

104) 중국불교(법상종)에서는 훗날 완전하게 이루어진 실제 성질을 오염된 상대의존적 성질로부터 계산되고 집착하는 성질을 제거한 순수한 상대의존적 성질로 보지 않았다. 계산·집착하는 성질과 상대의존적 성질로부터 분리시켜서 초월적인 실제 즉, 진여로 확대시켰다.

도 흑인 출신이 골프계에 나아가는 기회는 전무했던 시대다. 타이거 우즈가 골프에 소질이 있었던 원인과 흑백의 인종차별이 거의 사라진 시대조건과 그외 수많은 부수적인 조건들이 함께 상호작용하면서 나타난 결과인 것이다. 잘나고 못나고의 차이는 마치 똑 같은 바닷물이지만 바람과 기압, 온도 등의 인연으로 인해서 발생하는 파도의 크고 작음과도 같은 것이다.

설사 인연이 그렇다 해도 우리 가운데 어떤 사람은 여전히 납득하지 못하고 분노하는 사람들이 있다. 즉 아무개는 정말로, 그 어느 누가 객관적으로 살펴봐도 인정받고 잘 살아야 할 만한 원인이 없는데 왜 나보다 잘 사는가? 더구나 정직하지 않고 위선적인데… 하는 마음을 떨쳐버리지 못하는 사람들이 있다. 그건 두 가지다. 첫째는 나 자신이 상황과 조건에 맞게 마음을 제대로 사용할 줄 모르는 무지 때문이고 둘째는 나와 똑같이 무지한 사람들의 행위가 한데 모여서 만들어낸 현실사회의 불공평함이고 모순이다. 그렇기 때문에 불평등의 모순을 해결하는 가장 본질적인 방법은 역시 나와 우리들의 무지를 해결하는 일이다.

24송은 인간관계에서 오는 갈등과 대립, 국가간의 전쟁, 종교분쟁 등의 갖가지 인간 문제들의 근본 원인을 설명하고 그 해결을 제시하고 있다. 불교수행의 궁극적 목적 가운데 하나는 고통을 여의고 기쁨을 얻는 것이다. 유식의 가르침 또한 그러한 목적에서 우리 인간이 고통하는 모든 마음의 문제와 원인을 제시하고 근본적 해결을 시도하고 있다.

여기서는 우리가 안고 있는 문제들 가운데 관념과 편견에서 오는 문제들, 이념의 차이, 종교와 믿음의 차이 등에서 빚어지는 갈등과 대립의 어리석음을 지적하고 있다. 이를테면 사람들은 사랑 때문에 싸우고 종교 때문에 싸운다. 사랑은 이름이 사랑이지 우리가 만들어 낸 개념에 불과한 것이기 때문에 그 사람의 인격에 따라서 그 의미는 천차만별이다. 그래서 이름만 같을 뿐 서로 다른 의미의 사랑을 하고 종국에는 미움과 분노로 또는 아픔과 상처로 끝이 난다. 사랑이 아름답게 성장하기 위해서는 사랑은 오직 우리가 만들어 낸 언어이고 개념이라는 사실을 제일 먼저 알아야 한다. 또한 사랑은 우리들 각자 마음 속에서 존재할 뿐 마음을 떠나서는 어디에도 존재하지 않기 때문에 매우 상대적이다. 그래서 사랑은 사랑을 하는 나와 너의 관계 속에서 매우 역동적으로 변화하기 때문에 사랑 때문에 살인을 하기도 하고 사랑 때문에 대신 죽어주기도 한다.

종교적 대립이나 갈등도 마찬가지다. 신은 이름이 신이고 부처는 이름이 부처일 뿐이다. 부처 또는 신이라는 이름 속에 우리는 각자의 인격만큼 다양한 의미를 부여하고 서로 갈등한다. 내가 열심히 하느님을 믿던 대학시절에 한강변에 있는 순교지인 절두산[105]을 다녀온 일이 있었다. 당시 너무나 신앙심이 투철했던 나는 '과연 칼 앞에서 하느님을 믿는다고 나도 선언할 수 있을까?' 라고 스스로에게 물었는데 선뜻 그렇다는 대답이 나오지 않았다. 그날 밤 꿈 속에서 포도청에 끌려갔는데 많은 사람들을 일렬로 세워놓고 누구든지 신을 믿는다고 하면 그 무시무시한 칼로 죽임을 당하는 그런 상황이었다. 나는 도저히 나설 용기가 없어서 그냥 다른 사람들과 마찬가지로 침묵했다. 꿈에서 깨어난 뒤 거의 열흘 가까이 비겁하고 나약한 자신의

---

105) 절두산은 조선조 말엽 조상제사를 거부하고 우리 민족의 고유신앙을 미신이라 배척했던 천주교인들의 목을 잘라서 한강에 던졌던 처형장소로 천주교 성지 가운데 하나다.

모습과 죄책감에 시달렸다. 솔직히 죽는 것이 두렵기보다는 칼로 목을 베이는 그 과정과 고통이 싫었던 것이다. 가끔 TV 사극에서 사람을 사형시킬 때 보여주는 그 넓적하고 큰 칼과 너무나 무지막지하게 보이는 사람 등 그 상황 자체가 끔찍해서 싫었던 것이다. 그러던 어느날 다시 꿈을 꾸었는데 이번에는 칼이 아니고 총으로 위협하는 상황이었다. 순간 용기를 내어 주먹을 치켜 올리면서 '나는 신을 믿는다'고 외치는 소리에 놀라 꿈에서 깨어났다. 그리고 칼이 아니라 총으로 위협하는 꿈이라서 얼마나 다행이었는지 모른다.

 그 후 약간의 세월이 흘러 불법과 인연을 맺게 되었다. 우연히 접하게 된 금강경에 "보살은 보살이 아니라 이름이 보살일 뿐이고 부처는 부처가 아니라 이름이 부처일 뿐이다."라는 대목을 읽게 되었다. 그렇다. 우리는 무수한 사물에 이름을 붙이고 그 이름에 집착한다. 또 우리는 무수한 관념을 만들어 내고 그 관념에 집착한다. 이제 누가 내게 칼이 아니라 조그마한 바늘 하나를 들고 와서 부처를 믿느냐고 위협하면 일초의 망설임도 없이 부처를 믿지 않는다고 대답할 것이다. 어차피 그가 말하는 부처는 나의 부처도 아닐 뿐더러 내가 믿든 믿지 않든 실제 부처와는 아무런 상관도 없기 때문이다. 마찬가지로 누가 나에게 신을 믿으라고 위협하면 일초의 망설임도 없이 신을 믿는다고 할 것이다. 어차피 이름이 신이지 신은 신이 아니기 때문이다.

송 25

   🌸 모든 존재가 가지고 있는 절대적 본질은 있는 그대로의 모습, 실상이다. 실상은 항상 변하지 않고 있는 그대로의 모습으로 머무르기 때문에 있는 그대로의 모습[106] 그 자체가 '오직 마음뿐이다' 는 말의 진정한 의미다.

   25송에서는 현상의 진짜 있는 그대로의 모습은 인식의 주체나 대상으로 구별되는 특징이 없다. 다시 말하자면 가장 궁극적인 최고의 진리[107]는 어떤 정신적인 작용이나 생각을 보태지 않는 '있는 그대로의 모습' '실제의 모습 그대로' 라는 것이다. 우리의 관념이나 생각에 의해 포착되어 지는 것은 이미 주객의 이원화가 일어나기 때문에 진실과는 거리가 먼 것이다. 절대진리는 인식되어지는 것이 아니라 인식이나 사고과정이 작용하기 이전의 순수직관에 의해서만 가능하다. 모든 현상들이 가지고 있는 진정한 모습은 어떤 인위적인 의미나 관념이 투사되지 않는 순수 그대로의 모습이다. 그리고 그러한 순수의 모습은 변하는 것도 아니고 그 어떤 것과도 차별되지 않고 절대평등하다. 이것이 바로 유식이 말하고자 하는 현상의 참모습이다.
   다시 말하자면 '오직 마음 뿐이다' 는 말의 진정한 의미는 첫째, 나와 너를 갈라놓고 '나' 에 집착해서 내가 더 잘났다고 우

---

106) 원성실성.

쭐하거나 더 못났다고 자존심 상해 하는 것이 모두 어리석은 마음의 작용에서 비롯된다는 것이다. 둘째, 우리의 진실된 모습, 모든 삼라만상의 본질적인 모습은 어떤 고유함이나 유일함이 없고 모두가 동일하다는 것이다. 오직 드러나는 모양의 차이일 뿐이라는 것이다. 이를테면 '나'는 절대적 존재가 아니라 '너'의 상대적 존재이며 영원한 존재가 아니라 순간순간에 일어나는 생각의 연속체이며 독립적이고 스스로 존재하는 것이 아니라 '너'를 의존해서 너와 함께 머무르는 존재라는 의미다.

깨달은 사람들, 깨닫지 못한 사람들

20송에서 22송까지는 이 세상에 존재하는 모든 현상과 사물

---

107) 진리에는 4가지가 있다: 1. 세속적인 진리, A.오온(五蘊), panca-skandha(산), panca-khanda(팔), Five Aggregates: 자아를 구성하는 다섯 가지 요소들: (1) 색(色), rūpa, form (2) 수(受), vedanā, feeling or sensation (3) 상(想), samjñā, perception (4) 행(行), samskāra, mental formation (5) 식(識), vijñāna, consciousness. B.12처(十二處), Twelve sense bases; 다섯 가지 감각기관과 그에 해당하는 감각대상들, 그리고 의식과 의식의 대상을 합해서 열두 가지다. 5가지 감각-안이비설신(眼耳鼻舌身), eye, ear, nose, tongue, body. 감각대상- 색성향미촉(色聲香味觸), form, sound, odor, taste, bodily sensation. 의식(意識)- consciousness. 의식의 대상-현상(現相), phenomena. C.18계(十八界), the eighteen realms of senses; 십이처에 오감각식과 의식을 더한 것이다. 오감각식(前五識)-안식, 이식, 비식, 설식, 신식, eye consciousness, ear consciousness… 의식(意識)-mind consciousness. 2. 도(道)의 진리, 사성제(四聖諦), Four Noble Truths; 붓다가 다섯 명의 제자들에게 설법한 최초의 가르침: (1)고(苦), dukkha, suffering; 깨닫지 못한 일체 중생들의 삶은 고통이다. (2)집(集), samudāya, the origin of suffering; 고통에는 반드시 이유가 있다. (3)멸(滅), nirodha, the cessation of suffering; 고통의 이유를 제거하면 고통은 자연히 사라진다. (4)도(道), mārga, the path that leads to the cessation of suffering;고통을 제거하는 길. 3. 깨달음의 진리, 공(空), sūnyatā(산), sunnatā(팔), emptiness: (1)아공(我空), emptiness of self;인식의 주체인 '나'가 자성이 없음. (2)법공(法空), emptiness of things; 인식의 대상인 일체 외부대상이 자성이 없음. 4. 최상의 뛰어난 진리- 진여(眞如), bhūtatathatā(산), True Thusness or suchness; 최고의 실제 또는 참다운 우주법계의 있는 그대로의 실상. 나와 더불어 우주가 하나인 진리를 깨닫는 것.

들, 그리고 실제로 존재하지는 않지만 이름을 가지고 있는 인식·사상·관념·개념 등의 본질 또는 성품을 세 종류로 설명하고 있다. 첫째, 마음으로 계산하고 생각해서 만들어 진 것들, 둘째, 상대적으로 이루어 진 것들, 셋째, 절대적이고 진실된 것들이다. 마음이 계산하고 생각해서 만들어 진 것들은 인식·사상·관념·개념 등이다. 이를테면 천사, 악마, 신, 부처, 극락, 지옥 등이다. 상대적으로 이루어 진 것들의 예는 선악(善惡), 장단(長短), 고저(高底), 동서, 남북, 미추(美醜) 등이다. 절대적이고 진실된 것들은 있는 그대로의 모습이다.

있는 그대로의 모습에는 두 가지가 있다. 하나는 생각으로만 존재하는 사상·관념·신념·개념 등과 관련된 진실된 모습이고 다른 하나는 실제로 공간을 차지하고 존재하는 사물과 관련된 진실된 모습이다. 첫째, 사상·관념·신념·개념에 해당하는 것들은 모두 상대적이고 생각이 지어낸 것이기 때문에 마음 속에서만 존재하고 마음 바깥에는 존재하지 않는 허상이 바로 진실된 모습이라는 것이다. 둘째, 외부세계에 실제로 존재하는 사물들은 우리의 사상·관념·신념·개념 등에 비추어서 상대적으로 받아들인 모습이라는 사실을 아는 것이다. 그래서 생각하고 계산해서 집착하는 마음을 버리고 순수직관에 의해서 보여지는 모습이 바로 외계사물의 진실된 실상의 모습이라는 것이다.

그런데 20송에서부터 25송까지 설명하고 있는 정신적 물질적 현상들의 진정한 모습을 깨달은 사람들과 깨닫지 못한 사람들 사이에는 현실적으로 어떠한 차이가 있는가? 쉽게 말하면 20송에서 25송의 내용을 이해한 사람들은 모든 정신적 개념과 물질적 존재에 대한 상대성을 이해한 사람들이다. 또한 상대성을 이해한 사람들은 절대성에 얽매이지 않게 되는 것이다. 다시 말해서 어떠한 사상·관념·개념이 절대적 의미를 갖는 것이 아니라 상대적 의미를 갖게 된다는 말이다. 이를테면 선악이라는 것이 절대적으로 존재하는 것이 아니라 우리의 마음이 생각하고 계산해서 만들어 낸 것임을 알게 된다. 또 나의 적이 다른 사람들에게는 우방이 될 수 있다는 사실을 알게 되는 것이다.

상대성의 의미를 이해한 사람들은 절대성을 믿고 집착해서 극단적이 되는 위험성을 피하게 한다. 왜냐하면 상대적이라는 말 속에는 양편 모두를 동등하게 고려하는 의미가 들어 있기 때문이다. 그런데 절대적이라는 말 속에는 어느 한쪽에 치우쳐서 나머지 한 쪽을 거부하고 있다는 말과 같다. 상대성은 조화와 균형을 도모하지만 절대성은 갈등과 투쟁을 자극한다. 상대성은 언제나 '나'와 '너'의 동등함과 평등을 인정하지만 절대성은 '너'를 인정하지 않는다. 그래서 항상 '나', '나의 것', '나의 생각', '나의 믿음'만이 유일하고 절대적이고 우월하다고 굳게 집착한다. 상대성은 '나'와 '너'의 공통점과 차이점을 동시에 인정하지만 절대성은 오직 차이점만을 주장하고 내세운다.

이름이 다르고 모양이 다르다는 이유로 좋아하고 싫어하는 개인적인 취향은 이해 받을 수 있지만 무시하고 존중하지 않는 것은 어리석음 때문이다. 이름이 다른 것은 우리가 다른 이름을 붙였기 때문이다. 뜻이 다른 것은 우리가 뜻이 다른 의미를 부여했기 때문이다. 모양이 다른 것은 개성의 차이고 드러난 모습의 차이일 뿐 본질적 차이가 아니다. 동일한 종자도 토양의 조건과 기후에 따라서 달라지듯이 모양의 차이는 인연 화합의 결과다. 세상의 그 무엇이든 일단 우리의 마음이라고 하는 그릇, 프리즘에 담고 나면 마음의 성질 따라서 변질되고 굴절되기 때문에 진실된 모습을 알 수가 없다. 그래서 부처의 눈에는 부처만 보이고 돼지의 눈에는 돼지만 보인다고 말하는 것이다. 진실된 모습, 있는 그대로의 모습[108]은 결코 비교되거나 분석되어지고 판단, 추론, 상상 등 그 어떠한 정신작용[109]도 개입되지 않아야 한다. 그럴 때만이 우리는 안에서 일어나는 갖가지 개념과 관념에 흔들리지 않고 밖에서 일어나는 외부대상에 동요되지 않게 된다.

상대성을 이해하고 깨달은 사람들은 '나'만큼이나 '너'를 존중하고 평등하게 대할 줄을 안다. 왜냐하면 진정으로 상대성을 이해한 사람들은 자신의 잣대로 평가하거나 판단하지 않기 때문이다. 그들은 계산하고 집착하는 생각식의 작용을 버린 사람들이다. 그러므로 그들은 자신의 관념·사상·믿음만을 절대라고 우기거나 고유하고 유일하다고 집착하지 않는다. 그래서 '너'의 생각, 믿음, 느낌을 '나'의 생각, 믿음, 느낌과 똑같이 존중한다. 그것이 우리가 서로 갈등하지 않고 더불어 살아갈 수 있는 올바른 길이다. 상대성, 그것이야말로 바로 우리가 절대성이라고 우길 수 있는 유일한 절대성인 것이다. 이것이 바로 22송에서 상대성과 진실성은 서로 같은 것도 아니고 다른 것도 아니라는 가르침의 진정한 의미다. 또한 상대성을 보지 않고는 결코 절대성을 보지 못한다는 말의 참 뜻이다.

---

108) 원성실성
109) 변계소집성

송 26

🌸 나와 너의 분별은 단순한 마음의 표상이고 이미지라는 사실을 깨닫고 그 깨달음에 머무르기를 추구하지 않으면 나와 너, 나와 대상에 대한 집착에서 벗어나지 못한다.

지금까지 나와 대상간의 분별은 마음의 표상이고 이미지일 뿐 실제의 모습은 아니라고 말해왔다. 그런데 우리가 그것을 실제의 모습이라고 착각하고 집착하기 때문에 고통하고 생사를 윤회한다고 했다. 그렇다면 이제 우리는 구체적으로 어떻게 마음의 현상과 작용을 깨달아 갈 수 있으며 해탈에 이를 수 있는가 하는 보다 현실적인 문제가 남는다. 26송에서 30송까지는 마음의 수행을 5단계[110]로 나누어서 설명하고 있다.

제 1단계는 지금까지 설명한 유식의 내용을 깊이 새기고 믿고 이해했기 때문에 깨닫고 이해한 사실대로 살기 위해서 노력하는 단계다.[111] 즉, 1단계에서는 '나'와 '너'가 서로 짝으로 존재하고 상대적이며 의존적이라는 진리를 머리로 깨달은 상태

---

110) 오위(五位), Pañcha-avastha(mārga), Five Paths: 1. 자량위(資量位), sambhāra-avastha, Path of accumulation; 깨달음을 실제로 체험하기 위하여 수행에 필요한 복덕과 지혜를 쌓는 단계. 2. 가행위(加行位), prayoga-avastha, Path of preparation; 앞에서 쌓은 복덕과 지혜를 통해서 본격적으로 노력하는 단계. 3. 통달위(通達位)-prativedha(darshana)-avastha, Path of seeing (vision); 진리를 보는 단계. 4. 수습위(修習位)-bhāvanā-avastha, Path of development (meditation); 앞에서 본 진리를 발달시키는 단계. 5. 구경위(究竟位)-ashaiksha-avastha, Path of no-more-learning; 진리를 성취한 단계.
111) 자량위다.

다. 머리로 깨달았다는 말은 의식수준에서 이해했다는 의미다. 그래서 의식수준에서 부지런히 노력하는 단계다. 의식수준에서 이해하고 깨달은 진리를 생각식의 수준에서 실제로 경험하고 체험하기 위해서 필요한 복과 지혜를 쌓는 단계다.

이 단계에서는 또한 중생의 이익을 위하여 해탈을 구하고자 하는 단계다. 왜냐하면 이제 세상에는 '나' 아닌 것이 없고 모두가 또 다른 '나'라는 사실을 이해했기 때문에 중생의 이익과 해탈을 구하는 것이 바로 '나'의 이익과 해탈을 구한다는 진리를 알고 있다. 그래서 깨달음을 위해서 필요한 복과 지혜를 쌓는 과정에는 '나'를 위한 것과 '너'를 위한 것 둘 다를 준비한다. 이를테면 '나'를 위해서는 육바라밀[112]과 삼십칠조도법[113]의 수행을 통해서 지혜를 쌓는다. 또 '너'를 이롭게 하기 위해서는

---

112) 육바라밀(六波羅蜜), the Six Pāramitās(Perfections): 1. 보시(布施), dāna, giving (generosity, offering); 물질적 정신적 이익을 준다. 2. 지계(持戒), shīla, morality; 일체 중생의 해방을 위하여 필요한 절제와 도덕적 행위. 3. 인욕(忍辱), kshānti, forbearance; 모든 문제는 그 원인이 있다는 통찰로부터 일어나는 인내. 4. 정진(精進), pervīrya, effort; 변하지 않는 확고한 노력. 5. 선정(禪定), dhyāna, meditation; 번뇌망상을 자르고 나와 너가 분리된 존재가 아님을 명상. 6. 지혜(智慧), prajña, wisdom; 나와 너가 하나임을 깨달음.
113) 삼십칠조도법(三十七助道法), bodhipākshika-dharma(산), bodhipākkhiya-dhamma(팔), thirty-seven prerequisites for the attainment of enlightenment: 1. 사념처(四念處), the four foundations of mindfulness; 몸·느낌·마음·외계현상의 4가지 대상에 대한 관찰; 2. 사정근(四定勤), the four perfect efforts; 현재의 불선근을 제거하고 미래의 불선근을 막는 것이 목적이다. 이미 생겨난 악은 버리고 아직 생겨나지 않은 악은 일어나지 않도록 한다. 반면에 이미 생겨난 선은 더욱 자라도록 노력하고 아직 생겨나지 않은 선은 생기도록 부지런히 노력한다. 3. 사여의족(四如意足), the four bases of magical abilities; 분발·노력·마음집중·사유의 네 가지 신비력의 바탕; 4. 오근(五根), the five roots; 오력과 동의어; 5. 오력(五力), the five powers; 믿음·노력·정념·삼매·지혜의 5가지 힘; 6. 칠각분(七覺分), the seven factors of enlightenment; 생각·조사·노력·진리를 기뻐함·번뇌의 극복을 통한 고요함·차별없는 평등함; 7. 팔정도(八正道), the eightfold path; 바르게 보고, 생각하고, 말하고, 행동하고, 직업을 갖고, 노력하고, 명상하고, 삼매에 드는 것.

사섭법[114]과 사무량심[115] 등의 수행을 통해서 복덕을 쌓는다.

이 단계에 있는 보살의 특징은 수행하고자 하는 깊은 열망으로 수행에 필요한 모든 준비를 쌓고 수행에 방해가 되는 것은 일체를 버린다. 이를테면 수행에 방해가 되는 악우(惡友)를 멀리하고 수행을 이롭게 하는 선우(善友)를 불보살과 스승으로 섬긴다. 또한 해로운 인연을 만나도 현혹되거나 영향받지 않고 굳건하게 나아간다. 분별에 의한 두 가지 장애, 즉 자아에 대한 집착과 그로 인한 번뇌와 그릇된 견해, 의심, 거만, 탐욕, 분노, 어리석음의 장애를 제대로 제거하지 못했기 때문에 시작단계에서는 일단 복을 쌓고 지혜를 쌓는 수행으로 정진한다.

희생과 자비

우리는 종종 희생과 사랑의 감정을 혼동한다. 다시 말해서 사랑하는 사람들을 위해서 희생하는 것은 아름다운 일이라고 생각하는 사람들이 있다. 그러나 진정한 사랑은 희생이 아니다. 어떤 경우에도 희생은 진정한 사랑을 위한 올바른 행위가 아니

---

[114] 사섭법(四攝法)- four all-embracing virtues; 보살이 중생들을 가르침으로 이끌기 위하여 취하는 4가지 방법:(1)보시(布施), dāna, generosity; 중생이 진리를 좋아하고 받아들일 수 있도록 인도하기 위해서 중생이 좋아하는 것을 준다. (2)사랑스러운 말씨(愛語). Priyavacana, kind words; (1)과 같은 목적. (3)이익되는 행위(利行), arthakŕtya, beneficial actions to others; (1)과 같은 목적. (4)함께 협동하는 것(同事), samānārthatā, cooperation with and adaptation of oneself to others, to lead them into the truth; (1)과 같은 목적.

[115] 사무량심(四無量心), rahma-vihārās(산, 팔), the four immeasurable mind: (1)모든 이를 향한 자애로움(慈), maitrī(산), metta(팔), loving-kindness; 일체 중생의 복지와 행복을 원함. (2)연민(悲), karunā(산), karuṇā(팔), compassion; 고통을 완화시키고 가볍게 덜어주려는 의지와 능력. (3)기쁨(喜), muditā(산, 팔), sympathetic or altruistic joy; 상대방이나 자신의 행복을 보면서 기뻐함. (4)차별 없는 평등심(捨), upekshā(산), upekkhā(팔), equanimity/even-mindedness.

다. 이를테면 부모가 자식을 위해서 희생하는 것은 당연한 일이라고 생각한다. 그러나 그것은 옳은 표현이 아니다. 부모가 자식을 사랑하는 것이 당연하지 부모가 자식을 위해서 희생하는 것은 당연하지 않다. 누가 누구를 위해서 희생할 수는 없다. 왜냐하면 세상에서 무엇보다도 존귀하고 소중한 것이 바로 우리 자신이기 때문이다. 사랑하면 그냥 사랑할 일이지 사랑하기 때문에 희생한다는 말은 모순이다. 사랑과 희생은 양립할 수 없다. 희생은 괴로움이고 사랑은 기쁨이기 때문이다. 그런데 왜 우리는 사랑하면 괴로운가? 그것은 그냥 사랑을 하는 것이 아니라 집착하고 기대하고 요구하기 때문이다. 그래서 또 어떤 사람은 사랑하기가 너무 괴로우니까 차라리 사랑을 잊고 사랑하지 않기 위해서 노력한다.

　부처님은 집착을 버리라고 했지 사랑을 버리라고 하지는 않으셨다. 음식의 영양소가 우리들의 몸과 건강을 유지하고 성장시키는 바탕이라면 사랑은 우리들의 정신과 마음을 건강하게 유지하고 성장시키는 바탕이다. 다만 어리석은 사람이 사랑을 하면 그 사랑은 때로 이기적이고 요구적이고 무지할 수 있다. 그러나 지혜로운 사람이 사랑을 하면 그 사랑은 바로 자애로움과 연민이 된다. 누가 사랑과 자비의 차이점을 묻는다면 사랑에 지혜가 보태어진 것이 자비라고 말하고 싶다. 즉 자비는 사랑하는 대상을 향한 끊임없는 관심과 애정이 삶과 존재에 대한 깊은 이해를 바탕으로 출발한다. 자비는 너와 내가 둘이 아니라 결국은 우리 모두가 하나이기 때문에 너를 사랑하는 것이 곧 나를 사랑하는 것이라는 통찰에서 비롯되므로 너를 사랑하는 것이 곧 나를 사랑하는 것이다. 따라서 올바른 사랑은 희생이 될 수 없다. 자비는 또한 특정한 대상에 한정된 감정이 아니다. 태양이 온 산과 대지를 고루 비추듯이 자비는 모든 인연들을 향해 차별없이 베풀어지는 감정이다.

그래서 마음 수행의 출발은 마음의 작용, 즉 앎의 본질을 먼저 지적으로 이해하고 나서 그것이 몸으로 직접 체험되도록 하기 위하여 육바라밀, 삼십칠조도법, 사섭법, 사무량심 등의 실천적 항목들을 훈련해 가는 것이다. 이들은 자신을 위한 수행법과 남을 위한 수행법으로 구성되어 있다. 그러한 수행법을 실천하는 과정에서 우리는 나를 위하는 것이 어떻게 너를 위하는 것이고 너를 위하는 것이 어떻게 나를 위하는 것이 되는지 실제 삶을 통해서 몸으로 체험해 가게 된다. 그러한 체험이 점차 깊어지면 종국에는 머리로 이해했던, 나와 너가 하나라는 진리를 가슴으로, 온 몸으로 알게 되는 것이다.

송 27

🪷 자기 앞에 나타나는 인식대상을 보고 그것이 마음의 단순한 표상이고 이미지라고 말하는 것은 체험이 아니라 이론적인 지각이기 때문에 진실로 마음의 심상을 깨달아서 안주하는 것이 아니다.[116]

현상을 나와 너, 또는 나와 대상으로 분별해서 받아들이는 정신적 습관을 자각하고 그러한 습관을 제거하는 훈련을 닦아 나가는 단계다. 앞의 1단계에서 복덕과 지혜로써 잘 정비했다면 이 단계에서는 사선정[117]을 닦아 나와 너, 나와 대상으로 분별하는 습관적 에너지를 제거함으로써 분별에 대한 집착을 내려놓기 위해서 한층 더 노력하는 단계다. 다시 말해서 1단계에서 의식의 수준에서 주객의 분별을 제거하기 위해서 노력했다면 2단계에서는 생각식의 수준에서 주객의 분별을 제거하기 위해서 노력한다.

27송은 수행자가 주객의 분별을 제거하기 위해서 노력하다

---

116) 다시 말해서 인식의 대상이 아예 지각되지 않아야지 지각되어지는 인식대상을 보고 그것이 진짜가 아니라고 생각하는 것만으로는 주객의 뿌리가 뽑혀지지 않는다는 의미다.
117) 네 가지 선정으로 1. 명득정(明得定, the mindful contemplation of the body); 몸의 자세와 구성요소에 관한 명상. 2. 명증정(明增定, the mindful contemplation of the feelings); 쾌, 불쾌, 중성의 물리적·정신적 느낌을 경험하는 것을 알아차리는 훈련. 3. 인순정(印順定, the mindful contemplation of thought); 생각을 알아차리는 훈련. 4. 무간정(無間定, the mindful contemplation of the elements of reality); 실제의 요소들을 자각하고 이들의 실체가 없음을 명상하는 훈련.

보면 자연히 수행자의 생각식에 인식대상이 나타나기 마련이다. 이 때 수행자가 생각식에서 나타나는 인식대상을 보고 저것은 단순한 이미지이고 심상일 뿐이라고 판단하고 생각하는 것만으로는 인식대상이 아직 제거된 것이 아니라는 말이다. 이를 좀 더 구체적으로 실제 수행과정에서 살펴보자.

우선 이 단계에 있는 수행자는 다음과 같이 4가지 방법[118]으로 알아차리는 훈련을 한다. 첫째, 몸의 움직임과 변화를 자각하기 위해 노력한다. 둘째, 마음에서 일어나는 즐거운 느낌이나 불쾌감, 또는 중성적 느낌을 감지한다. 셋째, 마음에서 일어나는 생각을 알아차리는 훈련을 한다. 넷째, 사물과 현상의 실체성과 본질에 대한 감지능력을 훈련한다. 이 때 몸에 대한 관찰은 오감각식과 관련되고 느낌에 대한 관찰은 의식, 생각에 대한 관찰은 생각식, 그리고 네 번째는 저장식과 관련되어 있다. 그런데 오감각식, 의식, 생각식, 저장식에 떠오르는 인식대상을 바라보고 지켜보는 사선정은 4가지 방법[119]을 통해서 이루어 진다. 그 4가지 방법은 첫째, 각각의 마음의 수준에 떠오르는 대상의 명칭은 단지 인위적으로 붙여진 이름에 불과한 것이라는 사실을 관찰한다. 둘째, 각각의 이름에 붙여진 의미 또한 인위적으로 부여한 것이지 본질적 의미가 아님을 관찰한다. 셋째, 이들의 본질적 속성이 여러 가지 인연화합으로 발생한 것으로서 상대적이고 의존적이며 실체가 없음을 관찰한다. 넷

---

118) 사선정을 말한다
119) 사심사관(四尋伺觀), four inquiries: 사선정법을 통해서 인식대상이 되는 명칭(名, names), 이치(義, meaning), 자성(自性, essences), 차별(差別, differences)을 깊이 관찰하여 이들이 모두 마음의 작용으로 인한 표상과 이미지, 심상이라는 사실을 깨닫는 것이다.

째, 이들이 현상적으로 드러나는 다양한 모양과 그 차별적 모양 이면에 있는 본질적 속성의 동일함을 관찰한다. 한편 이와 같은 4가지 관찰 방법은 다시 4가지 단계[120]를 거치면서 이루어진다. 그 4가지는 한 가지 일에 초점을 맞춘 까닭에 몸 전체가 뜨거워지고, 다른 생각이 일체 사라지고 오직 한 생각에 몰입되며, 몰입된 생각을 지속적으로 인내하고 유지하여, 마침내 마음에 떠오르는 대상을 꿰뚫어 봄으로써 있는 그대로의 모습인 실상을 보게 된다.

그런데 27송에서 의미하는 내용의 핵심은 사선정의 과정에서 마음에 떠오르는 대상을 보고 위에서 설명하고 있는 4가지 관찰법을 통해서 4가지 단계를 거치면서 충분히 깨달았다고 해도 그것이 진짜 깨달은 것은 아니라는 것이다. 왜냐하면 진정한 의미의 깨달음은 인식대상 자체가 완전하게 사라진 상태이기 때문이다. 인식대상이 존재하지 않으면 자연히 인식대상에 대한 표상, 이미지, 심상 또한 존재하지 못한다. 그런데 인식대상이 사라진 것이 아니라 나타난 인식대상을 보고 저것은 표상이고 이미지이며 심상에 불과한 것이지 실제 모습이 아니라고 파악하는 것을 깨달음으로 착각하면 안 된다는 것이다. 설사 일어난 대상에 대한 집착은 없어졌다 하더라도 여전히 인식대상이 있기 때문에 주객의 분별이 있는 것이다.

---

120) 사선근(四善根), nirvedha-bhagiya, four aids to penetration: 난(暖, heat), 정(頂, summits), 인(忍, patience), 세제일법(世第一法, supreme worldly dharmas).

송 28

🪷 어느 땐가 인식대상을 지각하지 못하게 되면 모든 것이 마음의 심상과 표상이라는 깨달음에 머물게 된다. 왜냐하면 파악되어질 인식대상이 없으면 그것을 파악하는 인식의 주체 또한 없기 때문에 주객의 분별이 사라진다.[121]

인식의 대상, 앎의 대상, 경험의 대상이 사라짐으로써 마음에서 일어나는 심상과 표상 또한 사라진 단계다.[122] 처음으로 진리를 비추기 때문에 진리를 보는 단계[123]라 한다. 여기서 본다는 것은 심상이나 표상이 아니라 있는 그대로의 실상을 본다는 것이다. 이것을 인식의 주체와 대상간의 분별이 사라진 무분별지[124]라고 부른다. 또한 일체의 관념과 사상·개념의 프리즘을 제거하고 순수직관에 의해서 보는 것이므로 직지[125]라고 부른다. 그러므로 지금껏 알고 있었던 잘못된 견해와 관념, 편견에 의한 심리적 투사가 사라지고 그에 따른 번뇌와 망상이 끊어지

---

121) 즉 지식의 기초라고 믿어지는 대상의 형태가 단순히 잘못 형성된 정신적 구성이라는 깨달음은 인식의 주체에 대한 믿음 또한 불합리해진다. 그 결과 주객의 분별을 버리고 있는 그대로의 사물을 보게 되는 직관적이고 초세간적인 지혜를 얻게 된다.
122) 통달위(通達位, prativedha-avastha, the state of through understanding)라 한다.
123) 견도(見道, the path of insight/the level of the path of seeing).
124) 무분별지(無分別智), nirvikalpa-jñāna, non-discriminative cognition; 감각대상과 인지주체 사이의 분별이 사라짐.
125) 직지(直知)-jnana, direct, immediate cognition/knowledge; 현장 법사는 jñāna를 prajñā(慧; 지혜로운 분별)와 구분해서 사용했다.

게 된다. 그러므로 이 단계에서는 더 이상 업의 종자가 만들어지지 않는다. 그러나 아직 인식의 주체로서의 '나'는 완전하게 제거되지 않았기 때문에 보여지는 '대상'은 사라졌지만 보는 '나'는 여전히 남아 있다. 그러므로 계속해서 27송에서 닦았던 동일한 수행법으로 닦아간다.

송29

🪷 아는 마음이 없고 아는 대상이 없어서 요모조모로 따져서 알아지는 지식 또한 없을 때가 실로 초세간적인 지혜다. 이는 주객의 분별을 제거함으로써 의식의 대전환을 성취한다.

3단계에서 진리를 보았으므로 4단계에서는 자기가 본 진리를 계속해서 닦고 훈습하는 것이 필요하다. 그래서 십단계[126]의 지위에 오른 보살이 닦는 열 가지 뛰어난 수행[127]을 통해서 인식의 주체, 즉 안에서 일어나는 장애를 끊고 성취하는 단계다. [128] 즉 앞의 3단계에서 보여지는 인식의 대상인 '너'가 완전히

---

126) 십지, dashabhūmis, the ten stages of bodhisattva; 깨달음을 얻기 위해 보살이 거치는 열 가지 단계: (1)환희지(歡喜地), Pramuditā-bhūmi, joyous stage; 인식의 주체와 대상의 공함을 인식하고 자신과 타인에게 이익되는 능력을 처음으로 얻고 크게 기뻐한다. (2)이구지(離垢地), Vimala-bhūmi, immaculate stage; 자신의 계율을 갖추어서 미세한 번뇌의 오염도 제거한다. (3)발광지(發光地), Prabhākarī-bhūmi, luminous stage; 뛰어난 선정과 진리를 성취해서 지혜의 빛을 낸다. (4)염혜지(焰慧地), Archismatī-bhūmi, radiant stage; 삼십칠조도품에 안주하여 번뇌를 태워버리는 지혜의 불꽃이 일어난다. (5)난승지(難勝地), Sudurjayā-bhūmi, hard-to-conquer stage; 분별이 없는 절대적 진리와 분별이 있는 상대적 진리의 갈등을 화합하고 극복한다. (6)현전지(現前地), Abhimukhi-bhūmi, face-to-face stage; 일체 현상의 다양한 특성과 공통된 특성을 알고 존재와 비존재의 분별로부터 자유롭다. 연기의 지혜에 의지하여 공을 이해한다. (7)원행지(遠行地), Duraṅgama-bhūmi, far-going stage; 집착이 없이 머물며 세간과 출세간의 도를 초월한다. (8)부동지(不動地), Achalā-bhūmi, immovable stage; 안에서 일어나는 정신작용과 바깥에서 일어나는 어떠한 모양에도 동요되지 않는다. (9)선혜지(善慧地), Sādhumatī-bhūm, stagely stage; 네 가지 걸림없는 완전한 지혜를 성취하고 진리를 설한다. (10)법운지(法雲地), Dharmamegha-bhūmi, the cloud of Dharma stage; 지혜의 구름이 많은 덕의 물을 함유하고 허공과 같이 일체의 분별을 가리고 우주에 가득하다.

145

사라졌으므로 진정한 진리, 실상, 있는 그대로의 모습을 보게 되었지만 여전히 보는 주체인 '나'가 남아 있기 때문에 그 '나' 마저 사라질 때까지 수행을 계속한다. 생각이 멈추어지고 중생 세계의 지혜를 버리고 세간을 초월한 지혜를 얻게 될 때까지 노력한다. 마침내 자아에 집착하던 번뇌와 탐욕, 분노, 어리석음, 의심, 아만 등의 집착으로 인한 망상이 전환되어 위대한 깨달음을 성취하게 된다.

여기서 '너'가 사라지고 '나'가 사라졌다는 말은 주객의 분별로 인해서 일어났던 마음의 작용 즉 인식 또는 앎의 작용이 모두 직접적인 앎으로 전환되어 졌다는 것을 의미한다. 또 주객으로 분별하여 인식하던 앎(분별지)이 무분별지로 전환되어 졌다는 것을 의미한다. 심리학적으로 말하면 '일체의 과거경험과 기억이 현재의 정보처리에 영향을 미치지 않고 투사작용이 완전히 사라진 상태다. 이 단계에서는 오직 여기 이 순간에 머무를 뿐, 과거에도 미래에도 머물지 않는다. 그러므로 4가지 차원으로 작용했던 마음이 각각 다음과 같이 변환된다[129]. 첫째, 저

---

127) 십바라밀(十波羅蜜), Ten perfections, the ten transcendental practices; (1)보시, Dāna, generosity; 재물을 베풀고 두려움이 없게 하며 법을 설한다. (2)지계, Shīla, precept; 중생해방으로 이끄는데 필요한 계율. (3)인욕, Kshānti, forberance;고통의 원인을 통찰하는 데 필요한 인내. (4)정진, Virya, effort; 확고한 노력. (5)선정, Dhyāna, meditation; 고통을 제거하고 주객의 이원화를 초월하는 명상. (6)지혜, Prajñā, wisdom; 인식의 주체와 객체의 분별이 사라진 지혜. (7)방편(方便), upāya, skill in means; 중생을 깨달음으로 이끌기 위해서 필요한 수단과 방법을 통달. (8)원(願), pranidhāna, vow; 중생을 이익되고 안락하게 하려는 대원력을 세움. (9)역(力), bala, manifestation of the ten powers; 중생제도를 위해서 필요한 힘을 닦음. (10)지(智), jñāna, cognition or knowledge of the true definition of all dharmas; 진리의 즐거움을 수용하는 지혜와 중생을 성장시키는 지혜.
128) 수습위(修習位, bhāvanā-avastha, the state of cultivation)라 한다.

장식은 모든 종자가 소멸되어 한 점의 티끌도 없는 크고 원만한 거울처럼 변한다. 그리하여 시간과 공간을 초월하여 모든 사물을 있는 그대로 비추어 아는 원만한 지혜가 된다. 둘째, 생각식은 자아에 집착하여 일으켰던 모든 차별심을 소멸하고 일체를 평등하게 대하며 대자비심으로 중생을 제도한다. 셋째, 의식은 불가사의한 힘으로 모든 현상과 존재들의 공통점과 차이점을 정확히 꿰뚫고 중생의 근기에 맞추어서 진리를 가르치고 안내한다. 넷째, 오감각식은 몸과 생각과 입을 통해서 다양한 모습으로 변화하여 일체 중생의 이로움과 행복을 위해서 작용한다.

어떤 사람들은 깨닫고 나서도 계속 닦아야 되는지 아니면 일단 깨달았으면 더 이상 닦을 것이 없는지를 논쟁한다. 문제는 깨달았다고 하는 경지가 어느 단계인지가 보다 중요할 것이다. 더욱 중요한 것은 깨달음을 논쟁하는 것이 깨달음에 아무런 도움을 주지 못한다는 사실이다. 물론 깨달음이 단박에 이루어지는지 서서히 이루어지는 지를 논쟁하는 것 또한 실제 깨달음에 도달하는 데는 효과적인 보탬이 되지 않는다. 좀 더 닦을 것이 있는지 아니면 더 이상 닦을 것이 없는지는 4단계 수행이 그 기준을 말해주고 있다. 3단계에서 진리를 보았다는 것은 '나' 가

---

129) 4지(四智, four wisdoms): 1. 대원경지(大圓鏡智, mahā-adarsana-jñāna, the knowledge of the great perfect mirror); 붙잡거나 거부하지 않고 차별없이 비추는 거울처럼 있는 그대로의 사물을 편견없이 지각하는 것. 2. 평등성지(平等性智, samatā-jñāna, the knowledge of essential equality); 일체 현상의 절대적 실제가 공함을 깨닫고 자신과 모든 중생들이 완전하게 동일하다는 사실을 앎. 3. 묘관찰지(妙觀察智, the knowledge of wonderful observation); 일체법의 공통점과 차이점을 알고 상대적 특징을 구별함. 4. 성소작지(成所作智, kṛtya-anusthana-jñāna, the knowledge of achieving the task); 중생들을 이익되게 하고 기쁘게 하고자 하는 열망에서 몸과 입과 마음의 무수한 변형을 온 우주에 드러내고 성취한다.

진짜 '너'를 보았다는 것이고 '나'가 진짜 있는 그대로의 현상, 우주, 세상을 보았다는 의미다. 그러니까 있는 그대로의 너, 있는 그대로의 실상이 바로 '나'이기 때문에 진리를 보는 단계에서는 보는 '나' 밖에 없는 것이다. 그러나 보는 '나'가 남아 있다는 것은 여전히 불완전한 상태이므로 4단계에서는 그 보는 '나' 조차도 사라진 상태에 도달하기 위해서 계속 정진한다.

그러니까 깨닫고 나서도 더 닦아야 되는지 더 이상 닦지 않아도 되는지는 이론적으로 논의되어야 할 대상이 아니라는 말이다. 그것은 오직 깨달음을 구하는 자가 실제로 체험되고 경험되어져야 하는 끊임없는 과정일 뿐이다. 더 닦아야 할 '나'가 여전히 남아 있으면 당연히 더 닦을 것이고 더 닦을 '나' 조차도 사라져 버려서 더 이상 닦을래야 닦을 수가 없으면 그만 닦는 것이 아니라 그냥 그러한 깨달음의 상태에 머물게 될 것이기 때문이다. 더구나 깨달음이 단박에 오는지 서서히 오는지, 번뇌망상이 단번에 끊어지는지 어쩌는지는 그냥 깨달아 보면 자연히 알게 될 문제이지 깨닫기 전에 먼저 알아야만 될 긴박한 이유가 없다. 깨달음은 논의해서 얻을 수 있는 그 무엇이 아니다. 정말로 우리에게 필요한 것은 어떻게 하면 깨달음에 도움이 되고 효과적인지 깨달음을 향한 구체적 방법을 연구하는 것이다.

송 30

🌸 이것이 순수한 실제 세계이며 생각으로 이해될 수 없고 선이고 불변이고 안락이고 고요함이며 깨달은 몸[130]이며 이를 일러 위대한 성인의 진실된 몸[131]이라고 부른다.

앞의 4단계에서는 그와 같은 깨달음을 얻는 과정이므로 완전히 깨달음에 도달된 상태는 아니다. 이제 5단계에서 완전한 깨달음에 이른다. 여기서는 모든 번뇌를 영원히 끊어서 더 이상의 번뇌가 자라지 않으며 완전한 지혜를 얻음으로써 더 이상의 배움이 필요하지 않다. 고통을 알고 그 원인을 완전히 제거했기 때문에 더 이상 해야 할 공부가 없다. 그런데 더 이상 알 것이 없는 그러한 세계는 생각으로 짐작할 수 없는 세계라고 한다. 생각이 끊겨지고 멈추어진 세계이기 때문에 생각으로 알 수 없는 것은 당연하다. 저장식과 생각식의 작용이 제거된 순수직관의 세계이므로 어떠한 왜곡도 착각도 없이 그냥 있는 그

---

130) 해탈신(解脫身), the body of liberation. 해탈, vimukti(산), vimutti(팔), liberation: 번뇌망상을 제거하고 생사윤회로부터 해방하여 열반을 실현하는 것. 해탈의 4가지 특징: 1. 번뇌의 연속체가 완전히 소멸. 2. 진정한 평화, 완전한 고요상태. 3. 완전한 만족. 4. 윤회로부터 완전하게 벗어남.
131) 법신(法身), Dharmakāya, Dharma-body: the source of enlightenment(깨달음의 근원). 삼법신(三法身), the three forms of the Dharma body: 1. 자성신(自性身), Svabhavika-kāya 2. 수용신(受用身), Sambhoga-kāya; 법신에 의지하여 외형적인 물질로 드러나는 몸. 3. 변화신(變化身), Nirmāna-kāya; 중생구제의 과업을 완수하기 위한 지혜의 결과로서 여래가 무량한 변화의 몸으로 나투시고 중생에 따라서 정토와 비정토에 머문다.

대로의 세계라는 의미에서 선(善)의 세계다. 일단 완전하게 깨 달고 나면 불변하므로 영원하고 고통이 없으니 안락하다. 그것 이 바로 깨달음의 몸이고 진리의 몸인 것이다.

누가 도인인가?

어떤 사람들은 수행 자체를 오해한다. 누가 도인이고 깨달은 사람인지에 대해서 착각한다. 예언력과 같은 어떤 신통력을 기 대하거나 아니면 아예 깨달음이 뭔지 그 자체를 혼동한다. 그 럼 어떤 사람이 도인인가? 누가 깨달은 사람인지 어떻게 알아 볼 수 있는가? 유식 30송은 우리가 무엇을 깨달아야 하는지, 그리고 왜 깨달아야만 되는지, 깨달음의 내용과 목적을 분명하 게 밝히고 있다. 나아가서 어떻게 깨닫고 어느 정도 깨달았는 지, 깨달음의 방법과 단계를 너무나 명쾌하게 제시하고 있다.

그러므로 수행하는 사람들이 자신이 어느 정도의 수행단계에 도달했는지를 정확하게 평가하고 알 수 있는 근거를 보여 준 다. 처음 1송에서 25송까지는 깨달음의 내용과 목적을 설명하 고 있다면 26송에서 30송까지는 깨달음에 도달하는 구체적인 방법과 단계를 제시하고 있다. 아울러서 깨달음의 정도를 확인 할 수 있는 단서를 보여주고 있다. 그럼 이제 다시 26송에서 30송까지를 바탕으로 어떤 사람이 도인이고 어떤 사람이 깨달 은 사람인지 생각해 보자.

수행의 1단계를 설명하고 있는 26송에서 보면 '나' 와 '너' 의 분별이 의식수준에서 사라졌다. 그러니까 이 단계에 있는 사람 들은 적어도 의식수준에서는 일체 차별하지 않는다. 그러나 차 별하지 않는 마음의 뿌리는 여전히 무의식의 수준에 남아 있는 단계다. 그래서 차별하는 마음을 뿌리채 뽑기 위해서 지혜를 쌓는 수행으로 사성제와 삼십칠조도법을 닦고 자비를 쌓는 수행으로 사섭법과 사무량심을 실천한다. 지혜를 닦는 사성제와 삼십칠조도법은 인식의 대상과 관계된 것으로서 '너'를 제거하는[132] 밑거름이 된다. 자비를 닦는 사섭법과 사무량심은 인식의 주체인 '나'를 제거하는[133] 밑바탕이 된다.

그렇게 '나'와 '너'를 제거하는 데 필요한 밑거름을 가지고 2단계인 27송에서는 열심히 정진한다. 구체적인 정진 방법으로는 사선정과 사심사관, 그리고 사선근을 통해서 관법수행을 한다. 1단계가 의식에서 이루어지는 작업이라면 2단계는 생각식에서 이루어지는 작업이다. 그런데 생각식은 세세생생 쌓아온 무수한 종자들이 작용하는 저장식을 바탕으로 발생하는 무의식의 과정이기 때문에 수행이 깊어질수록 엄청난 신비력과 기적을 체험하게 된다. 이 때 수행자는 그러한 신비력과 기적을 깨달음의 징표로 착각할 수 있다는 것이다. 그래서 27송은 생각식에서 떠오르는 어떤 모습이나 체험, 또는 능력도 본질적으로 마음이 만들어 내는 인식의 대상임을 명시하고 있다. 생각식의 수준에서는 여전히 주객이 분리되어 차별이 사라지지 않고 있다.

따라서 설사 수행의 과정에서 신통력을 얻었다 해도 그것에 집착하지 않고 열심히 나아가면 3단계에서는 인식의 대상이 사라지게 된다. 이 단계에서 수행자는 비로소 도를 보게 된다. 여기서 수행자는 인식대상의 공성을 성취한다.

---

132) 법공(法空, dharma-nairatmya, dharmic emptiness) 또는 법무아(法無我, the selflessness of phenomena)를 말한다.
133) 아공(我空, self-nairatmya) 또는 인무아(人無我, pudala-nairatmya, the absence of self of the person)를 말한다.

그러나 이 때에도 아직 인식의 주체는 남아 있기 때문에 4단계에서는 인식의 주체마저 사라질 때까지 계속해서 수행해야 된다. 마침내 5단계에 이르러 인식의 주체마저 사라지면 수행자는 드디어 인식주체의 공성을 성취하고 완전한 깨달음에 이르게 된다.

그러면 구체적으로 '나'와 '너'의 분별을 뿌리채 뽑고 깨달음을 성취한 사람은 어떻게 다를까?

한마디로 깨달은 사람은 차별하지 않는다. 깨달은 사람은 '나'와 '너'의 분별이 사라졌기 때문에 '나'가 '너'고 '너'가 '나'다. 우리는 깨달은 사람을 부처라고 부른다. 부처의 마음은 무아(無我)의 마음이다. '나'가 없는 마음은 곧 '너'도 없는 마음이다. 그러므로 '나'와 '너'는 없다. 하나다. 엄밀히 말하자면 하나도 아니다. 하나와 둘을 초월한 그냥 계산하지 않고 생각하지 않는 순수한 직관, 체험이 있을 뿐이다. 마치 한창 신나는 놀이에 빠진 어린아이들의 의식처럼 '나'도 없고 '너'도 없는, 그냥 놀이만 있는 것과도 같을 것이다. 한창 놀이에 빠진 어린아이의 마음속에는 자기도 없고 친구도 없다. 그냥 놀이가 있을 뿐이다. 그것을 능가경에서는 행위자는 없고 행위만 있을 뿐이라고 했다.

마찬가지로 깨달은 도인의 마음 또한 놀이에 깊이 빠진 어린아이 마냥 자기도 없고 대상도 없다. 그렇기 때문에 차별할 그 어떤 주체적 의식도 대상도 없다. 순간에 머물고 순간순간 깨어 있다. 주체의식과 대상의식은 우주의식으로 확대되어 사라진 그 자리는 허공처럼 크고 무한하다.

그럼 도인과 어린아이는 어떻게 다른가? 도인은 '나'와 '너'의 분별지를 거쳐서 '나'와 '너'의 무분별지에 도달한 사람이고 어린아이는 '나'와 '너'의 차별을 인식하지 못하는 무분별의 무지이다. 도인은 '나'가 없기 때문에 '나'를 주장하지 않는다. 그래서 자기 중심적이지 않고 오직 '너' 중심의 삶으로 중생구제에 전념한다. 그러나 '나'와 '너'에 대한 차별심이 없기 때문에 '너'를 위해서 한다는 의식조차 없다. 그래서 머무르는 마음 없이 머무른다. 반면에 아이는 '나'가 없는 것이 아니라 '너'가 없는 상태이기 때문에 모든 것이 자기 중심적이다. 그래서 항상 '나'를 주장한다. 그래서 육신이 성장하고 몸이 늙어가도 마음을 닦지 못한 사람은 순수한 어린아이의 마음이 아니라 상대방의 입장을 배려하지 않고 자기밖에 모르는 무분별의 무지한 어린아이가 된다.

깨달음을 향해서

앞에서도 말했듯이 26송부터 30송까지는 깨달음을 향한 수행의 단계를 설명하고 있다. 여기서는 깨달음의 각 단계에서 일어날 법한 마음의 구조적 변화를 그림으로 한번 도식화해 보았다. 이러한 도식화는 물론 우리들의 이해를 돕고자 하는 마음에서 어디까지나 시험적으로 시도해 본 것에 불과하다.

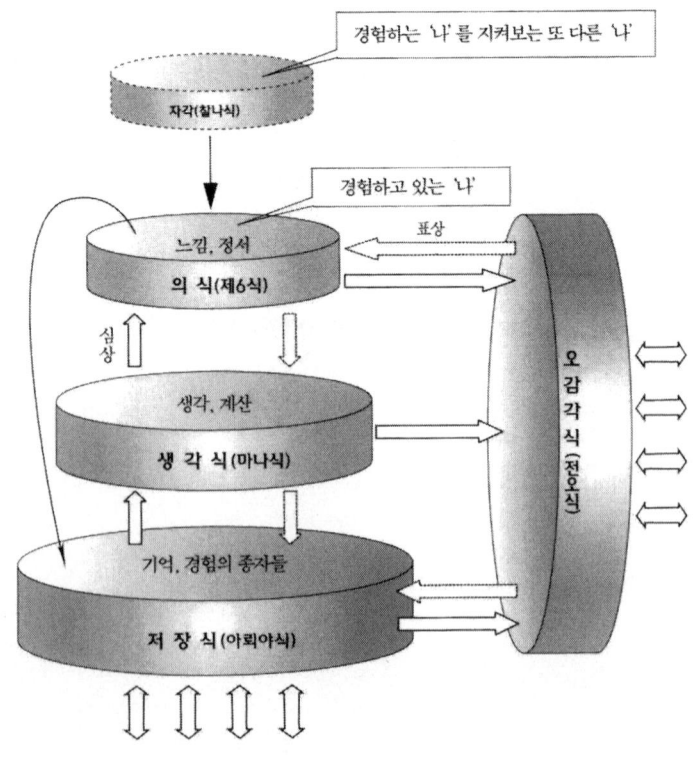

〈마음의 구조 1〉 윤회하는 마음

〈마음의 구조 1〉은 아직 마음의 수행을 시작하지 않은 상태를 묘사하고 있다. 그래서 자각능력은 매우 약하다. 또한 자각능력에서 의식을 향한 점선화살은 의식에서 경험하고 있는 내용을 알아차리는 정도가 매우 미미하다는 사실을 나타내고 있다. 그러므로 이 상태에 있는 사람들의 정신수준은 대개가 환경과 자극에 수동적으로 반응하면서 살아간다. 쉽게 말해서 마음이 슬프면 슬퍼하고 마음이 기쁘면 기뻐하고 마음이 괴로우면 그냥 괴로워할 뿐, 그 원인을 찾아내기보다는 자기 감정에 우왕좌왕 한다. 이들은 깊이 있는 사고과정이 부족하다.

〈마음의 구조 1〉에서 각각의 화살표의 방향은 4종류의 마음이 서로 상호작용하면서 영향을 주고 받는 것을 의미한다. 먼저 저장식은 생각식과 오감각식에 영향을 미친다. 저장식의 영향을 받은 생각식은 의식에 직접적인 영향을 미친다. 생각식은 또한 감각기관과 감각대상이 만나는 방식에도 영향을 미친다. 의식은 저장식의 영향을 받고 발생하는 생각식의 작용인 심상과 저장식과 생각식을 바탕으로 외계대상과 상호작용하는 오감각식의 작용인 표상의 두 가지 작용에 의해서 실상이 아닌 허상을 체험하게 된다. 그리고 심상과 표상의 영향으로 인한 다양한 정서적 반응을 경험하게 된다.

한편 저장식의 영향을 직접·간접으로 받고 발생하는 생각식과 의식, 오감각식의 작용은 다시 저장식의 종자로 되돌아오게 된다. 그런데 이들의 4종류의 마음작용을 설명하는 성유식론에서 생각식은 의식에 영향을 미치지만 오감각식에 직접적인 영향은 미치지 않는다고 되어 있다. 뿐만 아니라 의식은 저장식, 생각식, 오감각식에 영향을 미치지 못하는 것으로 되어 있다.[134] 그런데 나는 앞에서 설명했듯이 이들 4종류의 마음작용

관계를 기존의 설명과는 다르게 해석했다.[135]

〈마음의 구조1〉에서도 보여지듯이 의식은 정말로 우리가 생각했던 것처럼 능동적이거나 주체적이지가 못하다. 의식은 생각식의 작용과 생각식과 저장식의 영향을 받은 오감각식의 작용결과로서 드러나는 매우 수동적인 마음의 느낌과 감정들을 체험하는 장본인에 불과하다. 우리가 흔히 번뇌망상이라고 말할 때 그 번뇌가 바로 의식에서 체험되어지는 내용들인 것이다. 쉽게 말해서 뒤에서 조종하는 것이 생각식이라면 앞에서 행위하는 것이 오감각식이고 그 결과로서 웃고 울고 분노하는 것이 의식이라 할 수 있다. 비록 의식의 주된 작용이 차별하고 분별하는 것이긴 하지만 그것은 어디까지나 무의식적으로 행해지는 생각식의 영향이 의식 속으로 드러나는 것에 지나지 않는다. 이처럼 의식이 4가지 번뇌망상으로 작용하는 생각식의 꼭두각시 노릇을 함으로써 반복되는 업의 종자를 키우는 일에 동참하는 한 우리는 생사윤회를 멈추지 못한다.

그런데 만일 우리가 마음의 작용을 이해하고 뭔가 변화·성장하고 고통으로부터 해방하고자 하는 마음을 낸다면 어떻게 될까? 즉, 마음을 깨닫고자 마음수행을 시작한다면 우리의 마음구조는 어떻게 변화되겠는가?

일단 깨닫고자 하는 마음이 일어나면 우리 안에 잠자고 있던 자각능력이 작동하기 시작한다. 〈마음의 구조 2〉는 깨달음을 얻고자 하는 열망을 일으킴으로써 자각능력이 작동하기 시작한 마음의 구조를 설명하고 있다.

---

134) 성유식론 p. 316 참고.
135) 구체적인 설명은 부록 II 참고.

1단계; 깨달음을 위한 준비단계의 수행-26송에 해당

깨달음을 향해서 마음 수행을 시작한 사람들이 다양한 방법으로 노력하는 단계다. 이 때의 수행은 크게 지혜와 자비심을 닦는 두 가지 방법으로 나누어진다.[136) 지혜를 닦는 수행은 고통과 고통의 원인에 대한 통찰을 제공해 주고 자비를 닦는 수행은 고통의 원인을 뿌리뽑고 진리의 길로 나아가는 데 필요한 양식과 도구들을 준비하도록 돕는다.

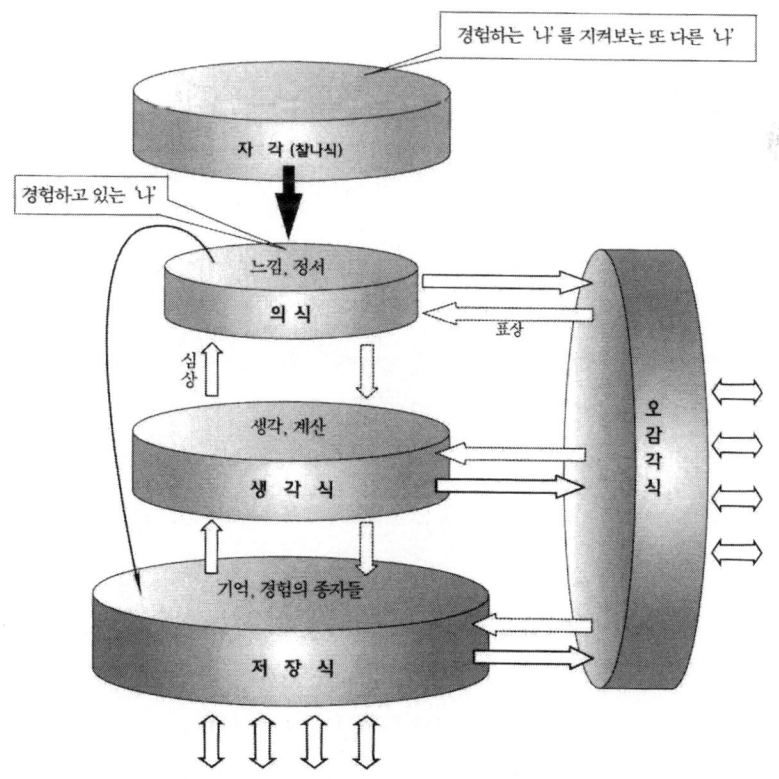

〈마음의 구조 2〉 깨달음을 향한 노력

우리가 일단 자기 행위와 내면에서 일어나는 마음의 현상들에 대해서 자각하기 시작하면 의식은 경험하는 '나'와 그 경험하는 '나'를 지켜보는 또 다른 '나'가 생겨나기 시작한다. 쉽게 말하면 생각식의 작용과 오감각식의 작용에 의해 수동적으로 체험되어지는 의식은 경험하는 '나'다. 반면에 경험하는 '나'를 지켜보는 또 다른 '나'가 '자각', '각성'이다. 잠자던 자각 능력이 작동하면 내가 '나'를 보게 된다. 경험하는 '나'는 수동적이고 생각식의 꼭두각시며 외부 환경이나 상황에 반응하는 형태의 의식이다.

그래서 경험하고 느끼는 '나'는 항상 내가 더 잘났다는 자만심을 내고 자기 중심적으로 잘못 계산하고 집착하는 생각식의 종으로 작용한다. 그런 '나'는 늘 잘난 체하고 많이 아는 체하면서 그것이 좌절되면 화내고 미워하고 괴로워하는 갖가지 감정에 휘말려서 지낸다. 그런데 자각능력이 작동한다는 의미는 그러한 '나'를 들여다 보고 지켜 본다는 의미다. 〈마음의 구조 2〉에서 보듯이 경험하는 '나'를 들여다 보면 볼수록 자각능력은 더 커지고 강해진다.

우리는 가끔 다 알면서도 마음대로 안 된다는 말을 한다. 이때 안다는 말은 의식수준에서 안다는 것을 의미한다. 알면서도 마음대로 안 되는 이유는 생각식 때문이다. 의식의 근본 뿌리가 생각식이기 때문에 의식을 바꾸려면 생각식을 바꾸어야 된다. 그런데 마음대로 안 된다고 말하는 사람들은 생각식이 아니라 의식을 바꾸려고 하기 때문에 안 되는 것이다. 미움을 예로 들어 보자. 누군가를 미워하면 안 되는 줄 알면서도 미워질

---

136) 구체적인 실천수행 방법은 앞의 26송 해설과 각주에 제시되어 있다.

때가 있다. 아무리 미워하지 않으려고 애써도 눈앞에 보이면 여전히 미워질 때가 있다. 이 경우 미워하지 않으려고 노력하는 것은 의식수준에 일어나는 감정을 억압하는 것에 불과하다. 왜냐하면 미움의 감정은 의식수준에서 일어나는 것이기 때문이다. 그런데 우리가 알다시피 감정은 억압하면 도리어 더 강해진다. 감정을 억압하는 것은 마치 뿌리에서 돋아나는 싹을 잘라줌으로써 더 강하고 무성한 싹을 키우는 작업과도 같은 것이다. 의식에서 일어나는 감정을 억압하는 것은 마음의 건강을 해칠 뿐이다. 그러므로 미움의 감정을 제거하기 위해서 의식수준에서 미움의 싹을 자를 것이 아니라 미움의 뿌리인 생각식의 수준에서 미움을 불러 일으킨 잘못된 생각·계산·관념·사상·편견 등을 잘라야만 한다. 또 그러한 사상과 관념들과 합작하는 탐욕과 무지를 깨달아야만 된다.

   아무튼 1단계에서는 자각이 의식수준에서 일어나는 감정, 느낌 등을 지켜본다. 명상이 깊어져서 자각이 의식의 한가운데 머물게 되면 수행자는 갖가지 정서적 체험을 하게 된다. 의식의 한가운데는 앞의 11송에서부터 14송에서 소개되고 있는 의식의 정신요인들, 즉 선의 정신요인과 번뇌의 정신요인들로 가득하다. 그래서 명상이 깊어지면 수행하는 사람들은 극도의 슬픔·기쁨·우울·분노·무기력 등 다양한 정서적 반응들을 체험하게 된다. 그러나 이 때 명상자는 극도로 슬프거나 기쁘고 분노하는 감정에 휘말리지 말고 계속해서 그러한 감정상태에 있는 자기를 지켜보아야만 된다. 1단계에서 자각하는 힘이 약하면 자칫 일어나는 감정에 빠져서 명상병, 또는 참선병에 걸리게 된다. 그것을 방지하는 힘을 기르기 위해서 단계1에서는 먼저 본격적인 수행에 필요한 여러 가지 수단과 장비를 구비하는 훈련도 함께 하는 것이다. 26송에서 제시하고 있는 육바라밀, 사섭법, 사무량심 등이 그 좋은 예다.

〈마음의 구조 1〉에서 경험하는 자기를 지켜보는 자기는 작고 희미하다. 그에 비해서 마음공부를 시작하고 여러 가지 명상훈련을 통해서 자각능력을 키우는 사람들의 마음은 〈마음의 구조 2〉에서 보듯이 경험하는 자기를 지켜보는 자기가 무지의 베일에서 점차 벗어나서 밝아지고 그 크기도 커지고 있다. 자각의 힘은 경험하는 자기 감정에 휘말리지 않고 자기를 들여다보는 노력에 의해서 이루어 진다. 자각능력에서 의식을 향한 화살표는 자각이 의식의 작용을 바라보고 있다는 의미다.

2단계; 더욱 열심히 정진하는 단계-27송에 해당

1단계에서는 자각이 의식을 지켜보는 훈련이다. 즉, 의식에서 일어나는 갖가지 느낌과 감정들을 바라보고 점점 의식의 한가운데를 통과하여 2단계에서는 자각이 의식을 관통한다. 자각이 의식을 관통했다는 의미는 의식수준에서 감정이 일어남과 동시에 자각되기 때문에 감정이 더 이상 힘을 발휘하지 못하고 사그라져 버린다는 뜻이다. 이제 의식을 관통한 자각은 생각식을 들여다보기 위해서 더욱 정진한다.

〈마음의 구조 3〉에서 보듯이 자각능력이 의식작용을 관통했다. 그러므로 여기서는 의식에서 작용하는 선, 번뇌 등의 정신작용이 일어남과 동시에 자각이 그것을 즉각 알아차리는 상태다. 의식에서 일어나는 일체의 느낌, 감정 등이 곧바로 자각된다. 그러므로 이 단계에 있는 수행자는 더 이상 의식에서 일어나는 감정에 휩싸이지 않는다.

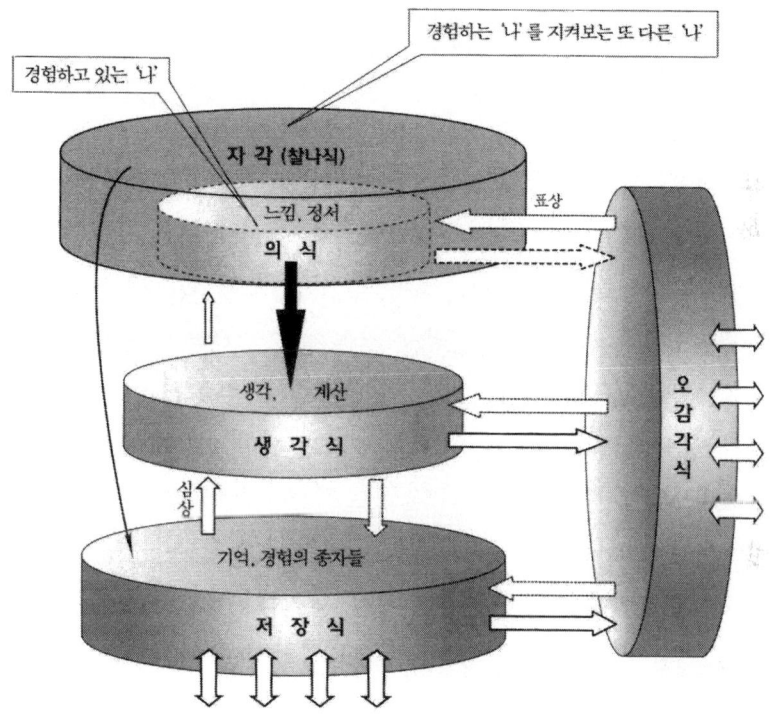

〈마음의 구조 3〉 의식을 관통한 자각

위의 그림에서 자각으로부터 생각식을 향해 있는 크고 굵은 화살표는 의식을 관통한 자각능력이 이번에는 생각식을 지켜보고 있다는 것을 가리킨다.

여기서는 자각이 생각식을 지켜보고 있기 때문에 생각식의 작용은 자연히 약화되고 의식과 오감각식에 미치는 생각식의 영향도 훨씬 줄어든다. 뿐만 아니라 의식은 이미 자각의 영역으로 병합되어 있기 때문에 의식에 미치는 생각식의 작용은 곧

바로 자각된다.

자각이 의식을 관통하고 생각식에 이르면 수행하는 사람들은 보다 복잡한 내면의 정신작용과 만나게 된다. 왜냐하면 생각식은 의식과는 달리 감정이나 느낌이 아니라 복잡한 사상, 신념, 관념, 믿음 등 수없이 많은 상상된 개념들로 가득하기 때문이다.

그래서 보살에 대한 개념이나 믿음을 가진 수행자는 보살을 보고 예수에 대한 개념이나 믿음을 가진 수행자는 예수를 본다. 다시 말해서 이 단계에서는 수행자가 가지고 있는 생각이나 사상, 신념, 믿음 등이 마치 현실처럼 눈앞에 펼쳐진다. 게다가 생각식은 저장식의 무수한 과거기억과 경험을 대상으로 삼고 발생한 것이기 때문에 수행자는 다양한 과거의 경험과 기억들도 체험하게 된다.

그러나 생각식에서 일어나는 모든 체험들은 기본적으로 4가지 번뇌에 물들어 있기 때문에 자기 중심적인 계산과 집착의 프리즘을 거친 결과라서 순수하지 않다.

아무튼 생각식은 시간과 공간의 제약을 벗어나 있기 때문에 삼계를 넘나들면서 무한한 심상들이 가득한 신비한 세계이다. 어떤 사람들은 그러한 신비한 체험을 깨달음으로 착각한다. 또 어떤 사람들은 신비한 체험에 집착한다. 그래서 수행자가 생각식을 계속해서 바라보고 지켜보는 것을 포기하고 생각식의 한가운데 머물러 신비체험을 즐기고 좋아하게 되면 생각식의 주된 작용인 4가지 번뇌에 빠지게 된다.

이 단계에 집착한 수행자는 자신의 신비경험과 능력을 바탕으로 '나'와 '너'가 본질적으로 동일하다는 진리를 저버리고 오히려 '나'와 '너'의 차이점을 강조한다. 자신이 일반 중생들과는 다른 특별한 존재임을 입증하기 위해서 신비경험을 이용하고 자신을 높이고 드러내는 일에 몰두한다. 그리하여 어리석은 중생을 그릇되게 인도한다.

그러므로 마음 수행에서 자각훈련은 처음부터 끝까지 좋아하거나 싫어함이 없이 그냥 중도적 입장에서 지켜보는 것이 가장 중요하다. 아울러서 마음의 공부는 실천수행과 이론적인 지침서에 대한 이해를 함께 겸비하는 것도 중요하다. 마음에 대한 지적인 이해와 실제 체험 사이의 관계 또한 중도적 입장에서 이루어져야 한다.

마음의 정상을 정복하는 데 있어서 실천수행이 정상을 향해서 실제로 나아가는 것이라면 지적인 이해는 마음을 그린 지도의 역할을 하기 때문이다.

3단계; 진리를 보는 단계-28송에 해당

3단계에서는 자각이 생각식을 관통한다. 이 단계에서 수행자는 비로소 진리를 보게 된다. 여기서 수행자가 보는 진리는 순수직관이다. 왜냐하면 생각식의 작용이 자각에 병합됨으로써 오감각식에 미치던 생각식의 작용 또한 제거되었기 때문이다. 다시 말해서 다섯 가지 감각기관이 외부대상과 만나는데 생각식이 영향을 미치지 못하기 때문에 오감각식의 일부가 자각과 병합되었다.

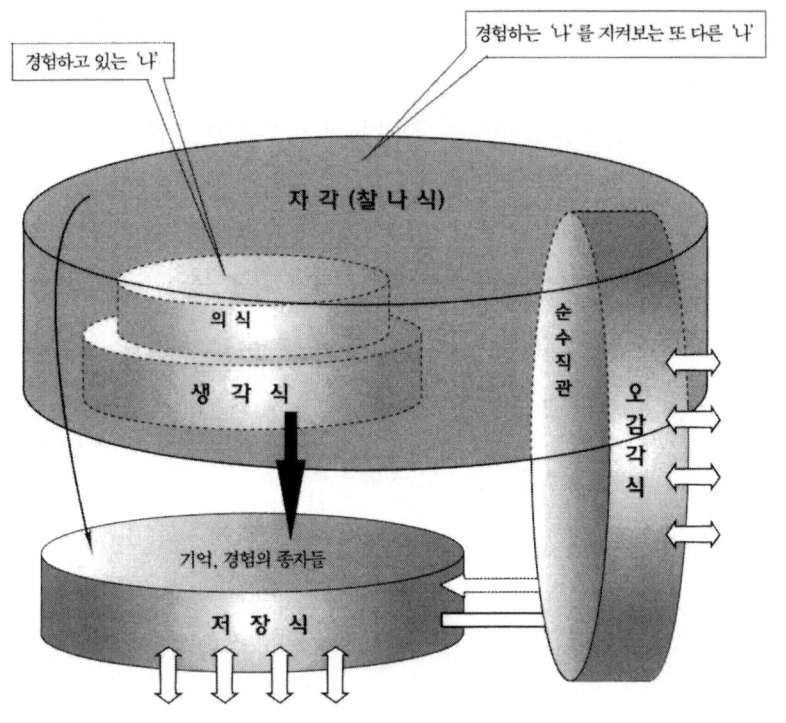

〈마음의 구조 4〉 생각식을 관통한 자각

〈마음의 구조 4〉에서 보듯이 자각이 생각식을 관통함으로써 생각식의 작용이 멈추어 지고 자각으로 병합되었다. 의식과 오감각식에 미치는 생각식의 영향력이 완전히 사라진 상태다. 그래서 생각식의 영향력에서 벗어난 오감각식의 부분은 그림에서 보여지듯이 자각의 영역에 포함되었다. 오감감식과 자각이 서로 겹치는 부분이 순수직관이 아닌가 생각된다. 그러나 이 단계에서 저장식은 여전히 작용하고 있기 때문에 완전하게 있는 그대로의 실상, 진리를 보는 단계는 아니다. 그러므로 자각이 저장식을 관통할 때까지 부지런히 정진한다.

4단계; 진리가 전개되는 단계-29송에 해당

이 단계에서는 자각이 저장식을 관통하기 위해서 정진한다.

〈마음의 구조 5〉에서 보면 점점 자각능력이 극도로 확대되어 마침내 저장식을 관통함으로써 저장식의 영향권에 있던 오감감식의 나머지 부분도 자각에 병합된다. 따라서 저장식과 의식, 오감각식 모두가 더 이상 무지에 가려져 있지 않고 모두 각성을 이루고 있는 상태다.

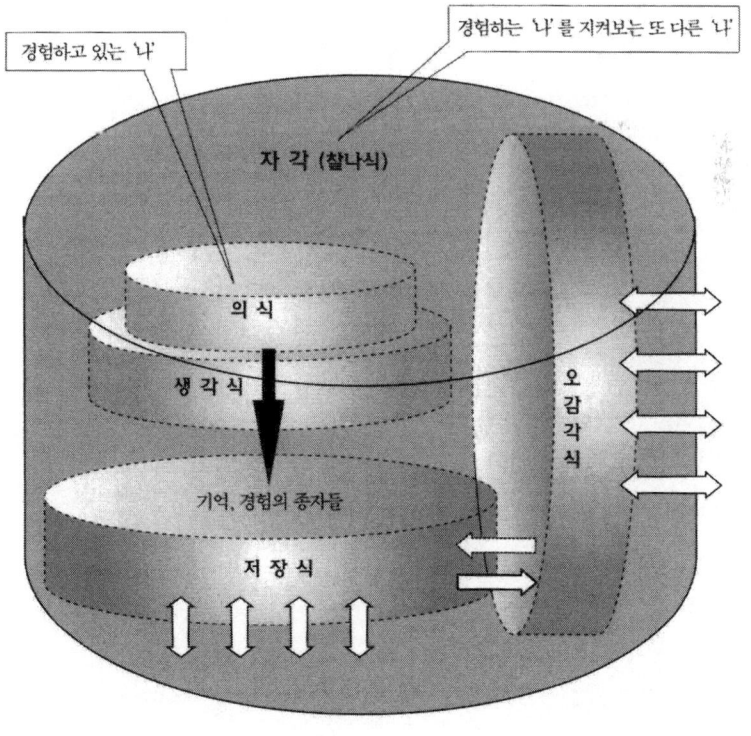

〈마음의 구조 5〉 저장식을 관통한 자각

이렇게 자각은 점차 확대되면서 마침내 〈마음의 구조 6〉에서 보듯이 우주로 확장되어 나간다. 그리고 우주와 완전히 하나가 되어 버림으로써 우주와 자아와의 경계가 없어졌다. 경험의 주체와 경험의 대상이 완전히 사라져버린 상태다. 다시 말해서 아는 자와 알려지는 자의 주객 대립이 사라져 버렸기 때문에 마음의 작용 또한 그 흔적이 없이 사라져 버린 상태다. 마음은 이제 자각, 각성 그 자체가 되어 우주의식과 하나가 되어 버린 상태다. 이것이 어쩌면 궁극적인 의미의 공(空)의 상태가 아닌가 하고 상상해 본다. 이것이 깨달은 자의 마음이 아닌가도 생각해 본다.

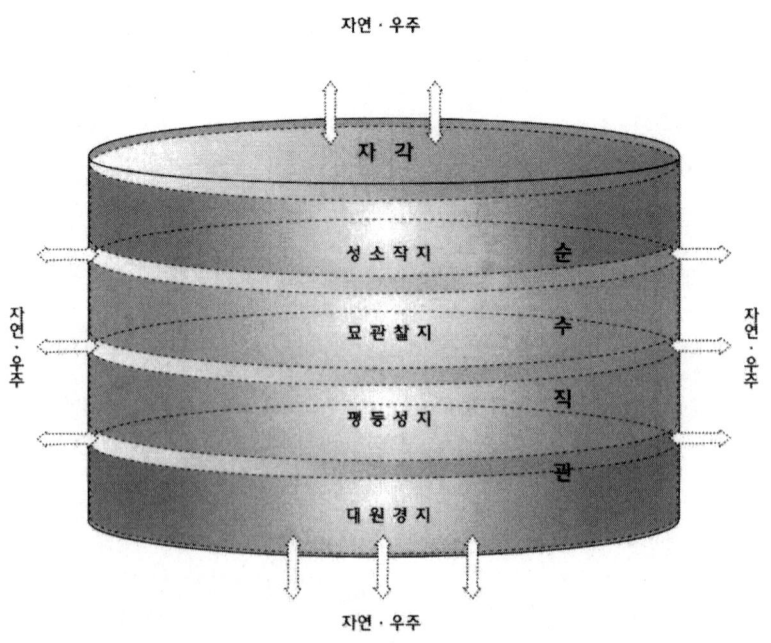

〈마음의 구조 6〉 붓다의 마음

〈마음의 구조 6〉을 보면 무수한 과거경험과 기억의 종자들이 비워져서 무아가 된 저장식은 크고 원만한 맑은 거울이 되어 일체 현상을 있는 그대로 비추는 지혜로 변했다(大圓鏡智). '나'와 남을 차별하고 자신의 우월성을 높이고 드러내기 위해서 갖가지 계산과 생각에 집착하여 사상, 신념, 관념에 사로잡힌 생각식은 자신과 일체 중생이 완전하게 동일하고 평등함을 깨달아 공(空)을 성취한다(平等性智). 생각식의 꼭두각시 노릇을 하면서 생각식의 분별과 차별작용에 따라서 갖가지 감정과 느낌에 고통하던 의식은 일체 현상의 공통점과 차이점을 분명하게 드러내면서도 더 이상 번뇌하지 않는다(妙觀察智). 다시 말해서 깨닫기 이전에는 자신과 사상·신념·관념 등이 같거나 다르다는 이유로 미워하고 좋아하는 감정을 일으켰지만 깨닫고 난 뒤에는 차이와 공통점을 있는 그대로 관찰할 뿐, 집착하지 않는다. 마지막으로 자신의 존재와 우월성을 드러내는 데 총력을 기울이던 오감각식은 이제 중생들을 이익되게 하고 그들을 깨달음으로 이끄는 일에 전념한다(成所作智).[137]

마음공부

이제 우리는 마음에 대한 이해의 끝자리까지 왔다. 그러나 마음공부는 우리가 아직 해서 마친 자리가 아니라 그냥 짐작하고 추론할 뿐 분명 진실과는 어느 정도 거리가 있음은 틀림없는 사실이다. 다시 말해서 지금까지의 설명과 이해는 진리의 그림자이고 물에 비친 달빛일 뿐이다. 왜냐하면 우리는 여전히 화나고 차별하고 때로는 삶이 공허하고 때로는 외롭기 때문이다.

---

137) 보다 구체적인 이해는 29송 해설 각주 참고.

그러나 지금까지의 시도를 통해서 우리의 마음이 어떻게 생겼는지 어떻게 작용하는지 대강 짐작은 가리라 믿는다. 그리고 그러한 어렴풋한 짐작과 이해만으로도 마음의 심층을 여행하는 여비로는 충분하리라 여겨진다.

마음이 힘들고 마음이 아픈 사람들이 마음으로부터 해방할 수 있는 유일한 길은 그 마음을 보는 것이다. 자신의 마음과 직면하지 않고 피해서 다른 어떤 외부환경이나 대상과 씨름하는 일도 경우에 따라서는 도움이 된다. 그러나 그것은 어디까지나 대상을 통해서 자신의 모습을 비추어 볼 경우에 한해서만이다. 내면의 마음을 직접 들여다 보는 일이나 타인이나 세상을 통해서 자신을 보는 일이나 자기를 본다는 점에서는 같기 때문이다.

그러니까 수행을 한다는 것, 도를 닦는다는 것은 바로 자신의 마음을 직접 들여다 보는 것을 의미한다. 다 함께 우리들의 마음을 찾아서 마음의 여행을 시작하자. 그러나 아직도 마음이 무엇인지 여전히 짐작이 어려운 사람들을 위해서 현대인들이 많이 앓는 정신 질환인 우울증을 예로 들어서 다시 한번 마음을 설명해 보고자 한다. 즉 우리가 지금까지 공부해온 마음의 구조와 작용들을 우울증 증상에 적용하고 살펴봄으로써 보다 효과적인 마음의 심층을 이해할 수 있도록 시도해 볼 것이다.

우울증과 마음

우울증은 현대인들이 앓는 정신적인 질병 가운데 그 증상의 피해가 점점 두드러지는 대표적인 것 중의 하나다. 해마다 우울증으로 고통받는 사람들의 숫자가 늘어나고 있다고 한다.

최근에 발간된 뉴욕 타임지[138]는 온가부좌에 합장을 하고 있는 여성의 사진을 표지에 싣고 어떻게 우리들의 마음이 우리들의 몸을 치료할 수 있는지를 주제로 우울증에 대한 기사를 상당히 전문적이고 깊이 있게 소개하고 있다. 그리고 약물, 전기 쇼크, 심리치료 등의 다양한 치료방법을 언급하면서 스트레스 완화 프로그램에서 행하는 명상이 우울증 치료에 도움이 된다고 소개했다.

발표된 내용에 따르면 미국에서 일년에 우울증으로 자살하는 사람들이 3만 명으로 추정되고 우울증에 시달리는 숫자는 무려 2천만 명이나 된다고 한다. 또 우울증이 미국경제에 미치는 영향은 우리 돈으로 연간 50조에 달한다. 뿐만 아니라 심장병, 암 등을 비롯한 각종의 질병이 우울증과 관련되어 발생하면 사망률은 몇 배로 증가한다는 의학적 자료들이 보도되어 있다.

위에서 보도된 자료에서 보듯이 우울증은 심각한 사회문제인 동시에 무서운 질병임에 틀림이 없다. 그런 만큼 또한 수많은 전문가들이 우울증에 대한 원인과 치료법을 다양하게 제시하

---

138) 2003년 1월 20일 발간.

고 있다. 그들이 타임지에서 우울증에 관해 소개하고 있는 내용을 독자들이 이해하기 쉬운 방식으로 나름대로 정리해 보았다. 그런 다음에 유식학적 입장에서 비교하고 설명하는 시도를 해 볼 것이다. 그렇게 함으로써 독자들로 하여금 마음에 관한 유식의 가르침을 보다 분명하게 이해할 수 있도록 돕고자 한다. 나아가서 마음의 구조와 기능에 대한 이해를 좀 더 구체적으로 시도해 봄으로써 마음 공부를 하고자 하는 분들에게 도움이 되었으면 한다.

I. 몸과 마음의 분리

17세기 프랑스의 철학자 데카르트가 마음과 몸을 분리하고 독립적으로 취급한 이래 몸과 마음을 따로 분리해서 독립적으로 생각하는 이원론적 사상은 서양의 철학을 지배해 왔다. 반면에 동양은 몸과 마음이 서로 분리될 수 없는 하나의 연속체라는 사실을 가르쳐 왔다. 그래서 아주 오랫동안 서양의 의사와 과학자들은 몸과 마음이 하나로 통한다는 동양의 견해를 터무니 없는 소리라고 무시해 왔다. 그런데 이제 서양은 마음을 연구하면 할수록 동양의 가르침이 옳았고 데카르트가 완전히 틀렸다는 사실을 깨닫기 시작했다.[139]

여기서 말하는 동양의 전통이 반드시 불교만을 이야기하는 것은 아니다. 그러나 오늘날 서양에서 동양의 대표적인 가르침이 불교라는 사실을 의심하는 사람들은 없다.

우리가 알다시피 서양의 문화와 종교는 몸과 마음뿐만이 아

---

139) 타임지 2003년 1월 20일, p. 63 참고.

니라 모든 것을 이원화하고 서로 대립하는 양상을 설정하거나 아니면 어느 한 쪽이 다른 쪽을 지배하는 것으로 이해했다. 이를테면 마음이 몸을 지배하고 신이 인간을 지배하고 인간은 자연을 지배하고, 그래서 그들은 처음 동양이라는 세계를 접했을 때도 함께 더불어 사는 친구로서가 아니라 그들이 지배해야 할 대상으로 취급했기 때문에 한때는 식민지 개척에 앞장섰다. 서양의 종교 또한 동양의 종교와 서로 양립하고 이해하고 받아들이면서 조화와 융합을 시도하기보다는 자신들의 종교의 우월성을 주장함으로써 서로 대립하고 갈등하는 결과를 가져왔다. 그래서 언젠가는 자신의 종교로 바꾸어 놓아야 하는 것으로 생각했다.

우리는 앞에서 유식 30송을 개인적인 마음에 초점을 두고 공부했었다. 그런데 위의 내용은 그러한 개인적인 마음이 모여서 이루어진 집단적인 마음의 작용을 설명한 것이다. 다시 말해서 '나'라고 하는 주체와 '너'라고 하는 대상의 이원화가 아니라 '우리들'이라고 하는 주체와 '너희들'이라고 하는 대상의 이원화를 말하는 것이다. 그러나 개인적인 마음이나 집단적인 마음이나 그 작용하는 방식과 영향은 동일하다. 다시 말해서 '우리들'과 '너희들'의 관계는 '나'와 '너'의 관계와 정확히 같은 방식으로 작용한다.

그러므로 '우리들'과 '너희들'의 관계는 '우리들'이 주체이기 때문에 '우리들'은 능동적이고 통제할 수 있으며 '너희들'은 대상이기 때문에 수동적이고 통제를 받아야 하는 존재가 되는 것이다. 이와 같은 인식구조를 바탕으로 하는 서양의 문화와 종교는 인간은 자연을 지배하고 신은 인간을 지배하고 서양은 동양을 지배한다는 가치관을 가능하게 했던 것이다.

그런데 이제 서양은 변해가고 있다. 그들은 지금껏 자기들의 문화와 사상을 지배해 왔던 데카르트의 이원론을 부정하기 시작한 것이다. 비록 지금은 시작의 단계에 불과하지만 앞으로 그들이 변해 갈 가능성과 잠재력을 생각하면 참으로 놀랍고 위대한 일이다. 그들은 그들이 오랫동안 믿고 알아왔던 이원적인 사고의 구조와 틀을 깨트리기 시작했다. 그리고 그 출발점을 바로 몸과 마음의 관계에서부터 시작했다. 몸과 마음이 분리되고 독립된 둘이 아니라 서로 연결된 하나라는 사실을 발견한 것이다. 그래서 마음이 아프면 몸이 아프고 몸이 아프면 마음이 아프다는 사실을 알아낸 것이다.

Ⅱ. 뇌와 마음

그런데 나는 한 가지 재미있는 사실을 발견했다. 타임지에 나온 기사를 인용하면 "심리학자들과 신경학자들이 동의하듯이 마음과 몸은 다르지 않다. 비록 뇌가 다른 기관들에 비해서 복잡하기는 하지만 뇌는 그냥 또 하나의 신체기관에 불과한 것이다. 객관적인 현상을 왜곡하고 오염시키는 사고와 정서는 신경세포 내부와 신경세포들 간의 복잡한 전기화학적인 상호작용의 결과이다."[140]

위의 내용에서 짐작할 수 있듯이 이 기사를 쓴 사람은[141] 마음과 뇌를 동일시하고 있다. 실제로 그는 머리말 기사에서 "우리들의 뇌 안에 있는 정신적 공간은 무한하고 미묘하다."[142]고 했

---

140) 타임지 2003년 1월 20일, p. 163.
141) Michael D. Lemonick.
142) "The psychic space inside our heads is infinite and ethereal", Time, January 20, 2003, p.163.

다. 그리고 그 이유를 마음은 보기에도 다른 신체기관과는 아주 다르게 생겼을 뿐만 아니라 몸을 자르면 피가 쏟아져 나오는데 뇌를 자르면 생각과 정서가 수술대 위에 쏟아져 나오지 않는다는 것이다. 다시 말해서 뇌를 잘라봐도 사랑과 분노를 시험관에 담을 수가 없고 측정할 수가 없다는 것이다.

심리학을 전공했기 때문에 학교에서 대뇌신경 생리학 강좌를 수강했고, 대뇌 신피질의 특정한 부위들이 어떻게 우리들의 감정이나 언어 또는 직관력과 관계되어 있는지 공부한 일이 있다. 그러나 그 때는 그냥 그러려니 했는데 타임지에 나온 기사를 읽으면서 너무나 새롭고 재미있었다. 사실은 이 대목을 읽고 유식의 내용이나 부처님의 가르침과 비교해 보고 싶은 생각이 일어났었다. 유식공부도 이제 시작에 불과하고 특히 우울증과 관련된 의학상식이나 심리학적 지식이 없는 형편에 무리인 줄은 알지만 그래도 마음이 뇌의 어딘가에 있다고 생각하는 서양 심리학과 신경학을 우리가 막 배운 유식과 연결해 보고 싶었던 것이다. 또 한 가지 염려는 타임지에 실린 이 기사가 얼마나 정신의학과 신경학으로부터 검증된 내용인 지는 알 수가 없지만 적어도 타임지 자체가 가지고 있는 비중을 생각해 볼 때, 그리고 여기에 소개된 여러 전문가들의 연구내용을 참작할 때 큰 무리는 없을 것이라 생각된다.

아무튼 몸과 마음이 서로 분리되고 독립된 것이 아니라 서로 긴밀하게 연결되어 상호 영향을 주고 받는다는 사실은 틀림이 없는데 여기서 제시하고 있는 서양적 이해와 유식적인 이해를 보다 구체적으로 비교 분석해 보는 것은 흥미로운 일이다.

우선 서양의 정신의학에서 마음이라고 하는 것은 대뇌 어딘가에 있다고 생각하는 데 반해서 유식은 마음이 존재하는 구체적인 장소를 설정하지 않는다. 즉 서양의 정신의학은 마음이 항상 대뇌 안에 존재한다고 여기는데 유식은 마음이 어디에도 존재하지 않는다고 생각한다. 마음은 존재가 아니라 인식이기 때문이다. 마음은 오직 인식, 앎 속에서만 발생하는 인지·심리학적인 과정이다.

또한 서양의 정신의학은 마음이 대뇌에 있는 신경세포들의 안과 바깥에서 작용한다고 생각하는 반면에 유식은 우리 몸 전체에서 마음이 작용한다고 본다. 다시 말하면, 서양의 정신의학은 마음이 대뇌에 있는 신경세포 안의 작용과 신경세포들 간의 상호작용이라고 생각한다. 한편 유식은 대뇌 신경뿐만 아니라 5가지 감각기관의 작용도 마음의 작용에 포함시킨다. 앞에서 공부했듯이 오감각식의 작용에서 오감과 외부대상과의 접촉으로 식(識)이 발생하고 오감과 외부대상, 그리고 식(識, 앎 또는 마음)의 3가지가 화합해서 접촉, 느낌 등이 발생한다고 했다.

서양의 정신의학과 유식이 보는 마음의 두 번째 차이는 마음의 연속성에 관한 문제다. 서양의 정신의학은 마음을 장기적이고 연속적인 것으로 생각하지만 유식은 마음을 찰나적이고 불연속적인 것으로 생각한다. 그렇기 때문에 한 단계 더 추론하면 서양의 정신의학은 우리의 육체가 살아 있는 동안은 반드시 마음이 항상 작용하고 존재한다고 전제하지만 유식은 우리 육체가 살아 있어도 마음이 작용하지 않을 수 있고 존재하지 않을 수 있다고 생각한다. 서양의 정신의학적 관점에서 마음 작용이 멈춘다는 것은 식물인간처럼 죽은 것이나 다름 없는 형태이고 정신적으로 이상이 있는 것이다. 그러나 유식의 관점에서는 마음작용이 멈춘 상태가 정상이며 높은 깨달음의 경지이고 성자의 마음이다. 그러므로 유식에서 마음을 본다는 것은 바로 찰나적인 마음이 발생하고 사라지는, 그리고 곧바로 이어서 다시 찰나적인 마음이 발생하는 그 순간, 그러니까 사라지는 앞의 마음과 다시금 새롭게 발생하는 뒤의 마음 사이를 보는 것이 아닌가 생각된다. 그것이 바로 마음의 신비, 마음의 비밀을 보는 것이 아닌가 여겨진다.

Ⅲ. 우울증과 외로움증

(1) 우울증의 증상

타임지에서 열거하고 있는 우울증의 증상은 슬픔, 수면장애, 자살충동, 무가치함, 자기 증오, 즐거움에 대한 둔감함 등이다.

여기서 우리가 한 가지 염두에 두어야 할 것은 우울증이라고 하는 것이 다른 정서적 질병과 완전히 독립된 어떤 특수한 증상이 아니라 다른 질병에서도 흔하게 발견되는 여러 가지 마음의 상태들의 조합이라는 사실이다. 즉 슬픔은 우울증에만 있는 것이 아니라 우리가 너무나 흔하게 접하고 경험하는 보편적인 정서 가운데 하나라는 점이다. 수면장애도 그러하고 자살충동 등 나머지 정서들도 일상의 삶 속에서 좌절적인 상황이나 예상치 못한 불행한 일을 당했을 때 쉽게 체험되는 정서적 반응들이다. 그러니까 이와 같은 정서들의 조합을 한꺼번에 우울증이라고 이름을 붙여서 매우 특별하고 독립된, 고유한 증상인 것처럼 취급하지만 사실은 우울증이란 존재하지 않는다. 다시 말해서 우울증의 증상이 일반적인 마음의 반응들과 별개의 것이 아니라는 의미다. 그래서 우리는 우울증이라는 이름 대신 구체적 증상인 마음이 너무나 극도로 슬프고 잠이 잘 오지 않고 죽고 싶고 자신이 너무나 무가치하게 느껴지고 자신이 밉고 도무지 즐거운 것이 없는 그런 마음의 상태에 대해서 생각해 볼 것이다.

우리는 앞에서 유식을 공부하면서 심상이라는 것을 배웠다. 실제로 존재하지 않는 것에 이름을 붙이고 개념과 의미를 부여하고 그리고 그것에 대한 이미지와 형상을 만들어서 마치 실제로 존재하는 것처럼 믿는다. 그리고는 자기가 믿고 있는 생각과 다른 사람이 믿고 있는 생각이 다르다는 이유로 갈등하고 미워하고 다툼을 일으킨다. 그러나 개념이나 관념은 실제로, 자연적으로, 그리고 스스로 존재하는 것이 아니라 우리들의 마음이 만들어 낸 것이기 때문에 비록 이름을 붙여 준다고 해도 객관적 실체가 될 수 없다.

우울증 또한 마찬가지다. 이 세상에 우울증이라는 실체는 존재하지 않는다. 우울증은 마치 둥근 사각형이나 짧은 긴바지와 같이 그냥 이름만 있지 실제로 존재하는 실체가 아니다. 그냥 이름이 우울증일 뿐이다. 우울증이라고 하는 것이 독자적으로 다른 감정들과는 완전히 다른 어떤 독특하고 유일한 감정으로 존재하는 것이 아니다. 우울증은 여러 가지 마음의 감정들의 조합에 붙여진 이름일 뿐이지 실제로 존재하는 그 무엇이 아니다. 지독한 슬픔, 죽도록 밉고 싫은 자기 자신 등의 감정들을 우울증이라고 이름을 붙여놓은 것에 불과하다. 아무튼 이와 같은 사실을 염두에 두고 다음에 논의될 우울증의 원인을 살펴본다면 좀 더 새로운 각도에서 들여다 볼 수 있으리라 생각된다.

(2) 우울증의 원인

타임지에서 우울증은 세포 수준에서 일어나는 전기화학적 상호작용이라고 말한다. 다시 말해서 우울증은 세포에서 일어나는 전기화학적 상호작용의 불균형에서 초래된다는 것이다. 그리고 과학자들은 그러한 불균형의 원인이 유전자 조합의 결함과 그 결함을 촉발시키는 환경적 요인에 있다고 말한다.

앞에서도 말했듯이 우울증이라는 이름을 떼어버리고 그냥 너무나 슬프고 잠이 오지 않고 죽고 싶고 자신의 존재가 무가치하게 느껴지고 자신이 죽도록 미워지는 마음의 원인을 생각해보자. 왜일까? 위에서도 보듯이 정신의학에서는 우울증의 일차적 원인을 유전적 요인에 두고 그러한 원인이 환경적 조건과 결합되면서 발생하는 것으로 보고 있다. 그것을 유식적으로 설명하자면 세세생생 축적된 저장식에서 극도의 슬픔과 분노, 무의미 등의 증상과 관련된 과거경험이나 기억의 종자라고 하는 원인(因)이 이들 종자를 촉발시키는 어떤 환경(緣)과 만나서 자라고 열매를 맺은 결과이다.

그런데 우울증을 대표하는 슬픔, 불면, 존재의 무가치, 자살충동, 자기 미움 등의 정서들을 가만히 살펴보면 그 특징적인 모습이 저장식에 축적된 것들에 해당하기보다는 오히려 앞에서 배운 51가지 정신작용들과 비슷하다. 그 가운데서도 12송에서 14송까지 소개되고 있는 근본번뇌나 이차적인 번뇌들과 닮았다. 그런데 우리가 이미 공부했듯이 근본번뇌나 이차적인 번뇌는 저장식에서 작용하지 않는다. 일부는 생각식과 오감각식에서 작용하고 전체적으로는 의식수준에서 작용한다. 저장식에서 작용하지 않는다는 말은 선천적이거나 유전적인 요인이 아니라는 의미다. 왜냐하면 저장식을 현대적인 의미로 해석하면 바로 유전자 정보에 해당하는 것이기 때문이다. 그러니까 극단적으로 보자면 서양의 정신의학은 우울증의 일차적 원인을 유전적인 요인으로 보는 반면에 유식은 우울증의 근본원인이 생각식에 있다고 보아도 좋을 것이다. 물론 생각식과 오감각식이 저장식을 바탕으로 발생하기 때문에 유전적 요인을 완전히 배제할 수는 없지만 적어도 유전적인 요인이 일차적 원인은 아니라고 보아도 무방하리라 생각된다.

또 서양의 정신의학은 우울증의 원인을 우울증 상태에서 분비되는 신경전달물질과 관련을 짓고 다른 한편으로는 같은 증상을 가졌던 가족의 이력을 살펴서 유전적 요인에 비중을 둔다. 그러나 극도의 슬픔이나 자아상실감을 예로 들자면 세로토닌과 같은 호르몬이 분비되어서 슬퍼지고 무력해지는 것인지 아니면 거꾸로 슬퍼지고 무력해져서 그러한 호르몬이 분비되는 것인지 분명하지 않다. 뿐만 아니라 감정이나 정서도 학습된다. 이를테면 신경적이고 화를 잘 내는 사람이 본래 그렇게 타고 났는지 아니면 신경질적이고 화를 잘 내는 부모나 가족과 함께 살면서 보고 배운 것인지 명확한 구별이 어렵다. 성격이 닮는다고 했을 때 거기에는 필시 유전적인 요인과 학습의 요인이 함께 작용했을 것이기 때문이다.

불교심리학을 대표하는 또 하나의 논서 아비달마[143]에서 슬픔의 감정은 화나는 감정이나 해롭게 하는 감정과 함께 일어난다고 한다.[144] 슬픔은 우울증의 증상 가운데 가장 대표적인 증상이다. 그리고 그러한 슬픔이 극단적으로 가면 자살을 하게 되는데 자살충동이나 자기를 미워하는 감정 역시 화의 감정과 관

---

143) 아비달마, Abhidharma(산), abhidhamma(팔), Lit. "special teaching", manifest knowledge; 아비달마는 현상의 모양 또는 형태를 의미한다. 아비달마가 원시불교 심리학을 대표한다면 유식학은 대승불교 심리학을 대표한다고 할 수 있다.
144) 한글대장경 구사론 2권, 동국역경원, pp. 16~19 참고.

련되어서 함께 일어나는 감정이다. 그렇다면 슬픔과 자살충동, 자기 미움 등의 감정을 동반하는 화의 감정은 어디에서 오는가? 우선 14송에서 설명하고 있는 화의 감정을 다시 한번 정의하면 화는 고통과 고통의 원인을 미워하고 성내며 불안과 악행을 일으키는 바탕이다. 그렇다면 화는 고통과 고통의 원인에 대한 미움과 분노에서 온 것이라고 볼 수 있다.

그러면 이번에는 고통과 고통의 원인은 어디에서 오는가? 라는 의문이 자연스럽게 일어날 것이다. 고통은 생(生)에서 오는 것이고 고통의 원인은 무지에서 오는 것이다. 우리는 살아있기 때문에 반드시 고통하게 되어 있고 고통하는 이유는 깨닫지 못했기 때문이다.

결국 우울증은 존재 자체, 삶 자체를 괴로워하고 삶을 힘들어하기 때문에 살아있는 자기를 미워하고 죽고 싶어 하는 것이다. 어쩌면 그들은 환경적으로 유난히 감당하기 힘든 극단의 좌절적 상황이 계속되었거나 반대로 지나치게 자극이 없는 극단적 무료함이 계속되었을지도 모르겠다. 도저히 극복할 수 없는 좌절적 상황의 연속이나 지나치게 할 일이 없는 상황이나 알고 보면 견디기 힘든 건 마찬가지다. 피부의 탄력을 위해서 뜨거운 사우나실에 들어가는 사람들은 반드시 냉탕에 들어간다. 몸의 건강을 위해서는 운동과 휴식이 함께 필요하다. 마찬가지로 마음의 탄력과 건강을 위해서도 적당한 자극이나 스트레스가 필요하다.

우리는 분명 앞에서 우리의 존재의식을 가능하게 하는 것은 끊임없이 일어나는 생각의 연속이라는 사실을 알았다. 다시 말해서 생각의 흐름은 끊임없는 생각의 대상, 즉 자극을 필요로 한다. 그런데 현실적으로 부족한 것이 없고 마음고생할 만한 스트레스조차 없으면 문제다. 중생은 뭔가 열심히 빠져서 몰두하거나 좋아하고 싫어하고 집착하는 가운데 자기가 존재하고 있다는 사실을 확인해야 되는데 그것이 없으면 존재감을 상실하기 때문에 심각해진다. 그래서 부족한 것이 없는 사람들조차도 애써 문제를 만들고 간섭하고 좋아하지도 않는 사람들을 용건 없이 만나면서 자기 존재를 확인해 간다.

그런데 우울증에 걸린 사람은 적어도 할 일이 없어서 일부러 문제를 만들어서 갈등하지는 않는다. 그들은 남의 일에 필요 이상으로 관심을 갖고 간섭하는 일이 무가치하고 의미 없는 일이라는 사실을 이해한 사람들인지도 모른다. 그들은 물질 또한 필요 이상으로 집착하는 것이 무의미하다는 사실을 아는 사람들인지도 모른다. 어쩌면 우울증에 걸린 사람들은 쓸데없이 남의 일에 참견하고 좋아하지도 않는 사람들을 만나서 잡담하고 수다를 떠는 사람들에 비해서는 정신수준이 훨씬 높은 사람들인지도 모른다. 다만 그들은 인생의 참 의미를 아직 이해하지 못하고 자기 성장을 향해서 나아가는 길을 알지 못할 뿐인지도 모른다.

쉽게 말해서 중생은 좋은 일이든 나쁜 일이든 뭔가를 하고 있어야지 가만히 있지는 못한다. 마음의 이치를 알지 못하는 범부가 가만히 있으면 자기 존재를 상실하게 되어 종국에는 돌아버리든가 아니면 자살을 하게 되어 있다. 깨달음을 이룬 선사가 할 일 없고 한가한 것은 정신적으로 건강하지만 중생이 마음에 걱정이 없고 물질적으로 풍요롭다는 것은 순간의 행복은 가능할지 몰라도 조만간 타락하거나 권태증과 우울증에 시달리게 된다.

깨달음을 얻은 성인이 생각이 없어진 상태와 범부가 뭔가 몰두하고 마음을 쏟아야 할 자극대상을 찾지 못해서 의욕을 상실하고 생각이 없어진 상태는 완전히 다르다. 전자는 우주의식이고 후자는 비의식이다. 우주의식은 충만함이고 비의식은 공허고 허망함이다. 그래서 우울증을 앓는 사람은 자아의식, 존재의식을 상실한 비의식, 비존재를 견디지 못하고 끝내 죽게 되어 있다. 우울증을 앓는 사람들이 살아날 수 있는 유일한 길은 바로 삶의 고통과 원인을 아는 것이 시급한 문제다. 왜냐하면 삶의 고통을 올바로 이해하면 삶의 의미, 존재의 의미를 발견할 수 있기 때문이다. 삶의 고통은 바로 진실된 존재의 의미를 알리는 신호이기 때문이다.

(3) 외로움증의 원인

그런데 여기서 우울증과 관련해서 외로움증도 함께 생각해 보고자 한다. 어떤 의미에서 보면 우울증은 자아와 다른 대상과의 연대성, 동질감, 동일시와 같은 감정의 약화라는 의미에서 외로움증과 닮았기 때문이다. 어떤 사람들이 외로운가? 외로움이 뭔가? 사람들은 왜 외로워하는가?

우리 한국 사람들은 그래도 서로 관심 반, 간섭 반 해가면서 이런 저런 인정으로 살아왔다. 그런데 일찍이 개인주의가 발달되고 프라이버시를 중시여기는 서양의 문화는 자기가 할 일이 없고 심심하다는 이유로 함부로 가족의 일에 나서지 못한다. 게다가 태어나면서부터 혼자 잠을 재우는 문화인지라 그들에게 있어서의 외로움은 우리가 일반적으로 생각하는 것보다 훨씬 사무치고 뿌리깊은 것이다. 현대인들의 외로움은 우울증과 마찬가지로 단순한 심리적 상태가 아니라 질병의 차원에서 다루어야 할 정도로 심각하다.

굳이 서양사람들이 아니더라도 요즘은 우리 한국인들조차 외로움과 고독에 시달리는 사람들이 점차 많아지고 있다. 불교심리학의 차원에서 보면 외로움을 앓는 사람 또한 보통의 사람들보다는 정신수준이 높은 사람들인지도 모른다. 외로움도 우울증과 마찬가지로 생각식에서 끊임없이 자기 확인이 안 되는 사람들에게서 일어난다. 생각식이 뭔가 끊임없이 생각하고 비교하고 판단하면서 자기의 존재를 내세우고 자기 우월감을 확인해 가야 하는데 외로움이나 우울증에 시달리는 사람들은 자기가 잘났다는 생각에 집착할 수 있는 그 무엇을 발견하지 못한 상태다. 그래서 그들은 일반 사람들에 비해서 자아에 대한 집착이나 자아 도취증이 상대적으로 약하다. 적어도 이 두 유형은 번뇌의 정신작용이 더 적은 사람들이다.

외로움을 앓는 사람들은 보통의 사람들처럼 자기가 외로워지기 전에 뭔가 일을 찾아나서야 되는데 아직 자기 일을 발견하지 못한 사람들이다. 그들은 외로움을 잊기 위해 남의 일을 간섭하고 돌아서서 흉볼 사람들을 찾아 다니면서 잡담이나 수다를 늘어놓을 정도의 정신수준은 아니다. 그렇다고 '나' 와 '너' 가 하나라는 동질의식을 깨닫지 못한 상태라서 주변 사람들을 향해서 보편적인 사랑이나 관심을 주지는 못한다. 그들은 자기 기준에서 자기에게 맞는, 뭔가 자기와 동일시하고 연대감을 가질 수 있는 상대를 발견하지 못했다. 어쩌면 그들은 자기 모습을 비추어 주고 자아를 확인시켜 주는 상대를 고르는 데 실패했거나 포기한 사람들인지도 모른다. 뭔가 상대방을 통해서 자기 존재를 확인하고자 하는데 문제는 나와 나 아닌 것에 대한 경계선이 너무 강하다. 그래서 사람들과 쉽게 어울리지 못하고 마음을 나누지 못하기 때문에 외롭다. 특히 나이가 들어갈수록 외로워지는 사람들은 말할 것도 없이 사랑을 나누고 마음을 나누기보다는 자기 안에 자신을 가두는 사람들이다. 그들은 그냥 상황과 인연에 따라서 주고 받기보다는 판단하고 차별해서 스스로의 마음을 거두어서 자기 안에 묶어두고 그리고 외로워한다.

우울증도 외로움도 결국은 마음이 우울하고 마음이 외로운 것이다. 그 결과 괴로움을 당하는 것도 마음이다. 서양의 정신의학자들은 그러한 마음작용이 뇌에서 일어난다고 생각하고 뇌의 구조를 살피고 염색체의 이상이나 호르몬의 작용을 찾아내려 한다. 그들은 마음이 뇌세포 어딘가에 있다고 생각한다. 그러나 불교심리학은 마음이 뇌 속에 있다고 생각하지 않는다. 마음은 존재가 아니라 인식이고 앎이기 때문에 그 어디에도 머물러 있는 것이 아니다. 마음은 우리들의 생각, 앎, 인식, 느낌 등으로 일어난다. 그러므로 우울증이나 외로움증을 알기 위해서는 무엇보다도 우리가 먼저 알아야 하는 것은 마음이다. 왜냐하면 마음이 일차적인 원인이기 때문이다. 일단 마음이 뭔지를 알고 나면 그 마음작용에 의해서 일어나는 우울증이나 외로움의 증상들인 슬픔, 자살충동, 자기 미움, 불면 등의 원인을 파악하는 일이 한결 쉬워질 것이다.

(4) 우울증과 외로움증의 치료를 위한 모색

앞에서 보았듯이 서양의 정신의학은 슬픔, 자살충동, 불면, 의미상실, 자기 미움 등의 감정이 세포에서 일어나는 전기 화학적 작용의 불균형으로 말미암아 발생한다고 보았다. 그래서 슬픔, 자살충동 등의 감정을 치료하는 일차적 방법으로 뉴런의 신경전달 물질의 작용에 영향을 미치는 약물을 복용하는 것이다. 다시 말해서 극단의 슬픔이나 자살충동, 의미상실 등의 우울증 증상을 앓고 있을 때 방출되는 호르몬의 분비나 흡수를 억제하는 작용을 하는 약물을 투여함으로써 감정을 조절하고 약화시키는 방법이다. 또 다른 치료법으로는 전기쇼크, 심리치료, 기타 은행이나 콩 등의 음식물에서 추출된 식품 등을 사용한다. 그러나 그러한 치료법은 부작용이 있다고 보고되어 있다. 한편 요즘 들어서는 스트레스 완화 프로그램에서 명상, 요가 등의 기법을 도입하고 그 효과가 입증되고 있기 때문에 전문가들은 우울증에도 효과가 있을 것으로 기대한다.

이와 같은 치료법의 배경에는 마음이 뇌에 있거나 적어도 우리의 신체 어디엔가 있다고 인식하는 데서 비롯된 것이 아닌가 생각된다. 앞에서 이미 살펴보았듯이 서양의 정신의학은 마음이 대뇌 세포들의 안팎에 있다고 보고 있다. 그래서 그러한 세포들의 작용, 즉 신경전달 물질인 호르몬의 분비작용을 조절하거나 심지어 신경세포막의 건강을 증진시키는 방법으로 마음의 현상을 바꾸어 보려고 노력한다.

그런데 불교심리학은 마음이 뇌를 포함한 우리의 신체 어디에도 존재하지 않는 것으로 본다. 불교심리학은 마음은 오직 앎의 순간, 인식의 순간, 경험의 순간에 출현하는 인식과정과 인지과정 속에 있다고 한다. 그러므로 우리가 의식하든 의식하지 못하든 마음은 항상 앎과 경험 가운데 존재한다. 우리가 뭔가를 '안다' 거나 뭔가를 '경험한다' 고 하는 그 순간에 마음이 존재하는 것이다. 그리고 그 마음은 언제나 '나' 와 '너' 가 분리되어 나타난다.

이제 극단적인 슬픔, 자살충동, 의미상실, 자기 미움 등의 증상을 앓는 사람들의 경우를 생각해보자. 누구나 한번쯤은 죽고 싶도록 슬프고 괴로웠을 것이다. 또 시시때때로 생이 허무해지고 자신의 존재가 무가치하게 느껴지는 상태는 누구에게나 있다. 때로는 자기 자신이 혐오스러울 정도로 싫을 때도 있다. 그럴 때 우리들은 어떻게 그 감정에 빠져있지 않고 벗어날 수 있는가? 그건 너무나 슬프고 괴롭고 죽고싶은 '나'에만 집착하는 것이 아니라 '나' 아닌 '너'에 대한 사랑과 집착도 있기 때문이다. '나'만 생각하는 것이 아니라 '너'도 생각하기 때문에 벗어날 수 있는 것이다. 나에 대한 관심만 있는 것이 아니라 너에 대한 관심도 있기 때문에 가능한 것이다. 그래서 수많은 우리의 어머니와 할머니들이 그 고된 시집살이와 남편의 외도에도 불구하고 죽거나 이혼하지 않고 견디는 것이 가능했을 것이다.

그런 의미에서 본다면 우울증은 지나치게 '나'에 집착된 경우라고 볼 수 있다. 그러니까 우리가 경험하고 아는 것의 출발은 바로 '나'와 '너'의 이원화, 주객의 대립에서 비롯되는데 우울증은 대상을 완전히 망각하고 오직 경험하고 있는 주체만을 붙잡고 있는 것이다. 우울증은 대상을 상실해 버렸다. 우리가 알다시피 '나'와 '너'는 반드시 짝으로만 존재할 수 있다고 했다. 어느 한쪽이 무너지면 나머지 다른 쪽은 자연히 무너지게 되어 있다. 실제로 자살을 할 만큼 극단적인 우울증을 앓는 사람들을 생각해 보라. 그들에게는 대상이 없다. 그들의 의식 속에는 오직 너무나 슬프고 괴로운 자기만 존재하지 그런 자기를 바라보는 가족도 친구도 존재하지 않는다.

한편 우울증은 지나치게 '너'에 집착되어 있다가 '나'를 상실해 버린 경우도 가능하다. 이를테면 평생을 가족과 자녀들을 위해서 헌신하던 가정주부가 어느날 문득 우연한 계기로 가족을 향해 있던 마음이 자신에게로 향하는 순간 허무와 공허감,

또는 자아상실감으로 시달리는 경우를 들 수 있다. 가끔 TV 드라마에서 남편의 외도나 집착하고 있던 아들이 여자와 사랑에 빠져서 자기 기대를 저버릴 때 우울증에 빠지는 아내나 어머니의 모습을 묘사하는 장면들이 나온다.

아무튼 '나'에 대한 의식이 존재하기 위해서는 반드시 '나'의 대상인 '너'가 필요하다. '나'는 오직 '너'를 의지해서만 그 존재가 가능하기 때문이다. 그래서 사람들은 돈이 더 필요해서가 아니라 뭔가 '나'라고 하는 존재인식을 유지하기 위해서 그 대상으로 '돈'에 집착하는 것이다. 어떤 사람은 사람에 집착하고 사랑에 집착하고 권력·학문·예술 등 뭔가 집착의 대상을 반드시 필요로 한다. 그런데 대상에 대한 집착을 놓아버린 사람들은 어떻게 되겠는가? 그들은 경험의 주체인 자아, '나'에 대한 집착이 불가능해지게 된다. '너'라고 하는 대상에 대한 집착도 알고 보면 바로 '나'에 대한 집착이었는데 '너'에 대한 집착이 사라지면 동시에 '나'에 대한 집착도 사라지게 되어 있다.

그렇다면 불교는 집착하지 말라고 가르치는데 집착을 놓았으니까 오히려 잘 된 일이 아닌가? 여기서 집착을 놓았다는 말은 자기에게 지나치게 집착한 나머지 아예 자신 속에 매몰되어 버려서 자기 이외의 대상에 대한 의식조차 상실해 버렸다는 의미다. 아니면 반대로 자기가 아닌 상대방에게 지나치게 집착한 나머지 자기 존재를 상실해 버렸다는 의미다. 게다가 깨닫지 못한 중생이 집착을 놓으면 삶의 공허와 자아상실로 인해서 존재의 의미를 잃어버리고 고통하게 된다. 알고 보면 마음 수행은 집착하지 않기 위해서, 또는 욕심을 버리기 위해서 하는 것이 아니라 수행의 결과 욕심이 사라지고 집착이 사라지는 것이다.

아무튼 우울증이나 외로움증은 관심의 대상, 집착의 대상을 상실한 결과이다. 아니면 지나치게 집착했지만 그 피드백을 받지 못한 좌절의 결과일 수도 있다. 이유는 다양하겠지만 현상적으로 보면 그들에게는 대상이 사라져가고 있는 상태다. 그래서 주체도 사라져가고 있는 상태인 것이다. 대상이 사라져가고 있기 때문에 주체인 자기도 사라져가고 상실되어 가고 있기 때문에 그 사실을 슬퍼하고 괴로워하는 것이다. 우울증은 아예 대상을 잡으려는 노력조차 좌절된 상태라면 외로움증은 여전히 대상을 찾고 기다리는 상태라고 하면 좋을 것이다. 우울증은 대상을 찾으려는 욕구마저 상실하고 사라져가고 있는 자기에게 몰두되어 있는 상태라면 외로움증은 대상을 향해서 뭔가 특정한 대상과의 강한 연결의 고리가 부족함을 느끼는 상태인 것이다.

대상이 사라진 상태에서도 정신적으로 건강할 수 있는 유일한 사람은 우리가 앞에서 배운 28송의 단계다. 즉 생사윤회를 벗어나서 깨달음으로 가는 5단계의 수행 가운데 3단계에 해당한다. 진리를 보는 단계에 있는 수행자들만이 경험의 대상이 없어도 정신적으로 건강할 수 있다. 이 단계에 있는 수행자들은 경험의 주체인 '나' 마저도 사라지는 무아의 단계를 향해서 부지런히 도를 닦는 사람들이기 때문에 사라진 대상을 향해 상실감을 느끼거나 홀로 남은 주체를 감당하지 못해서 당황하지 않는다. 오직 이 경지에 오른 도인들만이 집착의 대상이 없고 관심의 대상이 없어도 무료함이나 상실감으로부터 자유로울 수 있다.

이제 구체적으로 불교심리학이 우울증의 증상을 치료하는 방법으로 제안하는 것이 무엇인가? 극단의 슬픔, 상실감, 그래서 자살충동으로 이끌게 되는 증상들을 치료하는데 어떤 방법이 가능하겠는가?

우울증이 '나' 와 '너' 에 대한 감각의 불균형에서 초래된다고 생각한다. 이것을 '대상 상실증' 이라고 이름 붙이고 싶다. 그리고 그 치료법으로 사라져가는 대상을 되찾는 방법을 제안한다. 즉 '나' 에 대한 상실감을 회복하기 위해서는 '너' 에 대한 인식과 감각을 되찾아만 한다.

'나' 라고 하는 존재의 의미나 삶의 의미는 '나' 의 대상인 '너' 를 발견하고 그 소중함을 확인할 때 가능해 진다. '나' 를 미워하고 그래서 '나' 를 죽이기까지 하는 우울증의 증상은 '너' 에 대한 사랑을 통해서만이 극복될 수 있다.

그런데 상실해 가는 '너' 를 어떻게 되찾을 수 있는가? 또 상실해 가는 '나' 는 어떻게 되찾을 수 있는가? 잃어버린 '나' 와 잃어버린 '너' 를 찾는 공부가 바로 불교 심리학이 우울증과 외로움에 시달리는 사람들에게 처방하는 치료약이다. 그러면 어떤 독자들은 너무나 슬프고 우울해서 당장 죽고 싶은 사람들에게 무슨 방법으로 가만히 앉아서 명상을 하게 하고 또 어렵고 복잡한 유식 30송을 이해시킬 수 있겠느냐고 반문할 지 모른다. 그래서 부처님께서는 팔만사천 가지의 가르침을 펼쳐 보이셨던 것이다. 마음의 수행과 깨달음을 향한 길은 사람들의 정신수준과 마음 상태에 따라서 팔만 사천 가지에 이를 정도로 다양하다.

(5) 우울증과 외로움증에 대한 불교심리학적 치료

'나' 의 대상인 '너' 를 잃어버린 사람들

가. 원인

유식 1송에서 우리는 마음, 앎, 인식이라고 하는 것이 '나'와 '너'를 이원화하면서 발생하는 것이라고 배웠다. 그리고 모든 인간관계 문제가 여기서 발생한다고 했다. 다시 말해서 우리의 마음은 '나'와 '너'를 구분하고 서로가 나와 나의 것만을 중시하고 우월하게 여기면서 집착하고 너와 너의 것을 무시하는 데서 개인과 개인이 갈등하고 싸우고 국가와 국가가 다투고 싸우는 것이다. 그런데 자기 속에 매몰된 사람들의 생각 속에는 '너'에 대한 인식이 강하지가 않다. 그래서 그들은 그 어떤 누구도 자신의 삶 속에 가지고 있지 않다. 심지어는 물건이나 사물에 대한 관심도 상대적으로 약하다. 도무지 욕망이 드러나 보이지 않는다. 그래서 그러한 사람들은 친구나 남편, 아니면 주변의 사람과 갈등하거나 질투하고 다투는 의욕을 상실하고 사사로운 감정으로부터 멀어져 있다.

그러한 사람들의 마음 상태를 유식적으로 설명하면 그들의 저장식과 생각식의 작용이 의식과 오감각식에 영향을 미치는 것은 일반 사람들과 동일하다. 그런데 오감각식은 저장식과 생각식을 바탕으로 발생하지만 그 작용은 어디까지나 외부세계를 대상으로 삼고 일어난다. 구체적으로 오감각식이 발생하는 과정을 보면 먼저 5가지 감각이 외부세계를 대상으로 지각하고 그 결과 식(識)이 발생한다. 이 때 발생된 식(識)은 다시 5가지 감각과 외부대상과 화합하면서 접촉, 주의, 느낌, 개념화, 의지의 과정이 개입되어 형성된 결과가 다시 저장식과 생각식의 영향으로 왜곡되어서 실제 사물의 모습[145]과는 다른 표상[146]이 의식수준으로 드러나는 것이다. 그런데 이들의 경우는 외부세계와 접촉은 당연히 있지만 접촉된 사물이나 사람에 대해서 특별한 주의나 초점이 약하기 때문에 느낌, 개념화, 의지의 작용이 일어나지 않을 뿐만 아니라 일어난다고 해도 의식수준에서 포착될 만큼 강하지가 못하다.

쉽게 말해서 자기 생각에 몰두한 나머지 주변에 대한 관심이 부족하기 때문에 봐도 보이지 않고 들어도 들리지 않으니 특별히 어떤 사람이나 사물과의 관계형성이 이루어지지 않고 있다는 말이다. 그렇게 되면 오감각식에서 외부세계를 대상으로 발생하는 작용은 점차 줄어들게 되고 나중에는 거의 의식 없이 자동적이고 기계적으로 잠자고 먹고 씻고 움직이게 된다. 사람은 일상의 활동이 자동적이고 기계적으로 될수록 무료해지고 답답해지며 의미 추구의 욕구 좌절이 일어나게 된다.

반면에 저장식과 생각식의 작용이 의식에 미치는 영향은 더 강해진다. 그렇게 되면 자아에 대한 무지와 집착, 그리고 자아에 대한 사랑, 자만의 4가지 근본번뇌에 의해서 작용하는 생각식의 영향이 의식수준에 강하게 미치게 된다. 그 결과 의식에서는 자의식이 엄청나게 강해진다. 왜냐하면 의식에 미치는 자아도취적인 생각식의 영향은 외부세계에 대한 오감각식의 정보와 함께 부딪치고 갈등하고 화합하면서 자아와 대상에 대한 계속적인 인식이 서로 가능해지기 때문이다. 그런데 의식수준에 생각식의 작용인 자의식만 있고 그 자의식에 대응할 만한 어떤 대상인식이 오감각식으로부터 차단되어 들어오지 않고 있는 것이다. 따라서 의식수준에서 자의식과 대상의식이 서로 대립하고 갈등하고 화합하는 작용이 없어지게 되고 자의

---

145) 있는 그대로의 실상(實相).
146) 실제 모습인 실상을 묘사한 모습.

식만이 남게 된다. 이 때 개인은 자의식에 사로잡히고 매몰되게 된다.

'나' 라고 하는 의식이 존재하기 위해서는 반드시 '너' 라고 하는 대상이 필요한데 '너' 라는 대상이 너무 나약하고 희미해지면 자연히 '나' 에 대한 인식도 희미해지고 약해지기 마련이다. '나' 는 늘상 '너' 와 비교하면서 더 잘나서 우쭐대고 더 못나서 화나고 그러는 게 '나' 다. 때로는 '너' 가 '나' 와 비슷하고 닮아서 사랑하고 때로는 너무나 맞지 않아서 미워하고 그러는 게 '나' 다. 그런데 극도로 우울하고 슬픈 사람들의 '나' 는 비교해 볼 '너' 가 없는 것이다. 그래서 잘나지도 못나지도 못하고 사랑할 수도 미워할 수도 없다. 어딘가 표출될 수 있는 대상을 만나지 못한 강한 자의식은 혼자서 어쩌지 못하고 괴로워하고 잠을 이루지 못한다. 동시에 시간이 갈수록 '나' 에 대한 감각이 약화되면서 자아를 상실해 간다.

그렇게 되면 의식은 자연히 상실되어 가는 자아를 붙잡기 위해서 투쟁하고 존재의 의미를 찾기 위해 노력하지만 그러면 그럴수록 더욱 수렁으로 빠지게 된다. 결국에는 '너' 가 없기 때문에 오직 '너' 를 의지해서만 존재가 가능했던 그 '나' 가 분열되고 희미하게 사라져가는 것을 견디지 못하고 어떤 사람들은 스스로 목숨을 끊기도 하는 것이 아닌가 생각된다.

나. 치료

무엇보다도 사라져가는 '나' 의 존재, 그 의미를 강화시키고 되살리기 위해서는 '나' 의 짝인 '너' 를 되찾아 주어야 한다. 그런데 그 '너' 를 어디에서 찾을 것인가? 그 '너' 는 무엇인가? 어떤 사람들은 사랑이 없이 사는 삶이 우울증을 가져온다고 했다. 그러나 '나'라고 하는 경험의 주체, 인식의 주체에 대응하는 인식의 대상, 경험의 대상이 반드시 사랑일 필요는 없다. 물론 사랑의 의미가 반드시 사람을 사랑하는 것이 아니라 사물이나 관념, 개념을 포함한 집착, 관심, 욕망을 의미한다면 맞는 이야기다. 아무튼 경험의 대상인 '너'가 사라져서 경험의 주체인 '나'의 존재가 위협받고 생의 의미와 가치를 상실해가는 사람들을 대상으로 경험의 대상으로서의 '너'를 찾아가는 수행 프로그램을 다음과 같은 단계로 설정해 보았다.

다. '나'의 '너'를 찾아서

1단계. 절을 한다 (정도에 따라서 백팔 배, 천 배 또는 삼천 배).

존재의 의미를 상실해 가는 사람들은 기본적으로 5가지 감각 작용이 오랫동안 무시되었기 때문에 웬만해서는 그들이 보고 듣는 작업과 관련된 것으로는 대상인식이 어렵다. 다시 말해서 당장은 말이나 보여지는 것으로 그들의 관심을 집중시켜서 어떤 변화를 일으키기는 어렵다. 왜냐하면 오랫동안 주변에서 일어나는 일들이나 자연환경, 또는 사람들에 대한 관심으로부터 그들의 마음이 떠나 있었기 때문이다. 그러므로 먼저 뭔가 육체적으로 심한 움직임을 통해서 마음의 고통에 집중된 의식을 육체의 고통으로 전환하는 작업이 필요하다.

이 때 절하는 것이 부적절한 사람의 경우는 요가로 대치할 수 있다.

2단계. 절(또는 요가)을 하면서 발생한 심한 육체적 고통과 힘겨움을 완전히 체험할 수 있도록 가장 편안하게 누워서 잠시 이완한다. 이 때 1단계와는 대조적으로 몸의 휴식의 진정한 평화와 최고의 편안함을 느낄 수 있도록 아주 안락하고 깨끗한 환경을 제공한다. 주의할 사항은 그렇게 길지 않도록 하고 5분에서 7분 정도가 알맞다.

* 1단계와 2단계의 과정은 몸(오감각 기관)의 탄력성을 통해서 고정된 마음(의식과 생각식)의 탄력성을 유도하기 위한 작업이다.

3단계. 주의 이동 훈련을 한다.
(1) 명상음악 또는 자연의 소리를 듣게 한다.
1단계에서 절을 하면서 육체적인 힘겨움과 고통이 발생했다. 육체적인 심한 고통은 마음의 고통, 즉 정신적인 관념이나 생각에서 일어나는 마음의 고통에 집중되어 있던 주의를 일단 육체로 전환하도록 만든다. 이것은 의식에 집중된 주의를 감각으로 옮겨가는 작용을 하게 된다. 그런 다음에 몸에서 일어나는 감각에 머무르는 주의를 2단계에서는 자연스럽게 소리를 이용한 청각으로 옮겨가도록 돕는다. 누운 자세에서 하는 것이 가장 좋다.
(2) 아름다운 꽃, 그림, 기타 예술조각을 보여준다.
청각에 머무르는 주의를 이번에는 시각으로 옮기도록 유도한다. 누운 상태나 아니면 아주 편안한 자세로 한다.
(3) 앞의 시각과 청각 자극에 더해서 자연의 향이나 아주 부드럽고 안락한 의자 또는 바닥을 이용해서 후각과 촉각에도 주의를 골고루 옮겨가는 작용이 가능하도록 돕는다.

* 3단계는 오감각식 수준에서의 관심의 변화를 통해서 의식의 변화를 불러일으키고 나아가서 생각식의 변화를 가져오도록 유도하는 작업이다.

4단계. 정원 일이나 밭일과 같은 다소 힘든 육체노동을 한다.

단계1과 2는 함께 순서적으로 이루어져야 하지만 단계3은 독립적으로 다른 날 실천할 수 있다. 단계1과 마찬가지로 육체적으로 고된 일을 통해서 마음에 집중된 주의와 의식을 몸으로 돌리도록 한다. 아울러 이와 같은 육체노동은 생각식의 계산하고 집착하는 작용을 억제함으로써 관념과 개념들의 이미지와 심상으로 가득 찬 의식을 비우고 꽃·나무·야채·흙·풀 등 사물에 대한 관심과 느낌을 유발하게 만든다. 그렇게 함으로써 궁극적으로는 주변의 사람들에 대한 관심을 유도한다.

정원 일이나 밭일 대신 요가와 같은 심신단련 운동으로 대신할 수 있다.

5단계. 2단계와 3단계의 과정을 반복한다.

4단계에서 발생한 육체적 고통의 완전한 이완과 함께 의식에서 일어나는 슬프고 죽고 싶은 감정, 정서의 내용을 편안함과 상쾌함으로 바꾼다. 그래서 부정적으로 생각하는 작용을 멈추고 마음의 고통을 쉴 수 있도록 돕는다.

6단계. 어느 정도 의식에서 일어나는 괴로운 감정, 느낌이 전환되어 마음의 고통이 완화되었는지 점검하면서 단계1부터 다시 반복할 것인지 아니면 본격적인 명상수행을 시작할 것인지를 결정한다.

7단계. 마음의 작용에 관한 유식강의와 함께 명상훈련을 곁들여서 번갈아 훈련한다.

이 단계에서는 앞에서 우리가 공부한 마음의 구조와 마음의 작용에 대한 이해를 확장시켜 나간다. 또한 실제적으로 마음을 들여다보는 명상훈련도 함께 시작한다.

(1) 경험하는 자기와 경험하는 자기를 바라다 보는 자기의 개념을 이해시킨다.

(2) 경험하는 자기를 바라다보는 몸의 자세와 마음의 자세를 훈련한다.

(3) 경험하는 자기를 바라다보는 몸의 자세는 반가부좌를 기본으로 하고 상황에 맞게 융통성 있는 자세를 취한다.

(4) 경험하는 자기를 바라다보는 마음의 자세는 싫어하거나 좋아하는 반응 없이 중도의 자세를 취하는 훈련을 한다.

(5) 내면에서 일어나는 가장 큰 감정의 덩어리부터 지각해 가기 시작한다.

(6) 자각된 감정이나 생각들 가운데 혼자서 감당하기 힘든 것이 확인되면 그것을 원만히 극복할 수 있도록 도와 준다. 이를테면 부모에 대한 분노가 있다면 분노의 본질을 유식적으로 분석해준다. 또한 부모가 자식을 선택해서 들어오는 것이 아니라 자식이 부모를 선택한다는 불교적 이해와 가치관을 바탕으로 사성제와 인연법을 알게 한다.

이와 같은 방법으로 일단 분노에 대한 마음의 작용을 이해시킨다. 다음에는 그러한 분노의 반응이 몸에 미친 부정적인 영향을 제거하기 위하여 그 정도에 따라서 백팔 배·요가·정근·정원 일·밭일·자원봉사 등 다양한 육체노동을 한다. 그렇게 함으로써 고된 움직임으로 인해서 발생하는 육체적 고통을 통해서 몸과 마음으로 일으킨 분노의 감정과 생각을 약화시키거나 제거한다.

8단계. 사섭법과 사무량심을 훈련한다.

7단계의 과정을 반복함으로써 수행의 깊이가 점차 더해지고 거칠고 커다란 감정의 덩어리가 제거되고 나면 이번에는 사섭법과 사무량심의 실천을 통해서 '너'를 만나고 대하는 가장 이상적인 태도와 자세를 훈련한다. 즉 앞의 초기단계에서는 경험하는 주체인 '나'의 대상이 주로 자연과 사물이었다. 지금부터는 '나'의 대상으로서 '너'가 사람이다. 그러니까 쉽게 말해서 사람들의 존재를 인식하고 그들을 대하는 방법을 훈련하는 것이다.

사섭법은 첫째 물질적인 것이든 정신적인 것이든 주는 것이다. 둘째, 사랑과 애정을 가진 말을 사용한다. 셋째, 타인에게 도움이 되는 행위를 한다. 넷째, 개인의 수준에 맞추어 그들의 이익과 고락을 함께 나눈다. 사무량심은 첫째, 모든 이를 향해서 자애로움을 일으킨다. 둘째, 모든 이를 향해서 연민심을 일으킨다. 셋째, 모든 이의 행복과 성공을 기뻐한다. 넷째, 모든 이를 평등히 대하고 차별하지 않는다.

사섭법과 사무량심의 훈련은 '나'가 아닌 '너'의 존재를 아주 구체적이고 직접적으로 체험할 수 있도록 돕는다. 나아가서 나와 상대방이 어떻게 상호 연결되어 있으며 영향을 주고 받는 관계인지를 알게 해 준다. 그리고 타인과의 관계형성을 통해서 자신의 존재가 매우 뚜렷하게 확인되어지는 것을 자각하도록 돕는다.

9단계. '나'와 '너'가 하나임을 자각하는 훈련을 한다.

8단계에서 '너'에 대한 인식이 분명해지고 '나'와 '너'의 관계가 형성되었으면 이번에는 '나'와 '너'의 관계의 본질에 대한 자각훈련을 한다. 여기서는 유식강의를 통한 지적인 이해를 바탕으로 사섭법과 사무량심을 통해서 체험된 모든 경험들이 총동원된다. '나'와 '너'의 불가분의 관계를 명확히 이해하도록 돕는다. 그렇게 함으로써 '너'를 돕는 것이 왜 '나'를 돕는 것인가를 이해시킨다.

10단계. 존재의 궁극적 의미, 삶의 본질적 의미를 알게 한다. 이제 우리가 왜 사는지, 우리는 어디에서 와서 어디로 가는지를 공부한다. 윤회하는 삶과 깨달음으로 가는 삶을 분명하게 알고 십이연기와 중도적 삶의 의미를 깨우친다. 그렇게 함으로써 이제부터 더불어 함께 하는 삶, 성장하는 삶을 향해서 '나'와 '너'가 서로 돕고 의지하는 삶으로 나아간다.

나도 한때는 극도의 슬픔과 외로움으로 삶의 의미를 상실하고 죽음을 동경하고 자살하는 사람을 존경하던 젊은 시절이 있었다. 그리고 돌이켜 보아도 그 때처럼 순수하고 아름다웠던 자신의 모습은 더 이상 나에게서 찾아볼 수 없다. 내가 너무나도 나를 사랑하던 시절이었다. 그러나 우리는 내가 '나'를 사랑하는 것만으로는 세상을 살아갈 수 없다. 세상을 가장 덜 힘들고 덜 고통스럽게 살아가는 방법 가운데 하나는 '나' 대신 '너'를 사랑하는 방법이다. 나에게 집착하고 나 속에 매몰되어서 방황하던 내가 살아남기 위해서 처음으로 '나'를 포기하고 세상인 '너'를 향해 '나'의 늪을 떠나기로 결심했던 날은 말할 수 없는 슬픔이었고 아픔이었다. 그 때는 세상인 '너'를 사랑하는 일이 바로 '나'를 사랑하는 일이라는 진리를 알지 못했기에 '나'를 죽이는 아픔의 체험이었을 뿐, 그것이 바로 삶의 혁명이고 운명을 바꾸는 일이며 세상에서 가장 행복하고 만족한 삶으로 가는 길인 줄을 몰랐던 것이다.

정말로 자신을 사랑하는 방법, 그것은 바로 이웃을 사랑하고 세상 사람들을 사랑하는 일이다. 어째서 세상 사람들을 사랑하는 것이 자신을 사랑하는 일인가? 내가 너를 사랑하면 네가 나를 사랑하기 때문이다. 내가 세상을 사랑하면 세상이 나를 사랑하기 때문이다. 그러나 내가 나를 사랑하기 때문에 너도 나를 사랑해 달라고 하면 그 너는 곧바로 나에게 자기를 사랑해 달라고 한다. 그래서 사랑의 요구는 서로에게 아픔이 되고 고통이 된다.

우리가 누군가를 진정으로 사랑한다는 것, 그것은 바로 그의 삶을 돕고 성장을 돕는 일이며 그의 행복을 돕는 일이다. 또한 그러한 사랑의 행위가 그로 하여금 그의 주변과 이웃을 사랑하게 하고 세상을 사랑하게 하는 것이다. 정신적으로 성장한다는 것, 그것은 사랑의 대상이 확대되고 깊어진다는 의미다. 그렇기 때문에 사랑의 대상이 제한되면 정신적 성장도 그만큼 제한된다. 사랑의 모양과 방법이 달라져야지 사랑의 대상이 제한되어서는 안 된다. 우리가 서로의 삶을 돕고 서로의 성장과 행복을 도와야 한다는 사실은 도덕적이거나 인격적인 일에 앞서 자신의 성장과 행복에 절대적인 요소다.

위의 프로그램은 삶의 의미를 상실하고 슬프고 죽고 싶어지고 잠 못 이루는 사람들을 위해서 시도 해 본 것이다. 삶의 의미, 존재의 의미를 상실하고 슬퍼하는 사람들에게는 적지않은 도움이 되리라 확신한다.

'너'의 대상인 '나'를 잃어버린 사람들

자아인 '나'를 상실해 가고 있는 사람들의 경우는 앞에서 대상인 '너'를 상실한 사람들의 경우와는 아주 상반된 마음의 상태에 놓여 있다. 유식학적으로 두 유형의 마음을 비교하면 '너'를 상실한 경우는 거의 대부분의 마음이 생각식의 작용으로 인한 의식의 상태에 몰입하고 있는 반면에 '나'를 상실한 경우는 생각식의 작용으로 일어나는 의식을 거부하고 오감각식에 몰두하고 있는 상태다.

가. 원인

'나'를 상실해 가는 사람들은 자신의 내면에서 일어나는 공포와 불안, 그리고 상실에 대한 두려움 등의 감정을 직면하지 못하고 도피한 결과다. 그 도피방법으로 서양 사람들은 주로 파티를 좋아하는 것 같다. 친구들을 초대하고 음식을 준비하고 함께 먹고 떠들고 정신 없이 시간을 보내면서 일어나는 생각들을 잊으려고 애쓴다. 마찬가지로 우리 한국 사람들도 계모임, 동창모임, 회식 등을 한다. 유난히 모임을 좋아하고 모임에 집착하는 사람들은 크게 보면 두 가지 중의 하나다. 잘난 자신의 존재 의식을 확인하고 드러내고 싶어서이든가 아니면 반대로 못난 자기 존재 의식을 잊어버리기 위해서이든가이다.

그런데 '나'를 상실해 가는 사람들은 생각식에서 올라오는 괴롭고 피하고 싶은 생각들이 의식수준으로 떠오르는 것을 지나치게 억압한 결과이다. '너'를 상실한 사람들이 자기 안에서 일어나는 생각들에 지나치게 몰두되어 매몰되고 자기 세계에 갇혔다면 '나'를 상실한 사람들은 그 반대다. 자기 안에서 일어나는 생각들을 무조건 밀어내고 피해서 끊임없이 다른 외부대상에 주의를 돌리고 마음을 쏟는다. 그래서 계속해서 파티와 같은 일을 벌이거나 사람들을 만나면서 자기 존재를 망각하고 상대방의 존재 속으로 도피하고자 한다. 그래서 점차 자아의식이 상실되어 가고 그러면 그럴수록 더욱더 자아 상실감을 잊으려고 사람들 속으로 도피한다. 그러한 도피는 더 큰 상실감을 안겨주기 때문에 마침내 감당할 수 없는 공허감이나 슬픔을 겪게 된다.

내면에서 일어나는 고통이나 어떤 문제를 직면하는 것이 두려운 나머지 자신을 잊기 위해 지나치게 대상을 추구하게 되면 종국에는 '자아상실'의 감정에 부딪치게 된다. 왜냐하면 그들은 '자아'를 찾기보다는 '자아'로부터 도망을 갔기 때문이다. '자아'를 찾는다는 의미는 '나'를 들여다 본다는 의미다. 그런데 '나'를 심하게 불안하게 하고 공포스럽게 하는 어떤 심상이나 사건이 의식수준으로 올라오게 되면 부딪쳐 해결하기보다는 도망가게 된다. 왜인가? 무엇 때문에 사람들은 불안하고 두려워하는 자아를 돌보지 않고 자아로부터 도망을 가는 것인가?

자아 또는 '나'를 담당하는 마음의 작용은 생각식이다. 그런데 생각식에서 집착하고 있는 자아는 영원하고 절대적이며 우월하다. 그리고 우리는 그런 자신에게 프라이드를 느낀다. 그런데 생각식이 남들과 '나'를 비교하면서 '나'를 잘났다고 하는 것이 아니라 자꾸만 못났다고 하면 자연적으로 의식은 화나고 괴롭고 싫기 때문에 그것을 피해서 오감각식으로 도피하게 된다.

'나'를 상실해 가는 또 다른 이유는 너무나 문제가 없는 삶이 문제가 되어서 발생한다. 왜냐하면 생각식은 항상 자기 존재를 드러내고 자기의 잘남과 특별함을 확인하는 것을 좋아하기 때문이다. 자아에 집착되어 있고 자아가 잘났다는 사실을 확인받고 싶어하는 생각식은 언제나 그러한 욕구를 충족시킬 수 있는 대상이나 사건이 필요하다. 그래서 사람들은 끊임없이 자기 존재를 확인할 수 있는 자극을 찾고 유발한다. 적당한 스트레스와 약간의 긴장감은 삶의 의욕과 활력소에 필수적이다. 마치 목욕탕에서 건강하고 탄력있는 피부를 유지하기 위해 냉탕과 온탕을 오가는 사람들처럼 마음의 건강을 유지하기 위해서는 적당한 긴장과 스트레스가 필요하다. 지나치게 이완되고 스트레스가 없는 생활은 지나친 스트레스와 좌절만큼이나 삶의 의욕과 의미를 상실하게 만든다.

나. 치료

'나'를 잊고 오직 '너'에 집중된 사람들을 위한 치료법은 일차적으로 오감각식의 작용을 일시적으로 차단하고 의식과 생각식의 작용에 주의를 기울일 수 있도록 돕는 일이다. 쉽게 말해서 겉으로는 웃고 떠들지만 깊은 마음의 내면에서는 괴롭고 불안해 하는 진짜 감정을 들여다 보고 그러한 감정으로부터 해방시켜주는 일이 필요하다. 사람들은 대개 마음이 불안해지거나 뭔가 감당하기 어려운 일에 직면하면 그것을 부딪쳐서 해결하기보다는 도망갈 도피처를 찾게 된다. 그렇게 해서 만나지는 그 도피처가 때로는 생을 바꾸어 놓는 인연이 되기도 한다. 그리고 그 바꾸어진 생이 행복일 수도 있고 불행일 수도 있다. 너무 자극이 없어서, 즉 우리의 일상이 너무나 무료하고 심심해지면 생각식이 못 견딘다.

왜냐하면 생각하고 계산할 것이 없어서 할 일이 없어진 생각식이 자기 존재를 확인하고 알리기 위해서 뭔가 생각하고 계산할 거리를 찾게 된다. 7송에 보면 깨달음에 이른 성자의 경지에서만 생각식이 그 작용을 멈추지 깨닫기 전에는 생각식은 반드시 뭔가를 생각하고 집착해야 되기 때문이다. 그래서 아무 탈이 없는 상황 자체를 견디지 못하는 생각식은 '나'를 확인하고 알리기 위해서 일부러 일거리를 만들고 문제를 만들어서 고민하고 괴로워한다. 또 어떤 사람들은 자극이 너무 강해서, 즉 일상이 너무 힘들고 스트레스가 심해서 자아의식이 위기에 봉착하면 감당을 못하는 생각식이 그것을 피해서 보다 생각하기 쉬운 대상을 찾거나 만들어 내고 거기서 발생하는 문제 때문에 고민한다.

어느 쪽이든 문제해결의 첫 출발은 내면에서 일어나는 마음, 즉 생각식과 생각식의 영향으로 발생하는 의식의 감정들과 직면할 수 있어야만 한다. 즉 의식에서 일어나는 감정과 생각식에서 일어나는 관념, 사상, 신념 등을 피하지 말고 그대로 바라보아야만 근본적인 문제해결이 가능해진다. 자기도 몰래 괴로워하고 힘들어하는 자아를 피해서 도망 가지 말고 만나야만 한다. 그러면 어떻게 자아를 만나 갈 수 있는지 구체적인 방법을 생각해 보자.

다. 사라져 가는 '나'를 찾아서

1단계. 요가나 절을 한다.

'나'를 잃어버린 사람들은 생각식에서 작용하는 불안한 자아의식이 의식수준에서 일어나지 않도록 억압하기 위해서 오감각식이 외부 대상을 향해서 집중되어 있다. 그러므로 요가나 절을 통해서 다소 고된 육체적인 움직임을 일으키고 외부대상으로 향한 일체의 관심을 자신의 육체로 이동하도록 유도한다.

이 때 마음이 오감각식에서 작용한다는 사실은 이전과 동일하지만 작용의 대상이 외부대상, 즉 타인으로부터 자신의 육체로 전향된다. 그렇게 함으로써 온통 '너' 라고 하는 대상에 집중된 의식을 일단은 '나' 의 신체로 이동하는 데 성공한다.

2단계. 명상훈련을 시작한다.
첫 단계에서 '너' 라고 하는 외부대상에 대한 주의집중이 어느 정도 완화되었으면 곧장 자기를 바라보는 명상훈련을 시작한다. 이 때 집중하는 것이 어려우면 명상음악이나 기타 수단을 사용할 수도 있다.

3단계. 의식수준에 떠오르는 두려움과 불안의 감정을 다룬다. 죽음을 예로 들어보자.
(1) 전생을 상상한다.
태어나기 전 어머니의 자궁 속에 있었던 자신의 태아의 모습을 상상한다. 태아가 되기 이전의 자신의 모습을 상상한다. 그리고 그 이전의 삶의 모습을 상상한다. 이와 같은 방식으로 전생의 모습을 상상하는 전생여행으로 안내한다.
(2) 다음 생을 상상한다.
전생을 상상하고 나면 이번에는 다음 생에 자신이 무엇이 될 것인지를 상상해 본다.
(3) 인간의 생로병사에 대한 상상을 한다.
인간의 태어남, 성장, 늙음, 병듦, 죽음에 대한 주제를 차례대로 상상해 보고 각각의 반응을 살펴본다. 만일 인간의 병듦과 죽음을 상상하는 것이 힘들면 먼저 애완동물이나 식물을 대상으로 해도 좋다. 이러한 심상을 통해서 인간은 태어나면 반드시 죽게 된다는 사실을 은연중에 받아들이도록 훈련한다.
 (4) 윤회하는 삶을 상상한다.
 인간은 한번 태어나서 죽고 그것으로 완전히 끝나는 것이 아니라 계속해서 다시 태어나고 죽고 하는 것을 끊임없이 반복한다는 것을 알게 한다. 그렇게 함으로써 죽음에 대한 불안과 공포를 제거한다.
 (5) 죽음을 상상한다.
 자신의 죽음이나 타인의 죽음을 상상해본다. 이 단계 훈련에서는 죽음에 대한 공포나 불안이 거의 해소되도록 한다.
 (6) 상상으로 죽는다.
 생각으로 자신의 죽음을 상상하고 체험해 본다.
 (7) 일생을 상상해 본다.
 자신의 태어남과 성장과 현재, 그리고 늙음, 병듦, 죽음을 차례대로 상상한다. 그리고 장례식을 치루고 다시 태어나는 삶까지를 상상해 본다.

 4단계. 유식강의와 명상훈련을 함께 한다.
 유식의 가르침을 통해서 마음의 구조와 작용을 점차적으로 이해해 가면서 계속적으로 자기 안에서 일어나는 감정이나 생각들을 바라보는 훈련을 한다.

 5단계. 사성제 팔정도 십이연기 등에 대한 이해를 강화하면서 계속 명상훈련을 한다. 사성제와 팔정도는 고통하는 원인과 그 원인을 제거하고 깨달음에 이르기 위한 올바른 행위를 제시한다. 그리고 십이연기는 무지로 출발해서 생사윤회하는 삶의 이치를 가르친다. 이러한 과정을 통해서 자기에 대한 이해를 보다 굳건하게 하고 내면의 힘을 기른다.

6단계. 사섭법과 사무량심을 훈련한다.
진정으로 타인을 위하는 방법과 태도에 대한 훈련에 초점을 맞춘다.*

---

*구체적인 방법은 앞의 내용 참조.

부록 I

유식(唯識)의 새로운 이해

유식(唯識)의 새로운 이해

1. 오감각식과 의식의 분리

유식에서는 제6식인 의식작용과 오감각식의 작용을 하나로 묶어서 같은 종류로 취급한다. 다시 말해서 유식은 마음을 저장식, 생각식, 그리고 의식과 오감각식을 한데 묶어서 3개의 구조로 되어 있다고 설명한다. 하지만 의식과 오감각식은 완전히 다른 성질의 작용이라고 생각한다. 그래서 의식을 오감각식과 분리해서 마음을 다음과 같이 4개의 구조로 파악하고자 한다.

즉, 마음은 저장식, 생각식, 오감각식, 의식의 4종류가 있다. 저장식, 생각식, 전오식은 능동적 변형이고 의식은 이들의 능동적 변형이 상호작용하거나 독립된 작용으로 인해서 드러나는 수동적 변형이다. 또 저장식, 생각식, 전오식은 무의식적 작용인 반면에 의식은 의식적 작용이다. 여기서 먼저 오감각식과 의식이 어떻게 다른가를 나름대로의 방식으로 규명해 볼 것이다. 나아가 저장식, 생각식, 오감각식의 능동적 변형과 수동적 변형인 의식의 관계를 살펴 볼 것이다. 이는 성유식론을 근거로 하는 기존의 이해방식과는 완전히 다른 새로운 시도이며 순전히 필자의 개인적인 견해임을 밝혀둔다.

첫째, 의식과 오감각식은 그 작용하는 방식이나 기능이 완전히 다르다. 우선 의식은 오감각식, 생각식, 저장식의 상호작용으로 드러나는 식이다.

지각에는 세 가지 지각방식과 세 가지 지각영역이 있다. 세 가지 지각방식에는 직접적인 지각[1], 추론[2], 잘못된 지각[3]이 있

다. 세 가지 지각영역은 실상[4], 표상[5], 심상[6]이다.[7]

여기서 오감각식이 저장식과 생각식의 영향 없이 직접적 지각방식으로 외계의 사물과 만나면 그 결과 의식에 나타나는 형상은 실상이다. 이 때의 의식은 순수직관에 의한 자각의 상태다. 생각식과 저장식이 오감각식과 외부대상과의 접촉에 개입하지 않는다는 의미는 곧 과거경험이 현재의 감각지각 경험에 전혀 영향을 미치지 않는다는 것이다.

그렇게 되면 오감각식에 의해서 보여지는 외계의 사물은 진짜 있는 그대로의 실제 상이며 우리는 그것을 순수직관이라고 부른다. 또 생각식과 저장식이 오감각식과 외계 사물과의 작용에 개입하지 않는다는 말은 우리 안에 이미 있어진 과거의 경험이나 관념이라고 하는 색안경에 의해서 외계의 사물이 왜곡되거나 변형되어 비추어지는 이미지나 표상인 허상이 아니라 실제 모습 그대로인 실상이라는 의미다. 그러나 오감각식에 저장식과 생각식의 영향이 개입하면 의식은 감지된 감각지각을 묘사하고 나타내는 표상의 영역에서 작용하게 되고 이 때 의식에 나타나는 외부 현상의 모습은 실제 모습이 아니라 과거 경험과 기억에 의해 굴절된 허상이고 그림자와 같은 것이다.

---

1) 직지(直知), pratyaksha-pramana, direct perception.
2) anumana-pramana, inference.
3) abhava-pramana, wrong perception; 잘못된 직접적 지각과 잘못된 추론.
4) 실상(實相), the realm of things-in-themselves or the realm of suchness; 생각식의 영향으로 의식의 변별작용이 개입하면서 개념화와 정신적 구성에 의해 왜곡되지 않은 있는 그대로의 실제 모습.
5) 표상(表相), the realm of representation; 사고패턴에 의해서 구성되고 형성된 상.
6) 심상(心相), mental images; 저장식에 있는 표상으로부터 얻어진 상.
7) Thich Nhat Hanh, "Transformation at the Base", Berkeley, CA: Parallax Press, 2001 참고.

한편 오감각식이 외부현상을 대상으로 삼지 않은 상태에서 저장식과 생각식의 영향을 받아서 나타나는 의식은 심상의 영역에서 작용하게 된다. 이 때의 심상은 주로 감각기관을 통한 외계 사물의 지각없이 그냥 내부에서 저장식과 생각식의 작용으로 일어나는 관념, 개념의 형태다. 또한 과거 경험에 대한 기억이 다시금 의식 속에 재출현하는 형태이다.

요약하면 의식은 실상, 표상, 심상의 세 가지 지각형태로 드러난다. 오감각식이 외부현상과 작용하는데 저장식과 생각식이 개입하면 의식에 나타나는 외부현상은 실제 모습 그대로가 아니라 실제 모습을 묘사하고 해석한 표상이 된다. 그러나 생각식과 저장식이 오감각식에 개입하지 않고 순전히 오감각식과의 접촉으로 의식에 나타나는 외계 사물은 있는 그대로의 모습인 실상이 된다. 또한 감각기관은 외계 사물을 대상으로 취하지 않고 저장식과 생각식의 영향으로도 작용이 가능한데 이 때 의식에 드러나는 모습은 심상의 형태이고 과거 경험에 대한 기억이나 개념, 관념이다.

둘째, 생각식과 저장식이 개입되기 이전의 오감각식과 외부세계와의 접촉 자체는 직접적 지각이고 실상이기 때문에 항상 선(善)의 특질을 갖는다.[8] 즉, 오감각식이 생각식과 저장식의 영향을 받지 않고 곧바로 외계의 사물, 있는 그대로의 실상과 만난다는 말은 과거 경험에 의한 영향 없이 순수직관으로 사물을 꿰뚫어 봄으로써 있는 그대로의 진실을 본다는 의미에서 선의 특질을 갖는다고 한다. 반면에 오감각식이 외계사물과 접촉하는데 생각식과 저장식의 영향을 받거나 외계사물을 대상

---

[8] "촉의 자성은 참된 것(實)이며, 허망된 것(假)이 아니다." 성유식론 상동 p.102 참고

으로 삼지 않고 생각식과 저장식의 영향으로 나타나는 의식은 표상과 심상의 형태이므로 이것은 순수직관이 아닌 추론 또는 잘못된 지각이다. 추론 또는 잘못된 지각작용으로 나타난 의식은 불선이거나 선도 불선도 아닌 중성의 특질을 갖는다. 다시 말해서 직접적 지각이 실상과 만나면 선한 정신작용의 특질을 갖고 잘못된 지각은 불선 또는 선도 불선도 아닌 중성적 특질의 정신작용을 갖는다.

셋째, 오감각식은 저장식이나 생각식과 마찬가지로 그 작용이 매우 미세하므로 감지하기가 어렵고 무의식의 상태로 작용한다. 또한 오감각식은 순수직관에 의한 지각작용과 저장식과 생각식의 영향으로 인한 추론과 잘못된 지각작용이 가능하기 때문에 그 작용결과가 의식의 상태로 드러나기 전에는 선·불선을 결정할 수 없다. 따라서 즐겁지도 괴롭지도 않는 중성의 특질을 갖는다. 그러나 의식은 무의식으로 작용하는 것이 아니라 의식으로 작용하기 때문에 선·불선, 또는 중성의 특질을 분명하게 드러내고 즐겁거나 괴롭거나 즐겁지도 괴롭지도 않는 중성의 성질을 띤다.

넷째, 유식의 가르침에 의하면 수행을 통해서 번뇌에 오염된 8식을 4가지 지혜로 전환시킨다. 즉, 저장식은 대원경지[9]로, 생각식은 평등성지[10]로, 의식은 묘관찰지[11]로, 오감각식은 성소작지[12]로 전환된다고 했다.[13] 여기서 짐작컨대 의식과 오감각

---

9) 깨닫지 못한 중생의 저장식은 원래 명료하지 않고 그 작용이 미세하여 무의식의 상태로 작용하기 때문에 감지하기가 어려운데 수행을 통해서 거울처럼 투명하고 원만하게 일체를 비추는 대원경지의 지혜로 전환된다.
10) 자아에 집착해서 자기만 잘났다고 하는 생각식의 무지는 수행을 통해서 일체가 차별 없이 절대평등하다는 진리를 아는 평등성지의 지혜로 전환된다.

식이 완전히 다른 기능이기 때문에 팔식으로 작용하는 중생이 수행을 통해서 깨달음을 얻게 되면 세 종류가 아닌 네 가지 종류의 지혜로 전환된다. 다시 말해서 의식은 묘관찰지로 전환되고 오감각식은 성소작지로 각각 그 기능이 다른 종류의 지혜로 전환되는 점으로 미루어 볼 때 마음의 변형은 세 종류이기 보다는 네 종류로 보아도 좋지 않을까 생각된다.

위의 네 가지 설명에서 보듯이 의식과 오감각식은 그 작용하는 과정이나 기능이 완전히 다른 것이다. 의식은 오감각식이 외부대상, 저장식, 생각식과 상호작용하면서 우리의 의식 속에 드러나는 표상이거나 생각식과 저장식의 영향으로 인한 심상, 또는 생각식과 저장식의 영향 없이 오감각식의 순수지관에 의한 실상 가운데 하나가 아닌가 여겨진다. 그러므로 유식에서는 8송에서 14송까지 의식과 오감각식을 함께 묶어서 설명하고 있으나 이 책에서는 의식과 오감각식에 해당하는 내용을 구분해서 설명해 보고자 한다.

2. 오감각식에 미치는 생각식의 영향

오감각식에 대한 전통적인 이해는 생각식이 오감각식에 아무런 영향을 미치지 않는다고 본다. 그러나 나는 다음과 같은 몇 가지 이유로 생각식이 의식뿐만 아니라 오감각식에도 영향을 미친다고 생각한다.

---

11) 항상 탐진치 삼독과 자아에 집착하여 자기만을 주장하고 위하는 생각식의 영향으로 잘못 계산하고 분별하는 의식은 수행을 통해서 정확하고 올바르게 관찰하는 묘관찰지의 지혜로 전환된다.
12) 생각식에 가려져서 잘못 보고 듣고 냄새맡고 맛보고 감촉하는 오감각식이 수행을 통해서 지혜가 작용하는 성소작지의 지혜로 전환된다.
13) 4가지 지혜에 대한 보다 구체적이고 확대된 설명은 29송 각주 참고

첫째, 오감각식에 작용하는 욕구, 결심, 기억, 집중, 지식의 5가지 특수한 정신요인은 생각식과 저장식의 영향에서 비롯된다고 생각한다. 그 이유로 다음의 두 가지 사실을 예로 들고자 한다. 첫째, 성유식론에 보면 특수한 정신요인에 대한 다음과 같은 설명이 있다.

'욕구(欲)의 심소는 역시 즐거워할 만한 것의 양상을 요별한다. 승해(勝解)의 심소는 역시 결정된 것의 양상을 요별한다. 기억(念)의 심소는 역시 일찍이 익힌 것의 양상을 요별한다. 집중(定)의 심소와 혜(慧)의 심소는 역시 덕(德)과 과실 등의 양상을 요별한다.'고 한다. 이것[14]에 의해서 대상에 대해 선심소와 잡염심소 등을 일으킨다.

위의 설명에서 보듯이 '욕구'가 감각대상이 즐거운지 즐겁지 않은지를 구별하기 위해서는 즐겁고 즐겁지 않은 과거경험이 필요하다. 특히 '기억'은 당연히 과거경험에 대한 기억작용인 것이다. 집중과 혜의 요소 또한 과거경험을 바탕으로 작용할 수 있는 기능이다. 그러므로 오감각식에 작용하는 특수한 정신요인은 생각식의 영향이며 그 영향이 강할수록 오감각식을 통해서 받아들인 외부현상의 모습은 그만큼 왜곡되고 굴절된 표상으로 의식 속에 드러나게 될 것이다.

둘째, 5가지 특수한 정신요인의 작용을 가만히 살펴보면 즐거워하는 것을 찾는 욕구나 기억의 작용, 잘하고 잘못하는 것

---

14) 보편적 정신요인에 의해서 요별된 사물의 전체적인 모습과 특수한 정신요인에 의해서 요별된 사물의 개별적인 모습.

을 분별하는 힘은 의식에서 발생하는 작용이기보다 저장식에 바탕을 둔 생각식의 작용에 더 가깝다고 할 수 있다. 왜냐하면 첫째, 생각하고 계산하고 판단하는 것은 생각식의 작용이고 그 결과로서 좋고 나쁘고 분별되어 드러나는 것이 의식현상이기 때문이다. 입능가경에서 말씀하시기를:

> 저장식을 심(心)이라고 이름한다.
> 생각하고 계산하는 성질을 의(意)라고 이름한다.
> 모든 대상의 모습을 능히 차별하는 것을 식(識)이라고 이름한다.[15]

라고 했다. 그러므로 위에서도 말했듯이 욕구, 결심, 기억 등의 특수한 정신요인은 생각식의 작용이고 그것이 오감각식을 통해서 의식에 드러나거나 아니면 곧바로 의식에 영향을 미침으로써 그 결과 긍정적인 정신요인(善) 또는 부정적인 정신요인(근본번뇌와 이차적인 번뇌)이 의식의 상태로 드러난다고 보는 것이 합리적이지 않을까 생각된다. 이 때의 의식작용은 대상을 능동적으로 차별하기보다는 생각식의 작용에 의해서 차별되어 인식되고 드러나서 알아지는 수동적인 앎의 형태로 여겨진다.

한편 성유식론에서는 생각식에 5가지 특수한 정신요인이 작용하지 않는다는 사실을 다음과 같이 주장한다.

> 욕구(欲)의 심소는 이루지 못한 일을 희망하는데, 이 식은 이루어진 대상을 자연히 반연하고 희망하는 바가 없다. 따라서 욕구의 심소가 없다. 승

---

15) 인간의 정신현상을 심의식설(心意識說)로 설명한 것이다. 심(心)은 쌓아서 모아둔 축적의 의미이고 의(意)는 생각하고 측정하며 식(識)은 변별 또는 분별의 의미다.

해(勝解)의 심소는 예전에 결정되지 않은 대상을 분명히 지니는데, 이 식은 아득한 옛적부터 일정한 것을 반연하고 분명히 지니는 바가 없다. 따라서 승해의 심소가 없다. 기억(念)의 심소는 오직 예전에 익힌 것을 기억하는데, 이 식은 항상 현재 받아들인 대상을 반연하고 기억하는 바가 없다. 따라서 기억의 심소가 없다. 집중(定)의 심소는 오직 심왕을 붙잡아서 하나의 대상에 기울이는데, 이 식은 자연히 찰나마다 다른 대상을 반연하고 하나의 대상에 집중하지 않는다. 따라서 집중의 심소가 없다.[16]

    그런데 위의 사실은 쉽게 이해가 가지 않는다. 왜냐하면 욕구의 경우, 이루지 못한 사실 자체가 경험의 범주에 들어 갈 뿐만 아니라 특히 기억의 경우 생각식은 항상 현재 받아들인 대상과 작용한다고 하는데 생각식에서 현재 받아들이고 있는 대상 자체가 과거경험의 종자이므로 당연히 기억과 관련되어 있다. 다시 말해서 생각식은 저장식을 바탕으로, 저장식의 인식주체를 그 대상으로 삼아서 발생한 식이다. 그런데 저장식은 우리가 이미 알다시피 아득한 과거부터 행해온 일체의 경험들의 종자가 집적되어 있고 그것을 대상으로 삼는 생각식의 작용은 언제나 과거경험과 기억에 관한 것들이다.

    따라서 결심(승해)의 요인 또한 결정된 것의 모양을 분별하는 작용이므로 과거경험에 비추어서 이루어지고 집중의 작용 역시 결정되고 기억되는 요인과 상호 영향이 있다고 보아야 타당할 것이다. 생각식이 찰나마다 다른 대상과 작용하기 때문에 집중할 수 없다고 했지만 한 대상에서 다른 대상으로 옮겨가게 만드는 근본 원인은 과거 경험, 기억 등이 욕구와 관련해서 어

---

16) 성유식론 p. 172 참고.

떤 특정한 대상에는 더 오래 머물고 더 강하게 작용함으로써 그것이 의식 속에 드러나게 하는 결과가 아닌가 생각된다.

셋째, 특수한 정신요인이 오감각식에서 작용한다는 주장은 호법[17]의 견해다. 한편 안혜[18]는 오감각식에는 특수한 정신요인이 작용하지 않는다고 했다. 물론 안혜는 그 이유를 다르게 설명했지만 필자는 개인적으로 다음과 같은 이유를 제시하고 싶다. 특수한 정신요인을 생각식과 저장식의 영향이라고 가정하면 오감각식이 저장식과 생각식의 영향을 받지 않고 순수직관에 의해서 외부현상을 지각하는 경우를 특수한 정신요인이 오감각식에서 작용하지 않는 예로 들 수 있을 것이다. 그렇게 되면 안혜와 호법의 견해가 서로 모순되지 않고 양립할 수 있다.[19]

그렇다면 욕구, 결심, 기억 등의 특수한 정신요인은 오직 생각식의 작용일 뿐, 의식수준에서는 작용하지 않는가? 당연히 작용한다. 그러면 생각식에서 작용하는 욕구 등과 의식에서 작용하는 욕구 등은 어떻게 다른가?

첫째, 생각식에서 작용하는 욕구 등의 정신요인은 그 작용이 미세하여 감지하기가 어려울 뿐만 아니라 자동적이고 무의식적인 과정으로 이루어진다. 왜냐하면 생각식 자체가 무의식적 작용이기 때문에 그에 수반되는 욕구 등의 정신요인 역시 무의식으로 전개될 수밖에 없다. 생각식에서 작용하는 정신요인이

---

17) 호법(護法, Dharmapāla): 유식 30송을 해설했던 열 명의 학자 가운데 한 사람. 현장법사가 성유식론을 저술하는데 주로 호법의 학설을 참고했음.
18) 안혜(安慧, Sthiramati): 유식 30송을 해설했던 열 명의 학자 가운데 한 사람
19) 성유식론 pp. 214~215 참고.

자동적이고 무의식적이라는 말은 의지적으로 또는 의도적인 노력으로 발생하는 것이 아니라는 의미다. 그냥 과거의 습관적 에너지에 의해서 저절로 수동적으로 그렇게 작용한다는 의미다. 반면에 의식수준에서 작용하는 욕구 등의 정신요인은 그 작용과정이 명료하게 드러나며 인위적인 노력에 의해서 이루어지는 의식적인 과정이다. 왜냐하면 의식 자체가 현재 인식상태에 있는 마음의 작용이므로 그에 수반되는 다른 정신요인들도 자연히 의식적인 과정으로 진행되어진다. 따라서 의식상태에서 발생하고 작용하는 욕구 등의 정신요인은 의식적인 통찰을 바탕으로 이루어지기 때문에 자발적이고 능동적이다.

이 때 의식에서 일어나는 통찰은 고통에 대한 과거경험과 기억의 종자들로부터 오거나 현재 경험하고 있는 고통으로부터 일어난다. 이를 좀 더 구체적으로 설명해 보자. 이미 알고 있듯이 의식의 내용은 생각식의 정신작용이 직접 의식수준에 드러난 결과이거나 아니면 생각식과 저장식의 영향을 받은 오감각식의 작용이 의식으로 드러난 결과이다. 그렇게 드러난 의식은 있는 그대로의 실상이 아니라 관념적·개념적인 심상이나 외계사물의 표상들이기 때문에 진리가 아니고 실제가 아니다. 진리가 아니고 실제가 아닌 것들은 어떤 형태로든 서로 부조화를 낳고 종국에 가서는 갈등과 고통을 일으키기 마련이다. 그런데 만일 과거에 고통과 갈등을 일으켰던 상황과 비슷한 상황이 현재에 다시 일어나고 있다면 의식은 그것을 통찰하고 위험신호를 보낸다는 것이다. 이 때의 위험신호는 양심, 부끄러움, 죄책감 등의 작용으로 나타날 수 있다. 그 결과 의식에서는 예상되는 갈등이나 고통을 피해서 뭔가 보다 합리적이고 건전한 방향으로 행위함으로써 안전한 상황을 희망하는 욕구가 발생하고 그 욕구가 강해지면 결심으로 굳어져서 기억하고 집중하게 되어 결국 올바른 것을 선택하게 하는 작용으로 이어진다.

두 번째 이유는 현재 경험하고 있는 상황이 너무나 고통스럽고 힘이 들면 자연적으로 의식수준에서 고통에 대한 통찰이 일어나고 고통에서 벗어나고자 하는 욕구가 발생한다. 그리고 고통이 강할수록 또 고통이 지속될수록 욕구는 그만큼 강해지게 되어 결심을 유도하고 계속적으로 기억하고 집중하게 되어 방법을 찾게 된다. 그래서 만나게 되는 것이 예술이고 종교이고 명상이다.

둘째, 5가지 정신요인 가운데 마지막인 지혜의 요인이 생각식에서 작용하는 경우는 진정한 의미의 지혜가 아니다. 왜냐하면 생각식은 기본적으로 자아에 집착하고 아만과 무지상태에서 항상 자아를 중심으로 선, 악을 판단하고 선택하기 때문이다. 다시 말해서 우매한 사람의 판단도 그 입장에서 보면 지혜인 것처럼 자아에 집착된 생각식도 나름대로의 판단에 의해서 선택하는 것이기에 지혜라고 불리기는 하지만 어디까지나 생각식의 입장에서의 지혜다. 다시 말해서 판단과 선택 자체가 자동적이고 무의식적인 과정으로 일어나기 때문에 우리가 일반적으로 알고 있는 그런 의미의 지혜는 아니다. 반면에 의식수준에서 작용하는 지혜의 정신요인은 일차적으로 선이다. 왜냐하면 고통의 기억이나 또는 현재 경험하고 있는 고통에 대한 통찰에서 비롯되기 때문이다. 즉 자아를 보호하려는 생존본능에서 나름대로의 최선의 선택이기 때문이다. 그러나 그 결과가 반드시 선으로 작용하는 것은 아니다. 상황에 따라서 선, 악 또는 중성으로 나타날 수 있다. 그 극단적인 예가 고통으로부터 벗어나기 위해서 종교를 선택하거나 약물을 복용했는데 오히려 종교에 속박되거나 약물에 의해 또 다른 손상을 입는 경우이다.

셋째, 생각식의 작용으로 일어난 영향은 의식 속에 직접 드러나기도 하고 오감각식의 작용에 영향을 미친 결과 의식으로 드러나기도 한다. 반면에 의식수준에서 이루어지는 작용 결과는 반대로 생각식과 저장식의 작용에 영향을 미치고 오감각식의 작용에 영향을 미친다. 쉽게 말해서 과거의 경험과 기억의 종자를 바탕으로 발생한 생각식의 작용은 과거의 의식이 현재의 의식에 영향을 미치는 것이다. 또한 과거의 의식이 외부세계를 받아들이는 오감각식에 영향을 미치는 것이다.

그런데 의식에서 작용하는 특수한 정신요인은 고통과 통찰을 근본 원인으로 한 자각에서 출발하기 때문에 역으로 저장식과 생각식에 영향을 미친다. 만일 고통으로부터 벗어나려는 욕구가 자아와 현실을 보다 잘 이해하는 마음공부와 정신적 성장으로 나아간다면 선한 업을 쌓게 될 것이다. 반대로 고통에서 벗어나기 위한 노력이 잘못된 인연에 의해서 또 다른 고통을 낳거나 고통을 완화시키기보다는 오히려 고통을 가중시킨다면 악하거나 중성의 업을 낳게 된다.

이 두 극단적인 결과가 종국에는 저장식의 긍정적인 종자를 키우거나 부정적인 종자를 키우게 되고 나아가서 생각식의 잘못된 분별을 약화시키거나 강화시키는 역할을 하게 된다. 뿐만 아니라 저장식과 생각식에 미치는 긍정적·부정적 영향은 다시금 오감각식의 작용에 긍정 또는 부정의 영향을 미치게 된다.

넷째, 생각식의 작용 결과로서 의식에 드러나는 모습은 선, 악, 또는 선하지도 악하지도 않는 중성의 특질을 갖고 쾌, 불쾌, 또는 유쾌하지도 불쾌하지도 않는 중성의 감정을 갖는다.

그러나 의식수준에서 이루어지는 욕구 등의 정신요인은 선, 악, 중성의 특질을 갖고 쾌, 불쾌, 중성의 감정으로 유도하는 밑거름으로 작용한다. 생각식은 무의식적이고 자동적인 과정이라 의식의 상태로 드러나기 전까지는 그 모습을 알 수 없지만 의식수준에서 이루어지는 욕구 등의 작용은 그 결과가 몸과 뜻과 말로써 분명하게 드러나기 때문이다.

3. 저장식, 생각식, 오감각식에 영향을 미치는 의식

앞에서도 언급했듯이 유식 30송을 해설해 놓은 성유식론에서 생각식은 의식에 영향을 미치지만 오감각식에 직접적인 영향은 미치지 않는다고 되어 있다. 뿐만 아니라 의식은 저장식, 생각식, 오감각식에 영향을 미치지 못하는 것으로 되어 있다.[20]

그런데 앞에서 설명했듯이 이들 4종류의 마음작용 관계를 기존의 설명과는 다르게 해석했다.[21] 저장식의 영향을 직접, 간접으로 받고 발생하는 생각식과 의식, 오감각식의 작용은 다시 저장식의 종자로 되돌아오게 된다고 생각한다. 그 일차적인 근거는 앞에서 설명된 19송의 내용과 관련되어 있다. 19송을 보자.

> 과거 모든 경험을 축적하고 있는 업의 종자가 4종류의 분별하는 마음과 함께 작용함으로써 저장식이 일단 다양한 행위로 전개되고 드러나면 이전의 저장식이 멸하게 된다. 그러나 드러난 행위를 통해서 촉진되고 주체와 대상으로 분별하는 습관적 에너지를 통해서 또 다른 저장식을 생겨나게 한다.

---

20) 성유식론 p. 316 참고.
21) 구체적인 설명은 부록 II에서 3 참고.

19송은 저장식이 어떻게 생겨나고 유지되는가를 설명하고 있다. 19송에 의하면 저장식은 과거의 업(行爲)의 종자와 저장식, 생각식, 의식, 오감각식이 다시 주체와 대상으로 분별하는 상호작용으로 인해서 이전의 저장식은 소멸되고 새로운 저장식이 생겨난다고 한다. 그렇다면 과거의 저장식에는 과거의 생각식, 의식, 오감각식의 작용이고 미래의 저장식은 현재 작용하는 생각식, 의식, 오감각식의 영향이라 할 수 있다. 따라서 저장식이 생각식과 오감각식에 일방적으로 영향을 미치는 것이 아니라 서로 영향을 주고 받는다고 해야 이치에 맞으리라 생각된다. 뿐만 아니라 현재의 행위가 미래의 업종자를 만든다는 사실은 누구나 알고 있고, 우리가 행위한다고 하는 말은 저장식, 생각식, 의식, 오감각식의 전 작용을 모두 포함하기 때문이다.

다음은 오감각식과 생각식의 관계에 대한 이해의 차이다. 전통적으로는 생각식이 오감각식에 아무런 영향을 미치지 않는 것으로 이해되어 왔다. 그러나 생각식이 오감각식에 영향을 미친다고 본다.[22] 그리고 전통적인 이해는 오감각식 자체에 의한 지각은 순수직관이지만 육식인 의식의 분류작용에 의해 오염되었다고 본다. 다시 말해서 오감각식 자체는 실상을 지각하지만 의식이라고 하는 프리즘에 의해서 실상이 표상으로 바뀌어진다고 이해한다. 그러나 저장식을 바탕으로 발생하고 생각식의 영향을 받는 오감각식은 처음부터 오염되어 있다고 생각한다. 뿐만 아니라 생각식이 오감각식에 영향을 미치지 않는다는 전통적 이해를 받아들인다 해도 저장식을 근거로 발생하는 오

---

22) 부록 II에서 2 참고.

감각식은 의식의 작용이 개입되기 이전에도 저장식의 영향에 의해서 이미 오염되어 있다고 보아야 좋을 것이다. 만일 오감각식이 오염되어 있지 않다고 한다면 저장식을 근거로 발생하는 생각식은 오염되어 있는데 왜 같은 저장식을 근거로 발생하는 오감각식은 오염되어 있지 않는지 납득할 만한 근거를 제시해야 될 것이다.

오감각식이 오염되어 있다는 보다 확실한 근거는 유식 9송에 있다. 9송에서 오감각식은 보편, 특수, 선의 세 가지 정신요인과 연합되어 있을 뿐만 아니라 근본번뇌와 이차적 번뇌와도 연합되어 있다고 설명하고 있기 때문이다.

부록 II

유식 30송 원문 · 번역문

송 1

바수반두의 원문

Ātma-dharma-upacāro hi vividho yaḥ pravartate
Vijñā-pariṇāmo'sau pariṇāmaḥ sa ca tridhā

현장 역

由假說我法　有種種相轉
彼依識所變　此能變唯三

허망된 것에 의거해서 자아와 법이 있다고 말하니
(자아와 법의) 갖가지 모습들이 생겨난다.
그것들은 식이 전변된 것에 의지한다.
이 능변식은 오직 세 종류이다.

진제 역

識轉有二種　一轉爲衆生　二轉爲法〔…〕次明能緣有三種

식의 전변에는 두 가지 유형이 있다.
1. 중생으로의 전변
2. 법으로의 전변
다음에 세 종류의 능연(能緣)을 밝힐 것이다.

로빈슨 역

The metaphor of 'Self' and 'Elements', which functions in several ways
Is upon the transformation of consciousness. This transformation is of three kinds;

자아와 요소들의 은유는 식의 변형에 따라서 다양한 방식으로 작용한다. 그러한 식의 변형에는 세 종류가 있다.

코추무텀 역

    Various indeed are the usages

    Of the terms ātman and dharma:

    They [all] refer to the transformations of consciousness;

    Threefold is such transformation:

    나와 현상이라는 말의 사용은 실로 다양하다.

    그들은 모두 식의 변형에 기인한 것이다.

    그러한 변형에는 세 종류가 있다.

송 2

바수반두의 원문

    Vipāko mananāca vijñaptir-viṣayasya ca

    Tatra-ālayākhya vijñānam vipākaḥ sarvabījakam

현장 역

    謂異熟思量　及了別境識

    初阿賴耶識　異熟一切種

    이숙식과 사량식 및 요별경식을 말한다.

    첫 번째 능변식은 아뢰야식이고

    이숙식이며, 일체 종자식이다.

진제 역

一果報識〔卽是阿梨耶識〕 二執識〔卽是阿陀那識〕

三塵識〔卽識六識〕〔…〕亦名藏識 一切種子隱伏之處

첫째는 과보식으로 저장식이다.

둘째는 집식으로 마나식이다.

셋째는 진식으로 여섯 가지식이다.

〔…〕장식은 또한 일체 종자들이 숨겨져 있는 장소라고도 불린다.

로빈슨 역

(1)Retribution, (2)Mentation, and (3)perception of the sense-fields,

Among them, retribution is the so-called store-consciousness, which has all the seeds.

응보, 지적 작용, 그리고 감각영역의 지각,

이들 가운데 응보식은 저장식이라고도 불리는데, 저장식은 모든 종자를 가지고 있다.

코추무텀 역

They are, namely,

Maturing, thinking, and representation of consciousness of object.

There the maturing 〔consciousness〕

Is otherwise called the store-consciousness,

Which carries the seeds of all 〔past experiences〕.

그들은 이름하여 성숙식, 사고식, 대상에 대한 표상식이다.

성숙식은 다른 말로 저장식이라고도 한다.
저장식은 모든 과거 경험의 종자를 가지고 있다.

송3

바수반두의 원문

Asaṃviditakopādisthāna-vijñaptikam ca tat
Sadā sparśa-manaskāra-vit-sañjñā-cetanā-avitam

현장 역

不可知執受　處了常與觸
作意受想思　相應唯捨受
집수와 기세간과 요별작용을 감지하기 어렵다.
항상 촉(觸)·작의(作意)·수(受)·상(想)·사(思)의
심소와 상응한다.
오직 사수(捨受)이다.

진제 역

相及境不可分別〔…〕一觸 二作意 三受 四思惟 五想
그것의 모양과 감각대상은 분별되어질 수 없다〔…〕
1. 접촉 2. 주의를 둠 3. 즐거움/피로움/중성적 느낌 4. 의지
5. 개념화

로빈슨 역

Its appropriation and its perception of location are not

discerned consciously.

It is always associated with contact, [attention], sensation, ideation, and volition.

저장식의 작용과 위치에 대한 지각은 의식적으로 인식되지 않는다.

저장식은 항상 접촉, 주의, 느낌, 개념화, 그리고 의지와 함께 연합되어 있다.

코추무텀 역

It has [within itself]

The representations of consciousness

Of unknown objects and places;

It is always associated with

Touch, attentiveness, knowledge,

Conception, and volition.

그것은 알려지지 않은 대상과 장소에 대한 식의 표상을 가지고 있다.

그것은 항상 접촉, 주의, 지식, 개념, 의지와 연합되어 있다.

송4

바수반두의 원문

Upekṣā vedanā tatra-anivṛtā-avyāktam ca tat

Tathā sparśa-ādayas-tacca vartate srotasaugha-vat

현장 역

是無覆無記　觸等亦如是

恒轉如暴流　阿羅漢位捨

이것은 무부무기성이니

촉 등도 역시 그러하다.

항상 유전(流轉)하는 것이 폭포수와 같다.

아라한위에서 버리네.

진제 역

受但是捨受〔…〕此識及心法　但是自性無記　念念恒流如水流浪

느낌(저장식과 연합된)은 항상 중성적이다.〔…〕

식과 정신적인 법은 오직 업에 오염되지 않는 자성을 갖는다.

찰나적으로 끊임없이 흐르는 것이

마치 파도를 타고 흐르는 물과 같다.

로빈슨 역

In it, the sensation is indifference and it is pure and morally neutral.

The same for contact, etc. It flows on like the current of a river.

저장식에 있는 느낌은 쾌도 불쾌도 아닌 중성이며 순수하며 도덕적으로 중성이다.

접촉 등도 마찬가지다. 저장식은 강줄기처럼 흐른다.

코추무텀 역

The feeling therein is that of indifference;

It [i.e. store-consciousness] is unobscured and undefined;
Similarly indifferent are touch etc.,
And it [i.e. the store-consciousness] is like a torrent of water;

그 가운데 느낌은 중성이다;
저장식은 순수하고 한정되어 있지 않다;
접촉 등도 마찬가지로 중성이다.
저장식은 물의 급류와도 같다.

송5

바수반두의 원문

Tasya vyāvṛtir-arhattve tad-āśritya pravartate
Tad-ālambam mano-nāma vijñānam mananātmakam

현장 역

次第二能變　是識名末那
依彼轉緣彼　思量爲性相

다음은 제2 능변이다.
이 식을 말나식이라고 이름하나니
그것(아뢰야식)에 의지해서 유전하고 그것을 반연한다.
사량하는 것을 자성과 행상(行相)으로 삼는다.

진제 역

乃至得羅漢果〔…〕依緣此識有　第二執識　此識以執著爲體

[…]아라한과에 이를 때까지
조건에 의지하는 이 식은 제 2집식이다.
이러한 식은 그 본질이 집착이다.

로빈슨 역

Its reversal takes place in the state of Arhatship. Based on it, there functions,
with it as object, the consciousness called mind, which consists of mentation.

아라한의 지위에서 그 반전이 일어난다. 저장식을 바탕으로 해서 저장식을 대상으로 삼고 마음이라고 불리는 식이 작용하는데, 이는 지적 작용을 구성한다.

코추무텀 역

And it ceases to exist at the attainment of arhattva.
The consciousness called manas
Has the store-consciousness for its support and object.
It is essentially an act of thinking.

그리고 그것은 아라한에 도달하면 존재하지 않는다.
마나식은 저장식을 바탕으로 하고 저장식을 대상으로 갖는다.
마나식은 본질적으로 사고 작용이다.

송6

바수반두의 원문

Kleśais-caturbhiḥ sahitam nivṛta-avyākṛtai sadā
ātma-dṛṣṭi-ātma-moha-ātma māna-ātma-sneha-sañjñitai

현장 역

四煩惱常俱 謂我癡我見
幷我慢我愛 及餘觸等俱
네 가지 번뇌와 항상 함께 하니
곧 아치와 아견과
아울러 아만과 아애이다.
및 다른 촉 등과도 함께 한다.

진제 역

與四惑相應 一無明 二我見 三我慢 四我愛 此識名有覆無記
네 가지 번뇌와 연합되어 있다:
1. 무지 2. 아견 3. 아만 4. 아애.
이 식은 오염되어 있고 도덕적으로는 중성이다.

로빈슨 역

It is always accompanied by four passions which are impure but morally neutral,
Known as notion of self, delusion of self, pride of self, and love of self.

아견, 아치, 아만, 아애의 네 가지 번뇌와 함께 하는데 이들은 불순하지만 도덕적으로는 중성이다.

코추무팀 역

> It is always associated with four defilements,
> Which are themselves obscured and undefined;
> Those four defilements are, namely,
> Belief in self, ignorance about self,
> Pride in self, and love of self.
> 그것은 항상 네 가지 번뇌와 연합되어 있고 이들은 오염되어 있지만 무기다;
> 네 가지 번뇌는 아견, 아치, 아만, 그리고 아애다.

송7

바수반두의 원문

> Yatrajas-tanmayair-anyaiḥ sparśa-ādyaiś-cārhato na tat
> na nirodha-samāpattau mārge lokottare na ca

현장 역

> 有覆無記攝　隨所生所繫
> 阿羅漢滅定　出世道無有
> 유부무기에 포섭된다.
> 생겨난 것에 따라서 매인다.
> 아라한과 멸진정과 출세도에서는 말나식이 존재하지 않는다.

진제 역

至羅漢位究竟滅盡 及入無心定亦皆滅盡〔…〕 得出世道〔…〕
究竟滅盡〔…〕

아라한의 단계에 이르러서는 완전히 멈춘다.
또한 무심정에 들어가서도 완전하게 멈추어 진다〔…〕
출세간도를 얻으면 완전하게 멈추어진다〔…〕

로빈슨 역

With those from where it is born, also with others-contact, etc. It doesn't exist in the Arhat, In the attainment of cessation, nor in the supra-mundane path.
태어난 곳에서 온 것들과 함께 하고 접촉 등도 마찬가지다.
아라한과 멸진, 출세간도에서는 존재하지 않는다.

코추무텀 역

It [i.e. mamo-nāma-vijñāna] is associated
Also with others like touch etc.,
Which are all of the same nature
As the region in which one is born.
It does not belong to one in the state of arhatship;
Nor does it operate
In the state of suppressed consciousness,
Nor in the supra-mundane path.
마나식은 촉 등과 같이 연합되어 있으며,
태어나는 영역에 따라서 같은 성질이다.
아라한의 단계에 있는 이는 여기에 속하지 않는다;

억압된 식의 상태에서는 작용하지 않고*

(억압이라는 표현은 옳지 않음)

출세간도에서도 작용하지 않는다.

송 8

바수반두의 원문

Dvitīyaḥ pariṇāmo' yam tritīyaḥ ṣaḍ-vidhasya ya
viṣayasya-upalabdhiḥ sa kuśala-akuśala-adva ya

현장 역

次第三能變　差別有六種

了境爲性相　善不善俱非

다음 제3 능변은

구별하면 여섯 종류가 있으니

대상을 요별하는 것을 자성과 행상으로 삼는다.

(三性의 성품은) 선과 불선과 무기(俱非)이다.

진제 역

第三塵識者　識轉似塵　便成六種識轉似塵〔…〕體通三性

세 번째는 진식이다. 먼지(여섯 가지 감각영역) 모양으로 굴러서 변화된 식은 곧장 먼지 모양의 여섯 가지 유형의 전식을 수립한다. 그들은 선, 불선, 중성의 세 가지 특성을 갖는다.

로빈슨 역

This is the second transformation. The third is the sixfold. Perception of the sense-field, which is good, bad, or neither.

이것이 두 번째 변형이다. 세 번째는 여섯 종류다. 감각 영역의 지각인데 이는 선·불선, 또는 선·불선이 아닌 중성이다.

코추무텀 역

The third transformation of consciousness
Is the same as the perception of the sixfold object;
It could be good or bad or indifferent in character.

세 번째 식의 변형은 여섯 유형의 대상 지각과 같다;
그것은 선·불선, 또는 중성의 특징이 될 수 있다.

송9

바수반두의 원문

Sarvatra-gair-viniyataiḥ kusalaiś-cetasair-asau
samprayuktā tathā kleśair-upakleśais-trivedanā

현장 역

此心所遍行　別境善煩惱
隨煩惱不定　皆三受相應

이것의 심소는 변행.
별경·선·번뇌.

수번뇌 · 부정의 심소이다.

모두 세 가지 감수작용(受)과 상응한다.

진제 역

十善惡 幷大小惑 具三種受

열 가지 선악의 법이 있다. 근본 번뇌와 이차 번뇌가 세 가지 유형의 감수작용과 함께 한다.

로빈슨 역

And associated with the universal mental(elements), specially determined, and good.

And also with the passions and sub-passions. It has three sensations.

보편적 정신요소, 특별히 결정된 것과 선, 그리고 또한 번뇌와 하위 번뇌와 함께 연합되어 있다. 세 가지 느낌을 가지고 있다.

코추무팀 역

It is associated with three kinds of mental factors:

Universal, specific and good;

It is associated, similarly,

With primary as well as secondary defilements;

It is subject to three kinds of feelings, too.

그것은 세 유형의 정신요인들, 즉 보편, 특수, 선과 연합되어 있다;

그것은 일차적 번뇌뿐만 아니라 이차적 번뇌들과도 연합되어 있다;

역시 세 종류의 느낌으로 작용한다.

송 10

바수반두의 원문

Ādyāḥ sparśādayas-chanda-adhimokṣa-smṛtayaḥ saha
samādhi dhībhyāṃ niyataḥ śradhā-atha hrīr-apatrapā

현장 역

初遍行觸等　次別境謂欲
勝解念定慧　所緣事不同

처음의 변행심소는 촉 등이다.
다음의 별경심소는 욕구〔欲〕· 승해〔勝解〕· 기억〔念〕· 집중〔定〕·
혜〔慧〕의 심소이니,
인식대상의 자체〔事〕가 같지 않다.

진제 역

觸等〔…〕但此爲最粗也　後五者　一欲 二了 三念 四定 五慧
〔…〕一信 二差 三慚

촉 등이 있다〔…〕. 이들은 가장 일반적인 심소들이다. 다음의
다섯 가지는 (1)욕구, (2)변별, (3)정념, (4)삼매, (5)지혜〔…〕
(1)믿음, (2)수치, (3)부끄러움

로빈슨 역

The first are contact, etc. Desire, decision, memory,
Concentration, and intelligence are determined. Faith,
conscience, shame,

첫째는 접촉 등이다. 욕구, 결정, 기억, 집중, 그리고 지혜는 결

정된 요소다. 믿음, 양심, 부끄러움,

코추무텀 역

> Of those associates the first, [namely the universal] ones,
> Are touch etc.,
> [The second, namely] the specific ones,
> Are desire, resolve and memory,
> Together with concentration and knowledge;
> Faith, sense of shame, fear of censure,
> 그러한 연합들 가운데 첫째 보편적 정신요인은 접촉 등이다.
> 두 번째 특수한 정신요인은 집중, 지식과 함께 욕구, 결심, 기억이다;
> 믿음, 부끄러움, 비난에 대한 두려움,

송 11

바수반두의 원문

> Alobha-ādi trayam vīryam praśrabdhiḥ sa apramādikā
> ahiṃsa kuśalāḥ kleśa rāga-pratigha-mūḍhayaḥ

현장 역

> 善謂信慙愧　無貪等三根
> 勤安不放逸　行捨及不害
> 선심소는 믿음[信]·참[慙]·괴[愧]와
> 무탐[無貪] 등 세 가지 선근과

정진[勤]·경안[安]·불방일[不放逸]과
행사[行捨] 및 불해[不害]이다.

진제 역

四無貪 五無瞋 六精進 七猗 八無放逸 九無逼惱 十捨[⋯]
大惑有 十種者 一欲 二瞋 三癡

(4)탐욕이 없음 (5)분노가 없음. (6)정진. (7)잔잔함. (8)부주의하지 않음. (9)들뜨지 않음. (10)평등함[⋯] 열 가지 유형의 대 번뇌: ①욕망 ②성냄 ③어리석음

로빈슨 역

Greedlessness, with the two others, energy, serenity,
vigilance's companion(indifference),

And harmlessness are the good(elements). The passions
are lust, ill-will, delusion,

무탐, 다른 두 가지들, 정진, 평정, 평등함, 해롭히지 않음은 선의 요소들이다. 번뇌는 욕망, 악의, 어리석음.

코추무텀 역

The triad of non-covetousness etc., courage,

Composure, equanimity along with alertness,

And harmlessness are [the third, namely] the good ones.

The defilements are passionate attachment,

Grudge, stupidity,

무탐 등 세 짝, 용기, 평정, 경계와 함께 평정, 해롭히지 않음은 선한 정신요인이다.

번뇌는 격렬한 집착, 원한, 어리석음,

송 12

바수반두의 원문

Māna-dṛk-vicikitsāś-ca krodha-upanahane punaḥ
mṛkṣaḥ pradāsa īrṣyā-atha mātsaryam saha māyayā

현장 역

煩惱謂貪瞋　癡慢疑惡見
隨煩惱謂忿　恨覆惱嫉慳
번뇌심소는 탐욕·성냄.
어리석음·거만·의심·악견이다.
수번뇌심소는 분노.
원한·덮음·고뇌·질투·인색과

진제 역

四慢　五五見　十疑〔…〕 小惑〔…〕 一忿恨　二結怨　三覆藏　四不捨　五嫉妬　六憎惜
(4)아만, (5)~(9)오견: 아견, 상견과 단견, 사견, 견취견, 계금취견, (10)의심 〔…〕 이차적 번뇌: (1)분노, (2)원한, (3)덮음, (4)불평등, (5)질투, (6)인색, (7)속임, (8)아첨

로빈슨 역

Pride, wrong views, doubt, anger, resentment, Dissi-

mulation, sarcasm, envy, avarice, along with deceit,
자만, 잘못된 견해, 의심, 화, 분노, 위장, 비꼼, 부러움, 탐욕,
속임과 함께,

코추무팀 역

Pride, [false] views and doubt.
Anger, hatred, hypocrisy, envy, jealousy, spite, along with deceit,
자만, 잘못된 견해, 그리고 의심,
분노, 미움, 위장, 부러움, 질투, 악의, 속임과 함께,

송 13

바수반두의 원문

Asatyam mado' vihiṃsā-hrīr-atrapā styānam-uddhavaḥ
aśraddhām-atha kausīdyam pramādo muṣitā smṛtiḥ

현장 역

誑諂與害憍　無慚及無愧
掉擧與惛沈　不信幷懈怠
속임 · 아첨과 해(害) · 방자함,
무참 및 무괴,
들뜸과 혼침,
불신 아울러 게으름.

진제 역

九極醉 十逼惱 十一無羞 十二無慚 十三不猗 十四掉戲 十五. 不信 十六懈怠 十七放逸 十八忘念

(9)속임 (10)손상을 입힘 (11)수치심이 없음 (12)부끄러움이 없음 (13)들뜸 (14)무기력 (15)불신 (16)게으름 (17)방일 (18)망념

로빈슨 역

Hypocricy, vanity, violence, lack of conscience, shame-lessness, torpor, dissatisfaction.
Unfaith, laziness, carelessness, forgetfulness.
위선, 허영심, 폭력, 양심 부족, 부끄러움이 없음, 들뜸, 불만족, 불신, 게으름, 부주의, 망각.

코추무텀 역

Dishonesty, arrogance,
Harmfulness, shamelessness, defiance of censure,
Sluggishness, conceit, unbelief, indolence,
부정직, 교만,
해로움, 부끄러움이 없음, 양심 부족, 게으름, 자만, 불신, 나태,

송 14

바수반두의 원문

Vikṣepo'samprajanyam ca kaukṛtyam middhameva ca

Vitarkaś-ca vīcāraś-ca-iti-upakleśa dvaye dvidhā

현장 역

放逸及失念　散亂不正知
不定謂悔眠　尋伺二各二

방일 및 실념.
산란 · 부정지이다.
부정심소는 뉘우침 · 수면.
심구 · 사찰이니, 둘에 각각 둘이 있네.

진제 역

十九散亂　二十不了　二十一憂悔　二十二睡眠　二十三覺　二十四觀

(19)산란 (20)오해 (21)뉘우침 (22)수면 (23)깨달음 (24)명상적 관찰

로빈슨 역

Distraction, wrong judgement, remorse, torpor, Reflection and investigation are the sub-passions, two pairs in two ways.

산란, 잘못된 판단, 뉘우침, 무기력, 반조와 조사는 수번뇌들이며 두 쌍이 두 가지 방식으로 있다 *(이 부분은 번역이 완전히 다르다. 현장 역 참조).

코추무텀 역

Carelessness, bad memory,

Distraction of mind,

Thoughtlessness, remorse, sleepiness,

Reasoning and deliberation,

Are the secondary defilements.

The latter two couples, [namely,

Remorse and sleepiness, reasoning and deliberation],

Can be of two kinds, [namely, defiled and undefiled].

부주의, 좋지 않은 기억력,

산란한 마음,

생각이 깊지 않음, 후회, 수면, 추론, 고의는 이차적 번뇌다.

나중의 두 쌍[즉 후회와 수면, 추론과 고의]은 두 종류[불순과 순수]로 될 수 있다.

송 15

바수반두의 원문

Pañcānām mūla-vijñāne yathā-pratyayam-udbhavaḥ
Vijñānānām saha na vā tarangāṇām yathā jale

현장 역

依止根本識　五識隨緣現
或俱或不俱　如濤波依水

근본식에 의지하나니
오식은 연(緣)에 따라 일어난다.
어느 때는 함께 하고, 어느 때는 함께 하지 않나니

파도가 물에 의지하는 것과 같다.

진제 역

五識(於等六意識及) 本識(報識 於此三根中) 隨因緣 或時俱起 或次起[…] 亦如浪同集一水

오식(제6의식과 함께)은 근본식(과보식)을 원인으로 하나 조건에 따라 일어난다. 때로는 함께 일어나고 때로는 각각 일어난다. 같은 물에서 모여진 파도들처럼.

로빈슨 역

On the fundamental consciousness, the five consciousnesses originate according to conditioning factors.
Whether all together or otherwise, as the waves arise upon the water.

오식은 근본식을 바탕으로 조건화되는 요인들에 따라서 발생한다.
모두 함께 일어나기도 하고 그렇지 않기도 하는데 마치 파도가 물을 의지해서 일어나는 것과 같다.

코추무텀 역

Depending on the conditions available
The five sense-consciousnesses,
Together or separately,
Originate on the root-consciousness,
Just as waves originate on water.

가능한 조건에 따라서 오감각식은 함께 또는 각각 근본식에서 일어난다. 마치 파도가 물에서 일어나듯이.

송 16

바수반두의 원문

Mano-vijñāna-sambhūtiḥ sarvadā-asañjñikad-ṛte
samāpatti-dvayān-mūrchanād-api acittakāt

현장 역

意識常現起　除生無想天
及無心二定　睡眠與悶絶

의식은 항상 일어난다.
무상천에 태어나는 것
및 무심의 두 선정과
잠잘 때와 기절했을 때는 제외된다.

진제 역

此意識於何處不起〔…〕 離無想定及無想天　熟眠不夢醉悶絶心
暫死離 此六處餘處恒有

의식은 어디에서 일어나지 않는가? 무상정과 무상천, 꿈을 꾸지 않는 숙면과 취했을 때, 기절했을 때, 잠깐 죽었을 때 이 여섯 가지에서는 일어나지 않는다. 그 외에는 항상 일어난다.

로빈슨 역

There is co-existence of mental consciousness always

except in non-ideation,

the two cessations, and torpor and fainting, where there is no awareness.

정신적인 의식은 항상 존재하는데 예외로 개념이 없는 두 가지 멸과 무기력과 기절했을 때는 의식이 없다.

코추무텀 역

The thought-consciousness, however,

Manifests itself at all times,

Except for those (i) who are born

Into the region where the beings are in a state of unconsciousness,

(ii) who have entered either of the two trances,

In which there is no operation of consciousness,

(iii) who are unconscious by reason

Of sleepiness or faint.

생각식은 항상 나타나는데, 무의식계에 태어난 사람과 의식이 작용하지 않는 두 가지 몰입에 들어간 사람과 수면이나 기절한 사람의 경우는 예외다.

송 17

바수반두의 원문

Vijñāna-pariṇāmo' yam vikalpo yad-vikalpyate

tena tān-nasti tena-idam sarvam vijñapti-mātrakam

현장 역

是諸識轉變　分別所分別

由此彼皆無　故一切唯識

이 모든 식이 전변하여

분별(견분)과 분별되는 것(상분)이다.

이것에 의거해서 그것(實我實法)은 모두 존재하지 않는다.

따라서 일체는 오직 식뿐이네.

진제 역

如此識轉(不離兩義)　一能分別　二所分別　所分別既無〔…〕以是義故唯識義得成

이와 같이 의식은 (두 가지 원리로부터 분리되지 않고) 전변한다. (1)분별하는 주체, (2)분별되어지는 대상. 분별되어지는 것은 이미 존재하지 않는다. 따라서 오직 식뿐임이 입증된다.

로빈슨 역

The transformation of consciousness is imagination. What is imagined

By it does not exist. Therefore everything is representation-only.

의식의 변형은 상상이다. 의식의 변형에 의해서 상상된 것은 존재하지 않는다. 그러므로 모든 것은 표상뿐이다.

코추무텀 역

This [threefold] transformation of consciousness

Is [just] the distinction [between subject and object];

What is thus distinguished,

Does not exist as 〔subject and object〕

Therefore this is all mere representation of consciousness.

식의 세 유형의 변형은 바로 주체와 대상간의 분별이다.

그러므로 분별되어지는 것은 주체와 대상으로 존재하지 않는다.

그러므로 이것은 모두 단지 식의 표상일 뿐이다.

송 18

바수반두의 원문

　　Sarva-bījam hi vijñānam pariṇāmas-tathā tathā

　　yāti-anyonya-vaśād yena vikalpaḥ sa sa jāyate

현장 역

　　由一切種識　如是如是變

　　以展轉力故　彼彼分別生

　　일체 종자식이

　　이렇게 이렇게 전변함에 의거해서

　　전전하는 세력 때문에

　　그들 분별이 생겨난다.

진제 역

　　一切法種子識　如此如此造作廻轉　或於自於他　互相隨逐　起種種分別及所分別

　　일체 현상의 종자식이 여차여차 돌아 굴러서 혹은 주체가 되고 혹은 대상이 되어 그로 말미암아 여러 가지 분별하는 주체와 분별하는 대상이 일어난다.

로빈슨 역

For consciousness is the seed of everything. Transformation in such and such ways
Proceeds through mutual influence, so that such and such imagination is born.

왜냐하면 식이 모든 것의 종자이기 때문이다. 상호 영향을 통해서 이래저래 진행되면서 변형되고 다양한 상상이 태어난다.

코추무텀 역

The consciousness contains all seeds;
Its such and such transformations
Proceed by mutual influence,
On account of which such and such [subject-object] discriminations arise.

의식은 모든 종자들을 저장하고 있다. 그들의 상호영향에 의해서 이런 저런 변형이 진행되고 그러한 이유로 이런 저런 [주체-객체] 분별이 일어난다.

송 19

바수반두의 원문

Karmano vāsanā grāha-dvaya-vāsanayā saha

kṣīṇe pūrva-vipāke 'nyad vipākam janayanti tat

현장 역

　　由諸業習氣　二取習氣俱
　　前異熟既盡　復生餘異熟
　　모든 업의 습기와
　　이취의 습기와 함께 함으로써
　　이전의 이숙식이 이미 멸하면
　　다시 다른 이숙식을 생겨나게 한다.

진제 역

　　由二種宿業熏習及二種習氣　能爲集諦　成立生死
　　두 종류의 업의 훈습과 습기로 말미암아 생사를 수립하는 집체가 된다.

로빈슨 역

　　The impressions from action, together with the impressions from the twofold grasping
　　When the former retributions are exhausted, produce other retributions.
　　두 가지 집착으로부터 일어나는 흔적과 함께 업의 흔적은 앞의 이숙식이 멸하면 또 다른 이숙식을 일으킨다.

코추무텀 역

　　Once the previous stage of maturation
　　Has been exhausted,

The impressions of deeds

Along with those of the twofold grasping

Engender the next stage of maturation.

일단 성숙의 전 단계가 끝나면, 두 가지 집착과 함께 일어났던 행위의 흔적들은 다음 단계의 성숙을 발생시킨다.

송 20

바수반두의 원문

Yena yena vikalpena yad yad vastu vikalpyate

parikalpita-eva asau svabhāvo na sa vidyate

현장 역

由彼彼遍計　遍計種種物

此遍計所執　自性無所有

그들 두루 계탁함에 의해서

갖가지 사물을 두루 계탁한다.

이 변계소집의

자성은 실재하지 않는다.

진제 역

如是如是分別　若分別如是如是類　此類類名分別性〔…〕此所顯體實無

이래저래 분별하고 이런 저런 유형으로 분별한다. 이와 같이 같은 것을 분별성이라고 이름한다. 그러한 분별에 의해서 드러난 것의 본질은 진실로 존재하지 않는다.

로빈슨 역

Whatever thing is imagined by whatever imagining
Is of an imaginary own-nature, and non-existent.
무엇이든 상상하는 것에 의해서 상상된 것은 상상된 자성이고 비존재다.

코추무텀 역

The subject-matter that is liable
To [subject-object] distinction
By whatsoever sort of [Subject-object] discrimination,
Is all just imagined nature;
It does not exist.
[주체-대상] 분별의 종류에 의해서 주객으로 구분된 주관적인 것들은 모두 단지 상상된 본질이다; 그것은 존재하지 않는다.

송 21

바수반두의 원문

Paratantra-svabhāvas-tu vikalpaḥ pratyaya-udbhavaḥ
niṣpannas-tasya pūrveṇa sadā rahitatā tu yā

현장 역

依他起自性 分別緣所生

圓性實於彼　常遠離前性
의타기자성의
분별은 연(緣)에서 생겨난 것이다.
원성실자성은 그것에 있어서
항상 앞의 것을 멀리 떠난 자성이다.

진제 역

此分別者因他故起立名依他性 此前後兩性未曾相離 卽是實實性
이와 같이 분별하는 주체는 다른 것을 원인으로 해서 발생하기 때문에 의타기성이라 이름한다. 분별하는 자와 대상의 속성은 서로 분리될 수 없다. 이것이 진실로 진정한 성품이다.

로빈슨 역

The relative own-nature is an imagination arising out of conditioning factors.
The absolute is the latter when it is forever separated from the former.
상대적인 자성은 조건화되는 요인들로부터 일어나는 하나의 상상이다.
절대는 상대적 자성이 상상된 자성으로부터 영원히 분리되었을 때다.

고추무팀 역

The other-dependent nature, however,
Is the [act of graspable-grasper] discrimination;
It depends for its origin on conditions.

The [absolutely] accomplished [nature]
Is the latter's [i.e. the other-dependent nature's
Perpetual devoidness
Of the former [i.e. the imagined nature].
그러나 다른 것을 의지하는 성질은 [파악되어지는 것-파악하는 자의 행위]로의 분별이다.
그것의 발생은 조건에 달려 있다.
[절대적으로] 수립된 [본질]은 상대 의존적 본질이 앞의 상상된 본질을 영원히 결여한 것이다.

송 22

바수반두의 원문

Ataḥ eva sa na-eva-anyo na-ananyaḥ pa-ratantrataḥ
anityatā-ādi-vad vācyo na-adṛṣṭe asmin sa dṛśyate

현장 역

故此與依他　非異非不異
如無常等性　非不見此彼
그러므로 이것은 의타기자성과
다른 것도 아니고 다르지 않은 것도 아니다.
무상 등의 자성과 같이,
이것(원성실성)을 보지 않고서
그것(의타기성)을 보는 것은 아니네.

진제 역

是故前性於後性不一不異〔…〕如無常〔…〕若不見分別性則不見
依他性

고로 전자의 성품과 후자의 성품은 같은 것도 아니고 다른 것
도 아니다.〔…〕무상처럼〔…〕만일 분별된 성품을 보지 못하면
의타기성 또한 보지 못한다.

로빈슨 역

Thus it is neither other than nor not other than the
relative.

It must be considered like impermanence, etc. When the
one hasn't been perceived, the other isn't perceived.

그러므로 그것은 상대적 자성과 다른 것도 아니고 다르지 않는
것도 아니다. 그것은 무상 등과 같은 것으로 여겨져야 한다. 하
나가 지각되지 않으면 다른 것도 지각되지 않는다.

코추무텀 역

For that reason, indeed,

It is said to be neither different,

Nor non-different

From the other-dependent nature.

It is like impermanence etc. ·

As long as this [absolutely accomplished nature]

Is not seen,

That [other-dependent nature], too,

Is not seen.

그런 연고로 실로 절대적으로 수립된 본질은 상대 의존적 본질과 다른 것도 아니고 다르지 않은 것도 아니다. 그것은 무상 등과도 같은 것이다.

절대적으로 수립된 본질이 보이지 않는 한, 상대 의존적 본질 역시 보이지 않는다.

송 23

바수반두의 원문

Tri-vidhasya svabhāvasya tri-vidhām niḥsvabhāvatām
sandhāya sarvadharmāṇām deśitā niḥsvabhāvatā

현장 역

卽依此三性　立彼三無性
故佛密意說　一切法無性

곧 이 세 가지 자성에 의거해서
그 세 가지 무자성을 건립한다.
그러므로 부처님께서 밀의로써
모든 법은 자성이 없다고 말씀하셨다.

진제 역

如來衆生說法無性 亦有三種

여래는 중생에게 무자성법을 가르쳤다. 또한 거기에는 세 종류가 있다.

로빈슨 역

The no-own-nature of all the elements was only preached in connection with
The threefold no-own-nature of the threefold own-nature.
모든 요소들의 무자성은 오직 삼자성의 삼무자성과 관련해서 설해졌다.

코추무텀 역

Corresponding to the threefold nature
There is also a threefold naturelessness;
Referring to this fact it has been said
That there is the naturelessness of all elements.
세 가지 본질성에 해당하는 세 가지 비본질성이 있다;
그것을 가리켜서 모든 요소들의 비본질성이 말해진다.

송 24

바수반두의 원문

Prathamo lakṣaṇena-eva niḥsvabhāvo'paraḥ punaḥ
nasvayam-bhāva etasya iti-apara niḥsvabhāvatā

현장 역

初即相無性　次無自然性
後由遠離前　所執我法性
처음의 것(변계소집성)에서는 곧 상무자성을 말하고

다음의 것(의타기성)에서는 무자연성을 말한다.
나중의 것(원성실성)에서는 앞(변계소집성)에서의 집착된 자아와 법을 멀리 떠난 것에 의거하는 자성을 말한다.

진제 역

分別性名無相性　無體相故　依他性名無生性　體及因果無所有
〔…〕眞實性名無性性　（無有性無無性）

분별성은 모양에 본질이 없는 고로 상무자성이라 불린다. 의타기성은 무생성이라 불린다. 의타기성의 본질에는 인과가 없다. 〔…〕진실된 성품은 성품이 없는 성품이라 불린다. 그것은 성품을 가지고 있는 것도 아니고 가지고 있지 않는 것도 아니다.

로빈슨 역

The first is without own-nature by its very characteristic. The second is so because it does not exist by itself. The third is without own-nature.

처음의 것은 바로 그 특징에 있어서 자성이 없다. 두 번째 것은 스스로 존재하지 못하기 때문에 자성이 없다. 세 번째는 자성이 없다.

코추무텀 역

The first nature is natureless by its very definition;
The second nature, again, does not come into being by itself,
And this constitutes the second kind of naturelessness.

처음의 본질은 바로 그 정의에 의해서 비본질이다;

두 번째 본질은 스스로 존재하지 못한다.
이것은 두 번째 종류의 비본질성을 구성한다.

송 25

바수반두의 원문

Dharmānām paramārthaś-ca sa yatas-tathatā-api saḥ
sarva-kālam tathā-bhāvat sa eva vijñapti-mātratā

현장 역

此諸法勝義　亦卽是眞如
常如其性故　卽唯識實性

이것은 모든 법의 승의이며
또한 곧 진여이다.
상주하고 평등한 것이면서 그것의 자성이기 때문에
곧 유식의 참다운 성품이다.

진제 역

是一切法眞實[…] 名常 […] 名唯識義也

이것이 모든 현상의 진실된 실제다[…] 영원이라 부르고 […]
유식의 뜻이라 일컫는다.

로빈슨 역

Because it is the absoluteness of the elements and their suchness,

Because it is 'so' forever. It alone is perception-only-ness.
왜냐하면 그것은 요소들과 진여의 절대성이기 때문이다.
왜냐하면 그것은 영원하기 때문이다. 그것만이 유식성이다.

코추무텀 역

That from which all elements have their ultimate reality,
〔Is the third naturelessness〕
It is also called suchness,
Because it remains always as such;
That is itself the state 〔in which one realizes the meaning〕
Of mere representation of consciousness, too.

세 번째 비본질성은 모든 요소들이 그들의 궁극적 실제를 가지고 있다는 것에서다.
그것은 또한 그러함이라고도 불리는데 왜냐하면 그것은 항상 그러하기 때문이다;
그 자체가 단지 의식의 표상일 뿐이라는 것의 의미를 깨달은 상태다.

송 26

바수반두의 원문

Yāvad vijñapti-matratve vijñānam na-avatiṣṭhati
grāha-dvayasya-anuśayas-tāvan-na vinivartate

현장 역

乃至未起識　求住唯識性

於二取隨眠　猶未能伏滅

이에 식을 일으켜서

유식의 성품에 안주하기를 구하지 않는 데 이르기까지는

이취의 수면에 대해서

아직 조복하고 단멸할 수 없다.

진제 역

未住此唯識義者　二執隨眠所生　衆惑不得滅離

유식의 뜻에 안주하지 못한 자는 자아와 법을 제거하거나 여의지 못하고 집착의 기질에 의해서 일어난 번뇌 때문이다.

로빈슨 역

So long as consciousness does not remain in the state of representation-only,

The residues of the twofold grasping will not cease to function.

식이 유식의 상태에 머무르지 않는 한 이취의 머무름은 그 작용을 멈추지 않을 것이다.

코추무텀 역

As long as consciousness does not abide.

In the realization [that the subject-object designations]

Are mere representations of consciousness,

The attachment to the twofold grasping

Will not cease to operate.
의식이 [주체-대상의 명명]이 단순히 의식의 표상이라는 깨달음에 머무르지 않는 한 두 가지 집착은 그 작용을 멈추지 않을 것이다.

송 27

바수반두의 원문

Vijñapti-mātram-eva-idam-iti-api hi-upalambhataḥ
sthāpayan-agrataḥ kim-cit tanmātre na-avatiṣṭhate

현장 역

現前立少物　謂是唯識性
以有所得故　非實住唯識

현전에 작은 사물을 건립하여
유식의 성품이라고 말하면
얻는 바가 있기 때문에
진실로 유식의 성품에 안주하는 것이 아니다.

진제 역

若謂但唯有識現前起 此執者 若未離此執 不得入唯識中

누군가가 현전에 일어나는 것을 유식이라고 말한다면 이는 집착하는 자이다. 그러한 집착을 여의고 얻을 것이 없어야 유식 가운데 들어가는 것이다.

로빈슨 역

Even in recognizing 'it is representation-only'
of whatever you make stop before you, you fail to remain
in 'that only'.
현전에서 멈추는 것에 대해 유식이라고 인지하면 유식에 머무르는 것에 실패한다.

코추무텀 역

One does not abide in the realization
Of mere representation of consciousness
Just on account of the [theoretical] perception
That all this is mere representation of consciousness
If one places [=sees] something before oneself.
만일 자기 앞에 뭔가를 둔다면, 이 모든 것은 단지 의식의 표상에 불과하다는 이론적인 지각이기 때문에 단순한 의식의 표상을 깨닫고 거기에 머무는 것이 아니다.

송 28

바수반두의 원문

Yadā tu-ālambanam jñānam na-eva-upalabhate tadā
sthito vijñāna-mātratve grāhya-abhāve tad-agrahāt

현장 역

若時於所緣　智都無所得

爾時住唯識　離二取相故
어느 때에 인식대상에 대해서
지혜가 전혀 얻는 바가 없게 된다.
그 때에 유식의 성품에 안주하나니
이취의 모습을 떠났기 때문이다.

진제 역

若智者　不更緣此境　二不顯現　是時行者名入唯識〔…〕是名無所得…
아는 자가 대상 조건을 인식대상으로 삼지 않으면 이취가 드러나지 않게 된다. 이 때에 수행자를 유식에 들어갔다고 이름한다. 이를 일러 무소득이라 한다.

로빈슨 역

But when consciousness no longer recognizes an object,
Then it rests in representation-only, because when there is nothing to grasp, there is no grasping.
그러나 식이 더 이상 대상을 인지하지 않을 때, 그 때 유식에 안주하는 것이다. 왜냐하면 파악되어지는 것이 없으면 파악하는 자도 없기 때문이다.

코추무텀 역

One does abide in the realization
Of mere [representation of] consciousness
When one does not perceive also a supporting consciousness,

For, graspable objects being absent,
There cannot either be the grasping of that,
[Namely, the grasping of the supporting consciousness].
파악되어지는 대상을 지각하지 않을 때, 단순한 의식의 표상이라는 [유식] 깨달음에 머무는 것이다. 왜냐하면 파악되어지는 대상이 없으면 파악하는 주체도 존재할 수 없기 때문이다.

송 29

바수반두의 원문

Acitto'nupalambho'sau jñānam lokottaram ca tat
āśrayasya parāvṛttir-dvidhā dauṣṭulya-hānitaḥ

현장 역

無得不思議　是出世間智
捨二麤重故　便證得轉依

얻는 바가 없고, 사량 분별할 수 없으며,
이는 출세간의 지혜이다.
두 가지 추중을 버리기 때문에
문득 전의를 증득한다.

진제 역

…非心非境 是智名出世[…] 亦名轉依麤重及執二俱盡故

…인식하는 마음도 없고 인식되는 대상도 없다. 이와 같은 앎을 출세간이라 이름한다[…] 인식의 주체와 대상인 추중에 의지해

서 두 가지 집착을 버렸기 때문에 이를 또한 전의라 이름한다.

로빈슨 역

It is without thought, without cognition, supramundane knowledge.
Revolution of the basis through elimination of the two kinds of denseness.
그것은 생각이 없고 인지가 없고 출세간의 지혜이며 두 종류의 두터움의 제거를 통한 바탕의 회전이다.

코추무텀 역

That indeed is the supramudane knowledge
When one has no mind that knows,
And no object for its support;
It follows the revulsion of basis
Through the twofold removal of wickedness;
아는 마음이 없고 아는 마음을 가능하게 하는 대상이 없을 때가 실로 초세간적인 지혜다. 그것은 두 가지 악을 제거함으로서 근본적인 급변을 따른다.

송 30

바수반두의 원문

Sa eva-anāśravo dhātur-acintyaḥ kuśalo dhruvaḥ
sukho vimukti-kāyo' sau dharmākhyo-'yaṃ mahā-muneḥ

현장 역

　　此卽無漏界　不思議善常
　　安樂解脫身　大牟尼名法
　　이것(보리와 열반)은 곧 무루의 세계이고,
　　생각으로 헤아릴 수 없으며, 선이고, 상주하는 것이며,
　　안락이고, 해탈신이며,
　　대모니이니, 이를 법신이라 이름한다네.

진제 역

　　是名無流界　是名不可思惟　是名眞實善　是名常住界　是名出世樂
　　是名解勝身　於三身中卽法身
　　이것을 일러 무루의 세계라 하고 사유할 수 없으며 진실된 선이고 상주하고 출세간의 낙이며 해탈신이라 한다. 이를 삼신 가운데 법신이라 한다.

로빈슨 역

　　It is the uncontaminated, inconceivable, good, immutable and blessed realm,
　　The Liberation body (i.e., Dharma) of the great sage.
　　그것은 오염되지 않았고 헤아릴 수 없으며, 선이고 불변이고 가피의 영역이며 위대한 성인의 해탈신, 즉 법신이다.

코추무텀 역

　　That itself is the pure source-reality,
　　Incomprehensible, auspicious and unchangeable;
　　Being delightful, it is the emancipated body,

Which is also called the truth [-body] of the great sage.
그 자체가 순수한 근원적 실제이며, 이해할 수 없으며, 길조이며, 불변이다;
기쁨이며, 해탈신이며,
그것은 또한 위대한 성인의 법신이라 불린다.

참고문헌

김묘주 역, 성유식론, 동국역경원,
서광 편역, 그냥 바라만 볼 뿐이다, 불광출판부, 1994
서광 편찬, 한영불교사전, 불광출판부, 2002
운허 용하 지음, 불교사전, 동국역경원, 1998

Dan Lusthaus, Buddhist Phenomenology: A Philosophical Investigation of Yogacārā Buddhism and the Ch'eng Wei-shih Lun, London: RoutledgeCurzon, 2002

Demonstration of Consciousness Only by Hsüan-tsang: The Thirty Verses on Consciousness Only by Vasubandhu, translated from the Chinese by Francis H. Cook, Nemata Center: Berkeley, CA, 1999

Thomas A. Kochumuttom, A Buddhist Doctrine of Experience, Delhi: Motilal Banarsidass Publishers Private Limited, 1999

현대심리학으로 풀어본
유식30송

2003년 1월 19일 초판 1쇄 발행
2025년 5월 30일 초판 13쇄 발행

지은이 서광
발행인 박상근(至弘) • 편집인 류지호 • 편집이사 양동민
편집 김재호, 양민호, 김소영, 최호승, 정유리 • 디자인 쿠담디자인
제작 김명환 • 마케팅 김대현, 김대우, 이선호, 류지수 • 관리 윤정안
콘텐츠국 유권준, 김희준
펴낸 곳 불광출판사 (03169) 서울시 종로구 사직로10길 17 인왕빌딩 301호
대표전화 02) 420-3200 편집부 02) 420-3300 팩시밀리 02) 420-3400
출판등록 제300-2009-130호(1979. 10. 10.)

ISBN 979-89-7479-531-3 (03220)

값 15,000원

잘못된 책은 구입하신 서점에서 바꾸어 드립니다.
독자의 의견을 기다립니다. www.bulkwang.co.kr
불광출판사는 (주)불광미디어의 단행본 브랜드입니다.